ANALYSE(S) DE LA PRÉSENCE

Françoise Dastur

ANALYSE(S) DE LA PRÉSENCE

Phénoménologie et thérapie

LE CERCLE
HERMENEUTIQUE
Série Daseinsanalyse

Pour Philippe Cabestan, président de l'École Française de *Daseinsanalyse* et à la mémoire de Jeanine Chamond, psychologue, thérapeute, et co-présidente de l'École Française de *Daseinsanalyse.*

TABLE DES MATIÈRES

PRÉFACE

INTRODUCTION À L'ANALYSE DE LA PRÉSENCE OU *DASEINSANALYSE*

Le terme de « Daseinsanalyse » apparaît pour la première fois en 1927 dans *Être et temps*, l'œuvre majeure de Martin Heidegger. Il fut tout d'abord traduit en français par « analyse existentielle ». Cette dénomination, que nous conservons ici par commodité, ne rend cependant pas véritablement compte du sens originel que Heidegger a donné au terme de *Dasein*. C'est la raison pour laquelle on a pris l'habitude de conserver le mot allemand de *Dasein* dans les traductions françaises des œuvres de Heidegger. Il est à cet égard important de souligner que la décision de ne pas traduire *Dasein* – c'est le cas dans les traductions les plus récentes de *Sein und Zeit* en français et en anglais – a été motivée par le souci de demeurer fidèle à la pensée de Heidegger qui a explicitement annoncé dès l'introduction du livre de 1927 que ce terme nomme, dans sa propre terminologie, « cet étant que nous sommes chaque fois nous-mêmes », c'est-à-dire cet étant qu'est l'homme[1]. Mais, expliquait-il un peu plus loin, il ne s'agit pas là d'un étant parmi d'autres, car il se caractérise par le fait qu' « il y en va en son être *de* cet être », de sorte que « *la compréhension de l'être est elle-même une détermination d'être du Dasein* »[2].

Il apparaît donc clairement qu'il s'agit pour Heidegger de donner à ce mot un autre sens que celui qu'il a reçu dans la tradition philosophique allemande, où il a d'abord servi à traduire le latin *praesentia*, avant de prendre, en particulier avec Kant, le sens d'« existence ». C'est la raison pour laquelle la traduction « littérale » de *Dasein* par « être-là » qui fut proposée d'abord par Sartre, puis

1 – M. Heidegger, *Sein und Zeit,* Tübingen, Niemeyer, 1963, § 3, p. 7. (la pagination du texte allemand est indiquée en marge de la traduction française de F. Vezin, *Être et temps,* Paris, Gallimard, 1986).

2 – *Ibid.*, p. 12.

en 1963 par les premiers traducteurs de *Sein und Zeit* en français[3], ne recueillit pas les suffrages de Heidegger lui-même, qui n'hésita pas à déclarer en 1967, dans le séminaire sur Héraclite auquel son élève et ami Eugen Fink l'avait convié, qu'avec cette traduction « tout ce qui avait été conquis dans *Être et temps* comme nouvelle position est perdu »[4], car elle laisse entendre que l'on comprend l'homme comme un pur « existant » au sens traditionnel de ce terme, c'est-à-dire comme un pur « subsistant », *Dasein* étant au sens traditionnel synonyme de *Vorhandensein,* mot qui signifie la pure et simple présence de fait de la chose. Déjà, dans une lettre à Jean Beaufret datée du 13 novembre 1945, Heidegger proposait de comprendre ce « mot-clé » de sa pensée qu'est *Da-sein* au sens – « en un français sans doute impossible », ajoutait-il, – de « *être-le-là* » où « *le-là* est précisément *alètheia* : décèlement, ouverture »[5].

On comprend donc fort bien les raisons qui conduisent les traducteurs à considérer que le mot *Dasein* est aussi intraduisible que ces termes fondamentaux dont Heidegger lui-même dit qu'ils sont intraduisibles, à savoir le grec *logos,* le chinois *Tao* et l'allemand *Ereignis*[6]. On remarque cependant que Henri Maldiney, l'auteur de *Penser l'homme et la folie*[7], traduit souvent *Dasein* par « présence », revenant ainsi en quelque sorte au sens premier de *Dasein,* mot qui traduisait donc le latin *presentia,* Et cette traduction par « présence » (en portugais *presença*) a été reprise par Marcia Schuback, la traductrice brésilienne de *Être et temps.* Comme elle le rappelle[8], Henri Birault, grand commentateur de Heidegger et auteur d'un livre qui fit date[9], et Henri Maldiney, dont la pensée fut profondément influencée par Heidegger, ont tous deux proposé cette même

---

3 – Voir M. Heidegger, *L'Être et le Temps,* traduction de R. Boehm et A. de Waelhens, Paris, Gallimard, 1964 (traduction de la seule première section).

4 – M. Heidegger et E. Fink, *Héraclite. Séminaire du semestre d'hiver 1966-67,* traduction de J. Launay et P. Lévy, Paris, Gallimard, 1973, p. 174.

5 – M. Heidegger, *Lettre sur l'humanisme,* traduction de R. Munier, Paris, Aubier Montaigne, 1964, p. 183-184.

6 – M. Heidegger, « Identité et différence », traduction de A. Préau, *Questions I,* Paris, Gallimard, 1968, p. 270.

7 – H. Maldiney, *Penser l'homme et la folie*, Grenoble, Millon,1991.

8 – Cf. M. Sá Calvacante Schuback, « La perplexité de la présence – Notes sur la traduction de Dasein », *Les Etudes philosophiques*, juillet-septembre 2002, p. 257-279.

9 – H. Birault, *Heidegger et l'expérience de la pensée*, Paris, Gallimard, 1978.

traduction de *Dasein,* en soulignant que le *Da* dans *Dasein* ne renvoie pas à une connotation spatiale au sens strict, de sorte qu'il peut être rendu par le préfixe pré- du mot « présence ». Ils s'appuyaient sur le fait que le mot *praesens* en latin ne signifie pas, comme le note ce grand linguiste qu'est Emile Benveniste, que cite également Marcia Schuback, « ce qui est là, mais ce qui est à l'avant de moi, donc imminent, urgent »[10]. C'est la même remarque que fait Maldiney dans « Psychose et présence » : « être pré-sent (lat. prae-sens), c'est être *à l'avant de soi.* Imminente à soi la présence est précession d'elle-même »[11]. On retrouve bien ici la caractéristique du souci, tel que le comprend Heidegger, c'est-à-dire le fait pour l'existant d'être toujours en avant de soi, de sorte que ses déterminations de fait, ce que Heidegger nomme facticité, sont constamment reprises dans un projet qui est ouverture de possibilités déterminées. Cette traduction de *Dasein* par présence a d'ailleurs été reprise par la plupart des psychiatres travaillant dans le champ de la *Daseinsanalyse* et s'appuyant sur l'œuvre de Binswanger, dont Maldiney fut l'un des plus importants commentateurs en France.

C'est en effet le psychiatre suisse Ludwig Binswanger (1881-1966) qui est le fondateur véritable de la psychiatrie daseinsanalytique[12]. Ludwig Binswanger, qui dirigea à partir de 1910 et jusqu'à sa mort la clinique Bellevue fondée par son père à Kreuzlingen en Suisse, fut le premier à s'intéresser à la phénoménologie. C'est dans la critique du psychologisme à laquelle se livre Husserl dans le premier tome de ses *Recherches logiques,* paru en 1900, et dans sa redéfinition de la conscience en termes d'intentionnalité et de sens, que Binswanger a trouvé des motifs de s'opposer au naturalisme et au biologisme de Freud. Il a d'abord désigné sa direction de recherche qui se déployait en rapport avec la phénoménologie husserlienne sous le nom d'« anthropologie phénoménologique » et il s'est ainsi intégré dans le large courant de l'anthropologie phénoménologique qui a réuni, à partir des années 1920, outre Binswanger lui-même, le neurologue Victor von Weizsäcker, l'auteur de *Le cercle de la structure,* livre paru en 1939, le neuropsychiatre Erwin Strauss, auteur *Du sens des sens,* paru en 1935, le psychiatre français Eugè-

10 – E. Benveniste, *Problèmes de linguistique générale,* Paris, Gallimard, 1966, p. 135.

11 – *Op. cit.*, p. 87.

12 – Voir à ce propos, Françoise Dastur et Philippe Cabestan, *Daseinsanalyse. Phénoménologie et psychiatrie,* Paris, Vrin, 2011.

ne Minkowski dont le livre *Le temps vécu* a paru en 1933, et bien d'autres psychiatres qui se réclamaient essentiellement de l'œuvre de Karl Jaspers, la célèbre *Psychopathologie générale,* parue en 1913 et traduite en français dès 1933, mais également des philosophes, parmi lesquels Scheler, Kierkegaard, Brentano, Dilthey, Natorp, Lipps et Bergson.

Il découvrit ensuite, grâce à la lecture qu'il fit dès 1928 de *Être et temps,* qui le mit en présence d'une toute nouvelle définition de l'homme compris comme *Dasein* et être-dans-le-monde, que le terme de conscience, propre à Husserl, et celui de vie, propre à Freud, ne caractérisaient l'être de l'homme que de manière imparfaite. Binswanger ne se décida pourtant à utiliser le terme de *Daseinsanalyse* à la place de celui d'anthropologie phénoménologique que beaucoup plus tard, en 1941. Et c'est en 1942 qu'il publie son livre majeur intitulé *Grundformen und Erkenntnis menschlichen Daseins,* « Formes fondamentales et connaissance de l'existence humaine ». C'est dans ce gros ouvrage de plus de 600 pages qu'il entreprend une sorte d'explication avec le concept fondamental de souci *(Sorge)* chez Heidegger, qu'il juge insuffisant pour rendre compte de l'existence humaine et auquel il adjoint celui d'amour *(Liebe).* C'est dans une intention donc d'abord méthodologique que Binswanger s'est attaqué à la domination de la méthode des sciences naturelles dans le champ de la psychiatrie. Il s'est en cela appuyé sur la « destruction » heideggérienne[13] du cartésianisme et du rapport sujet-objet, rapport qu'il n'hésite pas lui-même à nommer le « cancer » de la science.

Après la deuxième guerre mondiale, une école de *Daseinsanalyse* est fondée à Zurich par le psychiatre Médard Boss (1903-1991) qui a pour souci premier l'application de la philosophie de Heidegger à la pratique thérapeutique dans le champ des névroses. Medard Boss a rencontré personnellement Heidegger et organisé avec lui pendant dix ans (de 1959 à 1969) dans sa maison de Zollikon les fameux séminaires du même nom *(Zollikoner Seminare)* qui réunissaient une soixantaine de médecins et de psychiatres. Il a publié en 1971 son ouvrage majeur *Grundriss der Medizin und der Psychologie* (« Les grandes lignes de la médecine et de la psychologie ») dont le sous-titre « Rudiments pour une physiologie, psychologie,

13 – Le mot allemand *Destruktion* est utilisé dans *Être et temps* par Heidegger conformément à son sens étymologique qui signifie non pas démolition mais déconstruction.

pathologie, thérapie, et pour une médecine préventive conforme au *Dasein* dans la société industrielle moderne » montre à quel point il demeure sous l'influence de la pensée de Heidegger, qui relut et corrigea personnellement l'ensemble du manuscrit avant sa parution. C'est ce qui explique qu'il suive Heidegger dans la critique que celui-ci fait de la *Daseinsanalyse* psychiatrique de Binswanger, lequel en voulant compléter par l'« amour » le « souci » heideggérien, n'a pas compris le sens strictement ontologique que Heidegger donnait à ce terme, qui désigne non pas un phénomène ontique, à savoir un comportement concret particulier du *Dasein*, mais bien le sens unitaire de l'être de celui-ci.

Dans les *Zollikoner Seminare*[14], Heidegger s'efforce de redéfinir avec précision le sens du terme *Daseinsanalyse* et distingue ensuite trois significations différentes du terme *Daseinsanalyse* :

> 1. Dans *Être et temps* le terme de *Daseinsanalyse* signifie la mise en lumière des déterminations du *Dasein*, en d'autres termes des existentiaux, tels que « compréhension », « disposition », « discours », etc. Comme Heidegger le précise[15], il ne donne pas au terme « analyse » son sens scientifique moderne de reconduction aux éléments, ni son sens freudien de dissolution des symptômes dans des éléments explicatifs, mais son sens kantien de reconduction à une unité systématique, le but de Kant étant dans l'« analytique transcendantale » de faire apparaître l'unité originaire de la fonction de l'entendement. Dans cette perspective, analyser signifie faire apparaître l'articulation de l'unité d'un ensemble structural et c'est précisément le but que poursuit Heidegger dans son analytique du *Dasein* en montrant l'enracinement des existentiaux dans la structure unitaire du souci.
>
> 2. Le terme de *Daseinsanalyse* a cependant un autre sens, celui de la mise en évidence et de la description de phénomènes qui se montrent concrètement dans un *Dasein* singulier. Il s'agit ici de la *Daseinsanalyse* que pratiquent le médecin

14 – M. Heidegger, *Zollikoner Seminare*, éd. Medard Boss, Klostermann, Frankfurt am Main, 1987, p. 162 *sq.* (séance du 26 novembre 1965). La pagination du texte allemand est indiquée en marge de la traduction française de C. Gros parue sous le titre *Séminaires de Zurich*, Paris, Gallimard, 2010).

15 – *Ibid.*, p. 148.

et l'analyste dans leur rapport à un patient. Cette analyse, dirigée vers un existant singulier, s'oriente nécessairement à partir des existentiaux mis en évidence dans l'analytique du *Dasein*. Il y a donc un rapport de *fondation* entre la *Daseinsanalyse* ontologique de *Être et temps* et la *Daseinsanalyse* médicale. Le médecin considère en effet les phénomènes particuliers qui apparaissent dans le rapport qu'il entretient avec son patient à la lumière des existentiaux sous lesquels ils peuvent être subsumés de façon globale. Cela exige donc avant tout de celui qui procède à la *Daseinsanalyse* médicale d'avoir été capable de comprendre son propre être-homme et celui de son patient comme *Dasein* et non pas seulement comme homme au sens traditionnel de ce terme, c'est-à-dire comme *animal rationale*.

3. Mais à côté de la *Daseinsanalyse* médicale proprement dite, on peut encore donner à ce terme un troisième sens, selon lequel il désigne l'ensemble d'une discipline possible qui se donnerait pour objectif d'exposer de manière cohérente les phénomènes existentiels qu'on peut mettre au jour dans le *Dasein* socio-historique et individuel, au sens d'une anthropologie ayant reçu l'empreinte de l'analytique du *Dasein*. Il s'agit donc d'une anthropologie existentielle qui remplacerait l'anthropologie traditionnelle fondée sur l'interprétation de l'homme comme *animal rationale*. Une telle anthropologie conforme à l'analytique existentiale pourrait être elle-même divisée en anthropologie de la normalité et en pathologie daseinsanalytique. Heidegger précise que l'élaboration d'une telle *Daseinsanalyse* anthropologique ne pourrait consister en une simple clarification des phénomènes considérés, mais devrait également demeurer constamment orientée par rapport à l'existence historique concrète de l'homme d'aujourd'hui, c'est-à-dire de l'homme des sociétés industrielles.

La *Daseinsanalyse* médicale s'appuie sur les éléments fournis par la *Daseinsanalyse* anthropologique, mais en tant que pratique thérapeutique, elle ne se confond pas avec cette dernière, laquelle constitue une tâche proprement scientifique, correspondant à la *Daseinsanalyse* au premier sens, celle à laquelle Heidegger donne une portée ontologique. C'est donc une telle *Daseinsanalyse* médicale que Medard Boss s'est donné pour tâche de mettre en pratique et de montrer, dans son livre de 1942 dans quelle mesure elle s'appuie sur la *Daseinsanalyse* anthropologique telle que l'a définie Heidegger.

La distance qui s'est creusée entre Binswanger et Freud, malgré le dialogue poursuivi jusqu'à la mort de ce dernier, et plus encore entre Boss, qui rejette l'idée d'inconscient psychique, et Freud, et l'écart qui sépare la psychanalyse orthodoxe fondée sur la métapsychologie freudienne et la *Daseinsanalyse* qui s'appuie sur l'analytique existentiale de Heidegger ont été à l'origine de l'institutionalisation de la pensée daseinsanalytique. En 1971, fut créé à Zurich l'« Institut Daseinsanalytique de Psychothérapie et de Psychosomatique. Fondation Medard Boss » dont le directeur fut, jusqu'en 1999, le Professeur Gion Condrau (1919-2006), docteur en médecine et en philosophie, et auteur de plusieurs ouvrages portant sur la *Daseinsanalyse*, dont en particulier une étude parue en 1992 sur Sigmund Freud et Martin Heidegger[16]. C'est en 1973 que fut créée l'Association internationale de *Daseinsanalyse* qui comprend un certain nombre d'organisations affiliées en Europe et en Amérique.

L'École Française de *Daseinsanalyse* a été créée en octobre 1993, sur l'impulsion donnée par le Colloque Européen de Phénoménologie Clinique, organisé à l'initiative du Docteur Paul Jonckheere de l'Université Catholique de Louvain et du Professeur Robert Brisart des Facultés Universitaires St Louis, qui s'est tenu en mars 1993 à Bruxelles. La fondation de l'École Française de *Daseinsanalyse* a son origine dans un renouveau récent du courant de la psychiatrie phénoménologique qui, en expansion dans les années soixante, en particulier à cause du « retour à Husserl » caractérisant les derniers travaux de Binswanger, est resté en sommeil, surtout en France, dans les années soixante-dix et quatre-vingt, qui furent fortement marquées par la domination de la psychanalyse lacanienne. Ce courant, demeuré vivant en Belgique et en Suisse, n'a pourtant jamais totalement disparu en France, où il fut représenté par l'école de Marseille, dirigée par le psychiatre Arthur Tatossian (1929-1995) auquel un dossier a été consacré en 1996 dans les n° 5-6 de *L'Art*

16 – G. Condrau, *Sigmund Freud und Martin Heidegger: Daseinsanalytische Neurosenlehre und Psychotherapie*, Freiburg, Universitätsverlag, Hans Huber, Bern, 1992.

du comprendre. Auteur en 1979 d'un rapport fondamental sur "La phénoménologie des psychoses". Arthur Tatossian fut en France la figure la plus représentative du courant de la psychiatrie phénoménologique et ce sont certains de ses élèves (les psychiatres Jean-Michel Azorin et Jean Naudin) qui, en y apportant leur appui, ont rendu possible la création de l'École Française de *Daseinsanalyse.* Elle rassemble parmi ses membres philosophes, psychiatres, psychologues et psychothérapeutes et elle s'appuie à cet égard sur cette affirmation de Heidegger : « Le *Da-sein,* dans lequel l'homme eksiste comme homme demeure l'incontournable de la psychiatrie »[17]. C'est la raison pour laquelle l'expression allemande de *Daseinsanalyse* a alors été préférée à celle d'« analyse existentielle ».

C'est à partir du travail collectif[18] qui s'est effectué dans le cadre du séminaire mensuel organisé par l'École Française de *Daseinsanalyse* que tous les textes rassemblés dans ce volume ont été rédigés. Ils abordent d'abord la question fondamentale des rapports qu'entretient l'analyse existentielle d'une part avec la phénoménologie qui constitue son fondement philosophique et d'autre part avec la psychanalyse, dont elle se démarque du point de vue théorique tout en reconnaissant ses apports sur le plan thérapeutique. Puis dans un deuxième temps, il s'agit de mettre en évidence la fécondité du point de vue thérapeutique de la notion de soi ou d'ipséité, qui met l'accent, contrairement à celle de « sujet » ou de « moi », sur le caractère relationnel et non substantiel de l'être de l'homme, puis de montrer comment à partir de là se pose la question des rapports avec autrui.

---

17 – M. Heidegger, *Essais et conférences*, traduction de A. Préau, Préface de J. Beaufret, Paris, Gallimard, p. 71.

18 – Voir le livre récent de Philippe Cabestan, *Tomber malade, devenir fou. Essai de phénoménologie existentielle*, Paris, Vrin, 2021, qui constitue un magistral témoignage de ce que ce travail collectif a permis.

PREMIÈRE PARTIE

ANALYSE EXISTENTIELLE ET PSYCHOPATHOLOGIE

LA PHÉNOMÉNOLOGIE EN TANT QUE MÉTHODE EN PSYCHOPATHOLOGIE

Dans quelle mesure la phénoménologie peut-elle constituer la méthode de la psychopathologie ? Cette question a été et est toujours au cœur de cette nébuleuse qui se nomme « psychiatrie phénoménologique » au sein de laquelle on peut discerner des courants divergents, selon qu'on privilégie soit l'approche *transcendantale* husserlienne, comme le fait par exemple le dernier Binswanger, soit l'approche *existentiale* heideggérienne, comme c'est le cas non seulement pour Boss, mais aussi pour Kimura, ou qu'on choisisse de combiner les deux approches, comme on le voit chez les représentants du groupe de Heidelberg dont la figure la plus éminente est aujourd'hui celle d'Alfred Kraus.

La phénoménologie comme concept de méthode

On peut certes comprendre le terme de phénoménologie en un sens large, celui d'une description de ce qui apparaît, par opposition à la méthode explicative des sciences de la nature qui se donnent pour tâche la mise au jour des causes cachées des phénomènes. En ce sens, la phénoménologie n'est pas une discipline philosophique qu'on pourrait opposer à d'autres, mais un style ou une manière de penser, comme le souligne bien Merleau-Ponty dans l'Avant-propos *Phénoménologie de la perception*[1]. Husserl, en définissant dans les *Recherches logiques* l'attitude phénoménologique par la maxime du « retour aux choses elles-mêmes »[2], n'a en quelque sorte rien fait d'autre que de formuler clairement ce qui a été, depuis son acte de naissance, la manière *philosophique* de procéder, par contraste non seulement avec toute « construction » spéculative gratuite, mais aussi avec la méthode explicative des sciences de la nature. Dire que la méthode de la philosophie est phénoménologique, c'est donc dire qu'elle n'est ni spéculative, ni explicative, mais simplement *monstrative.* Ce qui ne signifie pourtant pas qu'il suffise de « décrire le donné », mais qu'il faille au contraire permettre aux phénomènes de se montrer par eux-mêmes. C'est ce que Husserl lui-même sou-

---

1 – M. Merleau-Ponty, *Phénoménologie de la perception,* Paris, Gallimard, 1945, p. II.

2 – E. Husserl, *Recherches logiques,* traduction de H. Elie, L. Kelkel, et R. Schérer, Paris, PUF, 1969, tome II, 1, p. 6.

lignait dans son cours de 1907 intitulé *L'idée de la phénoménologie*, en notant que la tâche de la phénoménologie ne consiste pas à « simplement ouvrir les yeux » et à prendre acte de choses qui « seraient tout simplement là », mais au contraire à montrer comment elles se « constituent » dans une conscience qui n'est plus elle-même pensée comme le simple réceptacle de leurs images[3]. C'est ce que Heidegger expliquait aussi dans le § 7 de *Être et temps*, en affirmant que « c'est justement parce que, de prime abord et le plus souvent, les phénomènes *ne* sont *pas* donnés qu'il est besoin d'une phénoménologie ». Le travail phénoménologique consiste ainsi à « sauver les phénomènes », à les arracher à la dissimulation dans laquelle nos idées préconçues et nos habitudes de pensée les relèguent. La phénoménologie, dans son sens le plus général, se confond donc avec le principe de l'absence de présupposition qu'énonce Husserl dans son introduction aux *Recherches logiques* et qui requiert « l'exclusion rigoureuse de tous les énoncés qui ne peuvent être pleinement réalisés par la démarche phénoménologique »[4]. La phénoménologie se voit ainsi définie comme « un domaine de recherches neutres », qui demeure le préalable nécessaire à l'élaboration de toute science empirique[5], et dont la tâche n'est pas l'*explication* de la connaissance de fait, mais l'*élucidation* de son sens vécu[6]. Heidegger définit lui aussi dans *Être et temps*[7] la description phénoménologique comme une monstration et une légitimation directes, et il souligne le sens « prohibitif » du terme de description qui signifie l'interdiction de toute détermination non directement légitimante. Il y a donc accord entre Husserl et Heidegger sur la définition de la phénoménologie comme un concept de méthode. C'est en effet ce que Husserl déclarait de manière explicite dans *L'idée de la phénoménologie* : « Phénoménologie : cela désigne une science, un ensemble de disciplines scientifiques ; mais phénoménologie désigne en même temps et avant tout, une méthode et une attitude de pensée :

---

3 – E. Husserl, *L'idée de la phénoménologie*, traduction de A. Lowit, Paris, PUF, 1985, p. 114 [12].

4 – E. Husserl, *Recherches logiques, op. cit.*, tome II, 1, p. 20.

5 – *Ibid.*, p. 3.

6 – *Ibid.*, p. 23.

7 – M. Heidegger, *Sein und Zeit*, Niemeyer, Tübingen, 1963, p. 35 (la pagination du texte allemand est indiquée en marge de la traduction française de F. Vezin, *Être et temps*, Paris, Gallimard, 1986).

l'attitude de pensée spécifiquement philosophique et la méthode spécifiquement philosophique[8].

La phénoménologie transcendantale de Husserl

Ce qui distingue cependant Heidegger de Husserl, c'est la manière dont chacun d'eux comprend la description phénoménologique. Ce qui la rend possible pour Husserl, c'est ce cette « orientation anti-naturelle de l'intuition et de la pensée » qu'est l'attitude réflexive[9]. Dans l'attitude naturelle, nous sommes tournés vers les objets et nous les posons naïvement comme existants, alors que l'analyse phénoménologique, en tant qu'analyse des vécus intentionnels, exige qu'au lieu d'accomplir les actes intentionnels, nous les transformions en objets : « Au lieu de nous consacrer à l'*accomplissement* des actes édifiés de diverses manières les uns sur les autres et par là de poser, naïvement en quelque sorte, comme existants, les objets visés dans le sens de ces actes, de les déterminer ou de les prendre comme hypothèses, de tirer à partir de là des conséquences, et ainsi de suite, nous devons bien plutôt "réfléchir", c'est-à-dire transformer en objets ces actes eux-mêmes et le sens immanent qu'ils comportent »[10]. L'attitude de pensée proprement phénoménologique consiste donc à passer de l'accomplissement naïf des actes, ce que Husserl nomme « attitude simplement objective », à l'attitude réflexive ; et c'est dans cet « habitus anti-naturel de la réflexion » que s'accomplit la description pure[11]. Husserl explique dans les *Méditations cartésiennes*[12] que ce qui distingue la réflexion proprement transcendantale de la réflexion « naturelle » que nous pratiquons dans la vie courante, c'est que dans cette dernière nous continuons à nous situer sur le terrain du monde alors que dans la première nous quittons ce terrain, nous pratiquons l'*epokhè* et mettons « hors circuit » notre croyance à l'existence du monde. Mais cela n'est rendu possible que par un dédoublement du moi *(Ichspaltung)* par lequel, au-dessus du moi naïvement intéressé au monde, s'établit le moi phénoménologique qui le regarde en spectateur désintéressé qui ne prend plus part à la position d'existence du

8 – *L'Idée de la phénoménologie, op. cit.*, p. 45.

9 – *Recherches logiques, op. cit.,* tome II, première partie, p. 10.

10 – *Ibid.*

11 – *Ibid.*, p. 12.

12 – E. Husserl, *Méditations cartésiennes,* traduction de G. Peiffer et E. Levinas, Paris, Vrin, 1930, § 15, p. 79.

monde et qui pour cette raison même peut s'adonner à la *description pure* des vécus intentionnels[13]. Il apparaît clairement ici que la description husserlienne ne peut avoir lieu qu'à l'intérieur du champ dégagé par la réflexion en tant qu'*acte théorique.*

La phénoménologie herméneutique de Heidegger

Il en va tout autrement pour Heidegger, pour lequel « le sens méthodique de la description phénoménologique est l'*explicitation* »[14] et non pas la réflexion. Heidegger explique dans le § 32 de *Être et temps*, précisément intitulé « Compréhension et explicitation », que l'explicitation consiste en « l'élaboration des possibilités projetées dans la compréhension »[15]. L'explicitation *(Auslegung)* n'est donc pas quelque chose qui s'ajouterait à la compréhension, mais simplement la manière expresse dont se réalise ce mode d'être essentiel de celui qui n'est plus défini comme une conscience ou un sujet mais comme un *existant.* Car du « moi » au monde, il n'y a pas de face à face pur et simple, ou pour employer le langage de Merleau-Ponty, de rapport « frontal », ce qui est la raison déterminante de l'abandon par Heidegger du vocabulaire classique par lequel on oppose un « sujet » à des « objets ». Il n'y a pas de « perception pure » qui constituerait un mode d'accès originaire à l'étant dans son pur être-là devant – dans ce que Heidegger nomme sa pure *Vorhandenheit*[16] – mais toute « vue » de l'étant est d'emblée compréhensive et elle explicite celui-ci *en tant que* ceci ou cela, c'est-à-dire comme s'inscrivant dans un horizon de sens à partir duquel toute chose s'annonce et « apparaît ». Il ne faut donc pas confondre l'explicitation avec ce qui n'est que son mode dérivé, l'énonciation. L'articulation de ce qui est compris dans l'explicitation de l'étant en tant qu'il est tel ou tel advient *hors parole* et *avant* tout énoncé thématique.

Ce bref renvoi au § 32 de *Être et temps* nous permet de comprendre que pour Heidegger l'*Auslegung,* l'explicitation, n'est pas

13 – *Ibid.*, p. 79-80.

14 – *Sein und Zeit, op. cit.*, p. 37.

15 – *Sein und Zeit, op. cit.*, p. 148-149.

16 – Ce terme, qui signifie littéralement « devant la main » désigne la pure et simple présence disponible de quelque chose et s'oppose à un autre terme, *Zuhandenheit,* qui signifie « ce qu'on a en main » et qui caractérise l'être du mode de l'outil, comme Heidegger l'explique dans le § 15, p. 69, de *Sein und Zeit.*

une attitude théorique mais un mode d'être au contraire *pré-théorique* qui caractérise toute existence comme telle dans la mesure où il lui appartient de s'expliciter elle-même. C'est pourquoi la recherche ontologique dont la méthode est la phénoménologie est, en tant qu'explicitation, en elle-même un mode d'être, c'est-à-dire une possibilité ontologique de cet existant que Heidegger ne nomme plus « sujet » mais *Dasein.* C'est donc l'explicitation pré-phénoménologique et pré-ontologique des possibilités concrètes d'existence qui devient thématique dans cette explicitation ontologique et phénoménologique que constitue le texte même de *Être et temps.* Ainsi Heidegger pouvait-il conclure le premier chapitre de son Introduction en affirmant que « la question de l'être n'est alors rien d'autre que la radicalisation d'une tendance ontologique qui appartient essentiellement au *Dasein* lui-même, la compréhension pré-ontologique de l'être »[17]. Il s'agit donc d'une auto-explicitation par laquelle l'existence *ne sort pas d'elle-même* pour se regarder être, mais demeure au contraire *à l'intérieur* de son propre accomplissement.

Il ne peut donc y avoir ici aucun dédoublement du transcendantal et de l'empirique, et le phénoménologue heideggérien n'occupe jamais la place de ce spectateur qui ne prend plus part au processus de l'existence, de ce « spectateur impartial » qu'est le philosophe méditant phénoménologiquement pour Husserl. La phénoménologie est par conséquent pour Heidegger la méthode de l'ontologie fondamentale qui a pour thème le *Dasein* lui-même puisque celui-ci se caractérise essentiellement par la compréhension de l'être. La phénoménologie devient ainsi « phénoménologie du *Dasein* ». En tant que telle, elle n'est pas réflexive, mais *explicitante.* Heidegger rappelle en effet dans *Être et temps* qu'expliciter *(auslegen)* se dit en grec *hermeneuein* qui signifie proprement porter à connaissance, annoncer (*kundgeben*)[18]. Le *logos* de la phénoménologie, l'explicitation non réfléchissante, porte à la connaissance du *Dasein* le sens véritable de l'être et les structures fondamentales de son être propre. Par la philosophie, par la tentative d'élaborer une ontologie, le *Dasein* se porte à la connaissance de soi *sans passer par l'objectivation théorique* qui constitue

17 – *Sein und Zeit, op. cit.*, p. 15.

18 – *Sein und Zeit, op. cit.*, p. 37.

le domaine commun aux sciences positives et à cette « science rigoureuse » que demeure la philosophie pour Husserl[19].

***

On a donc affaire à deux conceptions différentes de la phénoménologie, l'une *transcendantale*, l'autre *herméneutique*, à laquelle vont correspondre, comme nous allons le voir, deux manières, différentes elles aussi, de concevoir, respectivement chez Ludwig Binswanger et Medard Boss, le rapport de la phénoménologie à la psychopathologie.

Psychiatrie et phénoménologie selon Binswanger

Du côté de Binswanger, le recours d'abord à la phénoménologie husserlienne, puis à l'analyse existentiale heideggérienne, provient d'une motivation plus scientifique que proprement thérapeutique, et de l'insatisfaction de voir la psychopathologie manquer d'un véritable fondement épistémologique. C'est ce qui explique que Binswanger ait entrepris de substituer à la domination de la méthode des sciences naturelles dans le champ de la psychiatrie celle de la méthode phénoménologique. On sait que la parution de *Être et temps* en 1927 constitua pour lui un véritable événement, car elle le mit en présence d'une toute nouvelle définition de l'homme compris comme *Dasein* et être-dans-le-monde. C'est ce qui le conduisit un peu plus tard à utiliser le terme de « *Daseinsanalyse* » à la place de celui d'« anthropologie phénoménologique » pour désigner la nature de ses propres recherches. C'est donc dans *Être et temps* qu'il a trouvé le fondement théorique d'une nouvelle conception de l'être de l'homme, moins abstraite que celle de Husserl. Cela ne l'empêche cependant pas d'entreprendre, dans son livre majeur intitulé *Grundformen und Erkenntnis menschlichen Daseins* (« Formes fondamentales et connaissance de l'existence humaine »), publié en 1942, une sorte d'explication avec le concept fondamental de souci *(Sorge)* chez Heidegger, qu'il juge insuffisant pour rendre compte de l'existence humaine et auquel il adjoint celui d'amour *(Liebe)*. Mais une telle critique constitue aux yeux de Heidegger, comme il l'explique à Medard Boss dans les *Zollikoner Seminare*

19 – Voir ce manifeste de la phénoménologie husserlienne qu'est l'article publié en 1913 dans la revue *Logos* par E. Husserl, *La philosophie comme science rigoureuse*, traduction de M. Launay, Paris, PUF, 1989.

une « totale mécompréhension de [sa] pensée »[20], car la *Sorge,* dans son double sens de soin et de souci, est chez Heidegger « le nom de l'essence entière du *Dasein* » et non celui d'une détermination anthropologique particulière de celui-ci[21]. L'analyse psychiatrique du *Dasein* telle que la conçoit Binswanger repose en effet sur une confusion de l'ontique et de l'ontologique[22]. Ce que Binswanger a retenu de *Sein und Zeit,* explique Heidegger, c'est uniquement l'*In-der-Welt-sein,* l'être-dans-le-monde, sans voir que celui-ci est lui-même fondé sur le *Seinsverständnis,* sur la compréhension de l'être, laquelle constitue bien « l'unique requête de *Sein und Zeit* »[23]. Sa *Daseinsanalyse* n'est donc pas véritablement une analyse *du Dasein* : elle reste une interprétation ontique, une interprétation existentielle du *Dasein* de fait[24]. Ce qui ressort donc de la critique heideggérienne, c'est que l'*application* que Binswanger a voulu faire des existentiaux de *Sein und Zeit* à la psychiatrie sans la prise en compte de leur sens ontologique véritable ne peut aboutir qu'à la confusion de l'ontique et de l'ontologique.

Or dans ses derniers textes, Binswanger opère un retour à l'analyse intentionnelle et au transcendantalisme husserlien, sans qu'il s'agisse pourtant, explique-t-il, d'un abandon du point de vue de la *Daseinsanalyse,* car ce qu'il tente alors, c'est de conjuguer les démarches de Heidegger et de Husserl. Il précise en effet dans l'Avant-propos du livre qu'il publie en 1960 sur *Mélancolie et Manie,* que, s'il est toujours *parti* de l'ontologie heideggérienne afin de décrire les maladies mentales comme des modalités particulières d'existence, le but poursuivi ici est plus nettement « théorique », et non pas seulement descriptif, précisément parce qu'il ne s'agit pas de procéder à des études cliniques des psychoses, mais de livrer « une contribution à la méthodologie psychiatrique » en posant à ce propos la question du fondement *théorique* de la psychiatrie et celle de l'élaboration

---

20 – M. Heidegger, *Zollikoner Seminare*, éd. par M. Boss, Klostermann, Frankfurt am Main, 1987, p. 286 (la pagination du texte allemand est indiquée en marge de la traduction française de C. Gros parue sous le titre *Séminaires de Zurich*, Paris, Gallimard, 2010).

21 – *Ibid.*, p. 237.

22 – *Ibid.*, p. 286.

23 – *Ibid.*, p. 236.

24 – *Ibid.*, p. 259.

de sa méthode[25]. Or cette méthode n'est pas phénoménologique au sens seulement de la psychologie « descriptive » brentanienne dont le premier Husserl se réclamait encore, mais au sens fort de *science transcendantale* concernant la structure apriorique de l'expérience, au sens où la doctrine husserlienne de la conscience intentionnelle constitue, comme le déclare Binswanger, « la seule science qui nous permette de réaliser ce que les doctrines de l'organisme ou la biologie réalisent pour la médecine du corps »[26]. Car du point de vue méthodologique, la psychiatrie doit, en tant que thérapie s'appuyer sur une science, tout comme la médecine s'appuie sur la biologie, et, selon Binswanger, c'est la doctrine de la conscience transcendantale, c'est-à-dire la science husserlienne, qui « réalise pour la psychiatrie ce que la biologie réalise pour la médecine somatique »[27]. Il s'agit de chercher les moments responsables de la défaillance de l'organisation structurale de ces formes du *Dasein* que sont les psychoses en interrogeant la constitution transcendantale de l'expérience, ce qui implique de « *revenir* de la constitution du monde considéré à ses moments structuraux constitutifs »[28]. Il apparaît par conséquent nécessaire de revenir à ces fonctions que Husserl nomme « constitutives » afin de les rendre transparentes aux patients. On voit clairement ici que l'acte thérapeutique demeure fondé sur un acte *théorique*. Ce que Binswanger a donc cherché, tout autant dans l'analyse existentiale de Heidegger que dans la phénoménologique génétique de Husserl, c'est bien un fondement *théorique* de la psychiatrie, alors que pour Boss, comme nous allons le voir, il s'agit de découvrir dans l'analyse existentiale heideggérienne la motivation *pratique* d'une conversion du regard.

Phénoménologie et thérapie selon Medard Boss

Pour Médard Boss en effet, qui suit en cela les directives de Heidegger lui-même, il ne s'agit pas d'*appliquer* la méthode phénoménologique aux faits pathologiques, mais de *pratiquer* ce qu'il nomme dans son *Grundriss der Medizin und der Psychologie* de 1971 « *eine daseinsgemässe Therapie* et *eine daseinsgemässe Präventiv-Medizin* », une thérapie et une médecine préventive conforme ou à la

25 – L. Binswanger, *Mélancolie et Manie*, traduction de J.-M. Azorin et Y. Totoyan revue par A. Tatossian, Paris, PUF, 1987, p. 15.

26 – *Ibid.*, p. 82.

27 – *Ibid.*, p. 135.

28 – *Ibid.*, p. 23.

mesure du *Dasein*. Voici en effet ce que Heidegger lui déclare à ce sujet, dans un entretien de septembre 1968, c'est-à-dire pendant la période où Medard Boss a élaboré, avec l'aide de Heidegger, ce dernier livre[29] : « La méthode de recherche "conforme au *Dasein*" *(Die "daseinsmässige" Untersuchungsmethode)* n'est pas elle-même phénoménologique, mais elle est dans la dépendance et sous la direction de la phénoménologie comprise comme l'herméneutique du *Dasein* »[30]. Décrire ces phénomènes ontiques que sont les comportements pathologiques de fait ne peut en effet se faire qu'à la lumière des phénomènes ontologiques, c'est-à-dire des existentiaux du *Dasein*. Ce qui est donc requis, pour accéder à l'ontique, c'est la « médiation » (le mot *vermittelt* est de Heidegger lui-même) de l'ontologique, ce qui est tout autre chose que l'application de l'ontologique à l'ontique[31].

Car une telle médiation ne peut avoir lieu que par la conversion personnelle du praticien. Le médecin doit en effet s'être d'abord lui-même éprouvé comme *Da-sein*, pour parvenir à mettre hors-circuit les représentations inadéquates que l'on se fait habituellement de l'homme. Or cela requiert tout autre chose qu'une simple compréhension intellectuelle de cette manière d'être.

C'est là, affirme Heidegger, la méthode qui peut seule donner accès aux phénomènes humains, alors que la méthode scientifique des sciences de la nature, parce qu'elle réduit ces phénomènes à de pures données calculables, ne peut que mener à la « destruction de l'homme »[32]. Il faut souligner avec force que cette méthode ne consiste pas simplement à devenir conscient du rapport que nous entretenons avec ce qui fait encontre, mais à *s'engager* proprement en celui-ci, à l'*accomplir*. L'apprentissage d'une telle méthode, qui

29 – M. Boss, *Grundriss der Medizin*, Hans Huber, Bern, 1971, p. 523 *sq.* Dans un texte consacré aux Séminaires de Zollikon dans un volume d'hommage à Heidegger, *Erinnerung an Martin Heidegger*, Neske, Pfullingen, 1977, p. 31-45, Medard Boss déclare que pendant les huit années qu'il a consacrées à l'élaboration de son livre, Heidegger a accordé la plus grande attention *(Sorgfalt)* à cette rédaction. Quatre pages de manuscrit abondamment corrigées de la main de Heidegger y sont reproduites.

30 – *Zollikoner Seminaire*, *op. cit.*, p. 281.

31 – Voir à ce sujet F. Dastur, « Phénoménologie et thérapie : la question de l'autre dans les *Zollikoner Seminare* », *Figures de la subjectivité*, Études réunies par J.-F. Courtine, Paris, Editions du C.N.R.S., 1992, pp. 165-177.

32 – *Ibid.*, p. 160.

ne consiste nullement à faire de médecins des philosophes, mais simplement à les rendre attentifs à ce qui concerne l'homme de manière incontournable[33] et ainsi à former des médecins pensants[34], explique que l'enseignement dispensé par Heidegger s'apparente plus, comme le souligne Medard Boss, à une sorte de thérapie de groupe et même à une *Heideggersche Kur,* une cure heideggérienne, qui fait d'ailleurs naître les mêmes résistances que celles qui apparaissent au cours d'une analyse freudienne[35], qu'à une série de cours magistraux. Il apparaît donc que la relation pédagogique et la relation thérapeutique sont de même nature et consistent essentiellement, non pas en une conduite violente de « substitution » qui conduirait l'enseignant ou le thérapeute à exercer une domination et à agir à la place de l'enseigné ou de l'analysé, mais en une pratique de « délivrance » qui n'est peut-être pas non plus exempte de violence – les « résistances » à la cure en témoignent assez – mais qui ne vise qu'à permettre à l'autre de remplir par lui-même la tâche qui lui incombe.

Si Medard Boss a été si frappé par la manière dont Heidegger parle dans le § 26 de *Sein und Zeit* de la « sollicitude devançante » au point d'y voir la description de la relation thérapeutique idéale, c'est parce que sa propre théorie du transfert coïncide exactement avec une telle pratique de délivrance dans le cadre d'une analyse qu'il faut concevoir, au contraire de l'analyse freudienne, comme éminemment « terminable ». La nécessité seulement « momentanée » de la présence du thérapeute définit en effet le caractère essentiel de la relation thérapeutique : le médecin n'est pas la cause de la guérison, il en est seulement l'occasion *(Anlass)* et c'est la raison pour laquelle la situation thérapeutique est une situation « humaine » caractérisée par l'être-ensemble, le *Mitsein*, du médecin et du malade qui ne peut nullement être réduite à la production d'un processus objectif analogue aux processus naturels[36].

Un des points en effet sur lesquels Heidegger a le plus insisté dans les séminaires, c'est sur la différence entre motivation et causalité, reprenant d'ailleurs ainsi un thème fondamental de la phéno-

33 – *Ibid.*, p. 147.

34 – *Ibid.*, p. 134.

35 – *Ibid.*, p. 174.

36 – *Ibid.*, p. 263.

ménologie husserlienne[37]. Ce qui caractérise le motif, c'est, dit Heidegger, qu'« il me met en mouvement », qu'« il parle à l'homme » *(dem Menschen anspricht.)* Il appartient en effet au motif d'être déterminant *(bestimmend)*, c'est-à-dire de faire entendre une voix *(Stimme)* à laquelle il est possible de répondre[38]. Le motif ne peut donc agir par lui-même comme le fait la cause, il ne peut être un mobile que dans la mesure où il est *compris*[39]. Il en va de même du médecin : il ne doit pas se comprendre lui-même comme la cause efficiente de la guérison, sous peine d'ôter à la relation thérapeutique toute sa dimension humaine. Il doit au contraire se comprendre et se comporter comme l'occasion *(Anlass)* de la guérison : l'être-en-commun, le *Mitsein* dans la thérapie consiste alors pour le médecin à laisser-être l'autre, à le laisser guérir par lui-même[40]. Le médecin, en tant qu'il est le motif et non la cause de la guérison du malade, se tient donc très exactement dans la possibilité positive de la sollicitude que Heidegger nomme *vorausspringende Fürsorge* : une sollicitude qui s'élance au-devant de l'autre « non point pour lui ôter le souci, mais au contraire pour le lui restituer » dit Heidegger dans le § 26 de *Être et temps.* Cette sollicitude qui concerne le souci de l'autre et non pas la chose dont il est en souci est l'aide véritable qui permet à l'autre de « devenir libre pour son souci ». Cette possibilité positive extrême de la sollicitude consiste donc à « laisser-être » l'autre comme « souci authentique », c'est-à-dire comme *Dasein* en propre et c'est dans ce laisser-être que Heidegger voit la forme la plus haute de la relation à autrui. Il y a pourtant une autre possibilité *positive* opposée à celle-ci qu'il ne faut pas ranger parmi les modes déficients de la sollicitude tels que l'indifférence ou encore l'assistance sous sa forme sociale organisée qui sont des rapports à autrui qui réduisent celui-ci au mode d'être manipulable *(die Zuhandenheit)* de l'outil quotidien : c'est celle de la sollicitude substitutive *(die*

---

37 – Le concept phénoménologique de motivation opposé à celui, scientifique, de causalité est déjà invoqué par Husserl dans la première *Recherche logique* (§ 2 et 3) comme il le rappelle lui-même dans une note des *Idées directrices pour une phénoménologie* (traduction de P. Ricœur, Paris, Gallimard, 1950, § 47, p. 157). Dans le second livre des *Idées, Recherches phénoménologiques pour la constitution* (traduction de E. Escoubas, Paris, PUF, 1982), il sert à décrire, par contraste avec l'attitude naturaliste, l'attitude personnaliste en tant qu'elle est celle d'un « moi spirituel » (§ 55) et « libre » (§ 60).

38 – *Ibid.*, p. 27.

39 – *Ibid.*, p. 249.

40 – *Ibid.*, p. 263.

einspringende Fürsorge) qui est elle aussi un rapport à autrui comme *Dasein*, mais qui, au lieu d'être libérante, est dominatrice *(beherrschend)*. Elle consiste à se mettre à la place de l'autre, à prendre en charge son souci, à remplir sa tâche à sa place et à courir ainsi le risque de le placer dans une situation de dépendance et d'assujettissement qui, remarque Heidegger, peut fort bien lui demeurer voilée comme telle. Avec cette deuxième modalité positive de la sollicitude on a moins affaire au modèle de la médecine somatique spécialisée qui constituerait plutôt, quand elle ne s'accompagne d'aucune prise en compte de la situation humaine globale du malade, à un mode déficient de la sollicitude, du fait que le malade n'y est pas considéré comme un *Dasein* mais comme un ensemble de processus naturels objectifs, qu'à l'ensemble de ces perversions de la relation thérapeutique (ou de la relation pédagogique) qui retardent plutôt qu'elles ne favorisent la guérison du malade (ou le processus d'apprentissage de l'élève) et qui ne sont donc pas des formes d'aide véritable parce qu'elles mettent au premier plan non pas le souci de l'existence de l'autre mais la préoccupation qui a trait aux outils. Il ne peut en effet s'agir, dans la relation thérapeutique, que de mettre en œuvre une modalité du rapport à l'autre qui *anticipe* sur la liberté qui doit être recouvrée par le malade. Ce n'est donc qu'en témoignant de sa propre liberté que le médecin peut rendre le malade à la sienne.

Le rapport authentique de sollicitude à l'autre ne consiste pas en effet en une conduite violente de substitution qui pourrait conduire le thérapeute à exercer une domination sur le patient et à agir à sa place, mais en une pratique de délivrance, qui rencontre peut-être d'ailleurs aussi des « résistances », comme dans le cas de la cure psychanalytique, mais qui n'en vise pas moins à permettre à l'autre d'accéder à sa propre liberté, ce qui suppose que l'aide ou l'assistance ainsi apportée doit nécessairement viser à se rendre superflue. Boss développe à partir de là toute une « théorie » du transfert qui ne consiste précisément pas, comme le voudrait Freud, en un transport d'affect du patient à l'analyste, mais en une intervention *temporaire* du thérapeute, qui doit permettre au patient lui-même de passer d'un état de non-liberté à la liberté, de la « maladie » à la « santé ». L'intervention du thérapeute ne constitue ainsi qu'une occasion pour le patient de reprendre possession de l'ensemble de ses possibilités, elle n'est en rien une cause véritablement efficiente de sa guérison. Cette sollicitude devançante, dont Heidegger dit qu'elle s'élance au devant de l'autre, « non pas pour lui ôter le souci, mais au contraire pour le lui restituer »[41] est l'aide véritable qui permet à l'autre de « devenir libre pour son souci » et qui « laisse-être » l'autre en tant qu'être fondamentalement et constamment en souci de lui-même. C'est dans ce laisser-être l'autre comme souci authentique que Heidegger voit la forme la plus haute du rapport à autrui. C'est pourquoi, à Binswanger qui lui reproche d'avoir oublié l'amour, il répond dans les *Zollikoner Seminare*[42] que c'est sur le souci, compris au sens ontologique d'ouverture fondamentale de l'existant à l'avenir, que se fonde l'amour aussi bien que la haine. Il ajoute même : « On peut même s'attendre à ce que la détermination essentielle de l'amour qui cherche un fil conducteur dans la détermination du *Dasein* que livre l'ontologie fondamentale soit plus essentiellement profonde et d'une plus grande portée que cette [celle de Binswanger] caractérisation de l'amour qui voit en lui quelque chose de plus haut que le souci »[43]

41 – *Sein und Zeit*, *op. cit.*, § 26, p. 122.

42 – *Zollikoner Seminare*, *op. cit.*, p. 286.

43 – *Ibid.*, p. 236.

L'IMPORTANCE DE LA NOTION DE FORME EN PSYCHOPATHOLOGIE

La maladie a longtemps été considérée à l'époque moderne comme un désordre local du corps ou de l'esprit. C'est grâce à l'apport de la *Gestalttheorie* que l'on est revenu à une conception « holistique » de la pathologie, considérée non comme une déficience, mais comme une déstructuration ou une déformation globale. Il s'agit par conséquent de montrer en s'appuyant sur les analyses de certains philosophes (essentiellement Merleau-Ponty et Gadamer) et de certains psychiatres appartenant à la mouvance phénoménologique (Binswanger, Blankenburg, Tatossian) que la thérapie a essentiellement pour fonction le rétablissement du processus par lequel l'être humain donne continuellement forme à son existence tant corporelle que spirituelle.

L'intérêt porté à la forme est aussi vieux que la philosophie, dont on sait qu'elle s'est d'abord définie, avec Platon, comme une théorie des idées ou des formes, les mots *eidos* et *idea,* qui renvoient tous deux au verbe qui veut dire voir en grec, ayant le même sens que l'allemand *Gestalt*, mot qui signifie originellement aspect, configuration, figure, et qui peut, tout comme le grec *eidos,* être utilisé pour désigner la silhouette humaine. La forme, c'est pour Platon ce qui se donne à voir, certes davantage aux yeux de l'esprit qu'à ceux du corps, mais cela implique pourtant un privilège attribué au sens de la vue considéré comme paradigme du savoir. Il n'est donc pas surprenant de trouver dans le *Phèdre*, ce dialogue où Platon nous explique, à l'aide d'un mythe, que les philosophes sont ceux, parmi les hommes, qui parviennent à voir les idées, une définition du beau comme cette forme qui resplendit avec le plus d'éclat (250c). Certes Platon est aussi celui qui, pour l'amour de la vérité et de la philosophie, condamne les mensonges de l'art et chasse les poètes de sa cité idéale. Il n'en demeure pas moins qu'il a su reconnaître que le Beau n'est pas une idée semblable aux autres, mais bien la plus lumineuse de toutes, et donc celle qui mérite par excellence le nom de forme, laissant ainsi entendre qu'il faut être sensible au beau pour l'être au vrai et au bon et qu'il est par conséquent nécessaire d'être artiste pour être philosophe.

Or c'est ce qu'à l'autre bout de l'histoire occidentale, celui qui s'est précisément donné pour tâche de renverser le platonisme,

Nietzsche, affirme lui aussi. Ne déclare-t-il pas en effet, dans un fragment posthume de 1887 : « On est artiste à la condition que l'on sente comme un *contenu,* comme "la chose même", ce que tous les non-artistes nomment "forme". De ce fait on appartient à vrai dire à un *monde renversé* ; car désormais tout contenu devient quelque chose de simplement formel – y compris notre vie. »

Ce privilège reconnu à la forme, privilège d'une vision qui peut être définie comme esthétique ou artistique, il faut l'affirmer très vigoureusement, ne relève d'aucun « esthétisme » qui nous ferait négliger la substance même des choses. Bien au contraire, la saisie de la forme, et par excellence de la *belle* forme, nous met directement en présence de la « chose même », qui n'est pas un donné statique, quelque chose de déjà formé et préexistant au regard porté sur elle, mais au contraire ce qui se configure de manière dynamique devant nos yeux. Cela est vrai de la nature qui nous entoure, toujours en devenir et en constant processus de configuration, et c'est encore plus vrai de nous-mêmes, les humains, qui participons de cet universel mouvement de *Gestaltung* et avons de surcroît le pouvoir de le penser et de le nommer. Il ne faut donc pas s'étonner de voir que, dès que le phénomène de la vie devint, au XVIIIe siècle, l'objet d'une science distincte, la biologie, ce sont les concepts de forme, de configuration dynamique et de totalité qui sont dès le départ invoqués. Et c'est encore plus patent pour la médecine, pour ce qu'il faut bien nommer l'art médical, en donnant au mot d'art non pas seulement son sens de « technique », mais aussi son sens plein d'activité esthétique.

I. La vie comme processus de création de formes

Il faut d'abord remarquer que nous trouvons une première réflexion sur les fondements de ce qui se constituera, au siècle suivant, comme science de la vie, comme biologie à part entière, dans l'œuvre d'un philosophe des Lumières, Kant, qui réunit, sous le titre commun de *Critique de la faculté de juger,* à la fois des considérations relevant de l'esthétique sur le Beau et l'art, et des considérations relevant de la philosophie de la nature sur la vie et les organismes vivants. Or ce qui fait l'unité de ce livre, c'est précisément le fait qu'aussi bien dans la partie esthétique que dans la partie « biologique », il est fait appel au concept de forme : ce qui distingue le plaisir esthétique en tant qu'il est désintéressé de la simple sensation agréable ou désagréable, c'est le fait qu'il est plaisir pris à la pure forme de l'objet et non à sa matérialité ; de même la réflexion portant sur la nature vivante y décèle des formes organiques qui sont caractérisées par leur finalité interne. Ce qui se manifeste dans le monde de l'art et dans celui de la nature vivante, c'est un autre aspect de la réalité que celui qui est l'objet de la science physique et mathématique. Ce que Kant se propose dans cette seconde partie de la *Critique de la faculté de juger*, c'est de saisir ce qui constitue la particularité du vivant, à savoir cette capacité à s'auto-organiser et à s'auto-former qui fait de lui une totalité dynamique. Car pour Kant, une connaissance de l'être organisé, du vivant, doit s'appuyer non pas sur la saisie de ses parties, mais sur celle de sa totalité formelle.

Ces réflexions kantiennes sur l'être vivant ont joué un rôle important dans l'élaboration de la pensée d'un des plus importants biologistes du début du XXe siècle, le neuropsychiatre Kurt Goldstein, dont l'ouvrage, paru en Allemagne en 1934, sous le titre *La structure de l'organisme (Der Aufbau des Organismus)* constitue une étape importante dans la compréhension du vivant et de ses rapports avec le milieu dans lequel il vit. Il faut souligner que ce sont les soins qu'il a prodigués, en tant que médecin, aux jeunes soldats blessés du cerveau, durant la Première Guerre mondiale, qui l'ont mis sur la voie d'une critique de la théorie des réflexes rendant compte du comportement selon un schéma de causalité linéaire entre stimulus et réponse dans lequel l'être vivant joue un rôle entièrement passif. Ce qu'il s'agit au contraire de prendre en vue, c'est ce qui fait d'un organisme déterminé non pas simplement la somme de ses parties, mais bien une totalité en devenir qui se produit et se forme elle-même dans ses relations à son environnement. Contre le modèle épistémologique alors régnant, qui se fonde sur le morcellement en parties des organismes, Goldstein insiste au contraire sur la primauté de la catégorie de totalité, qui constitue « l'"idée" – et ici idée est à prendre au sens platonicien de forme – à partir de laquelle toutes les particularités deviennent compréhensibles, compte tenu des conditions de leur formation »[1].

Maurice Merleau-Ponty, dans son premier ouvrage, *La structure du comportement,* paru en 1942, reprend en grande partie les idées de Goldstein, en particulier dans une des sections du troisième chapitre, précisément intitulée « L'organisme comme "idée" ».

---

1 – K. Goldstein, *La structure de l'organisme.* Introduction à la biologie à partir de la pathologie humaine, traduction de E. Burckhardt et J. Kuntz, préface de P. Fédida, Paris, Gallimard, 1983, p. 313.

Pour Merleau-Ponty, qui s'inspire également des travaux de la *Gestalt psychology* de Koehler et Koffka, la notion de forme n'est pas un élément du monde, une réalité physique, mais en tant qu'unité dynamique et intérieure qui donne à un ensemble le caractère d'un individu indécomposable, elle est « un objet de perception » et donc bien une « idée », dont il souligne qu'elle seule donne « la signification immanente et la vérité des événements »[2]. Comme Goldstein, Merleau-Ponty ne considère pas la *Gestalt* comme un phénomène préalablement donné, comme une « forme en soi », car, comme le souligne bien Goldstein, « ce qui est forme pour un organisme dépend en grande partie de sa propre structure »[3] ; ce qui veut dire qu'elle dépend de l'activité de ce dernier et de la manière dont il parvient à s'adapter à son environnement. Il ne s'agit donc pas de partir de l'idée d'une nature conçue comme une réalité composée d'objets juxtaposés les uns aux autres, mais de voir au contraire en elle, comme le fait pour sa part l'artiste, un ensemble de formes, de significations qui existent pour une conscience et se donnent à travers la perception.

Renoncer à l'idée de formes existant en soi exige par conséquent de reconnaître que « la notion de forme ne fait qu'énoncer des propriétés descriptives de certains ensembles naturels »[4]. C'est ce qui permet de comprendre que la saisie d'une forme est en même temps celle d'une signification. Car les actes vitaux ont par eux-mêmes un sens et sont dans cette mesure semblables à une œuvre d'art. Merleau-Ponty cite à ce propos Jakob von Uexküll, cet autre grand biologiste contemporain de Goldstein, qui a lui aussi mis en évidence le rapport indéchirable entre un organisme et son *Umwelt*, déclarant que « Tout organisme est une mélodie qui se chante elle-même »[5]. Ce qui distingue en effet l'œuvre d'art de l'objet technique, c'est que dans ce dernier le matériau demeure extérieur à la forme qu'on lui donne et à la fonction qu'il est destiné à remplir, alors que dans l'œuvre d'art, qui n'a pas de finalité extérieure à elle-même, matière et forme, sens et existence ne font qu'un.

---

2 – M. Merleau-Ponty, *La structure du comportement,* Paris, Gallimard, 1960, p. 165 (noté par la suite SC).

3 – K. Goldstein, *op. cit.*, p. 406.

4 – SC, p. 54.

5 – SC, p. 172.

C'est la même idée que l'on retrouve quelques années plus tard, lorsque, dans la *Phénoménologie de la perception*, Merleau-Ponty s'efforce de rendre compte de l'expérience que nous faisons de notre corps propre, de celui dont il faut dire non pas que nous l'avons, mais que nous le sommes. C'est parce qu'en lui se noue le fait et le sens, l'essence et l'existence que le corps propre ne peut pas être comparé à l'objet physique, mais bien plutôt à l'œuvre d'art[6], puisque ce qui caractérise l'œuvre d'art, c'est précisément le fait que le sens, l'idée, ne peut s'y communiquer que par l'élément sensible de la couleur, du son ou du mot : « Un roman, un poème, un tableau, un morceau de musique sont des individus, c'est-à-dire des êtres où l'on ne peut distinguer l'expression de l'exprimé, dont le sens n'est accessible que par un contact direct et qui rayonnent leur signification sans quitter leur place temporelle et spatiale. C'est en ce sens que notre corps est comparable à une œuvre d'art »[7]. Il est ce nœud de significations vivantes dans lesquelles on ne peut distinguer la matière sensible de la forme intelligible précisément parce que la forme est inséparable de la matière et que l'opération de la conscience ne peut plus être comprise comme l'imposition externe d'un sens à une matière inerte[8]. On ne peut en effet séparer le signe sensible de sa signification intelligible sans masquer le rapport *organique* du sujet et du monde et sans manquer la transcendance active de la conscience qui ne peut aller vers le monde que parce qu'elle est déjà, par le corps, installée en lui. Merleau-Ponty est ainsi conduit à penser le rapport du corps et de l'existence sur le modèle de l'expression de la pensée par la parole quand celle-ci est cette parole parlante dans laquelle l'exprimé n'existe pas à part l'expression : « C'est de cette manière que le corps exprime l'existence totale, non qu'il en soit un accompagnement extérieur, mais parce qu'elle se réalise en lui. Ce sens incarné est le phénomène central dont corps et esprit, signe et signification sont des moments abstraits »[9].

Avec cette référence à la parole, nous nous situons au niveau proprement humain, distinct du niveau seulement vital de l'ensemble des organismes vivants, qui se caractérise par la capacité qu'a

---

6 – M. Merleau-Ponty, *Phénoménologie de la perception*, Paris, Gallimard, 1945, p. 176 (noté par la suite PP).

7 – PP 177.

8 – PP 178.

9 – PP 193.

l'être humain d'exprimer le sens vécu, et donc en quelque sorte de le faire apparaître en tant que tel. Ce que l'on peut craindre alors, c'est de substituer à l'expérience qui est toujours celle d'une réalité en devenir un ensemble fixe de significations intemporelles et de voir ainsi réapparaître le dualisme de la nature et de la conscience, de la réalité et du sens. Ce que Merleau-Ponty nomme « parole parlante », c'est justement celle qui puise son sens à même l'expérience et reconnaît que la signification qu'elle trouve dans un ensemble sensible y était déjà inhérente[10]. C'est par conséquent au niveau d'une première expérience pour ainsi dire « muette » que se noue déjà le lien indéchirable entre la forme et le sens, l'existence et l'essence, la nature et la conscience. Or cette couche primordiale de l'expérience, que le langage va porter à l'expression, est précisément celle, esthétique et artistique, où se révèle à nous la *Gestaltung*, la structuration et la configuration dynamiques du monde. C'est ce qui explique que Merleau-Ponty veuille souligner, à la fin de son premier ouvrage, l'importance philosophique de cette notion de forme non en tant que signification déjà fixée, mais comme processus en devenir : « Ce qu'il y a de plus profond dans la "Gestalt" d'où nous sommes partis, ce n'est pas l'idée de signification, mais celle de structure, la jonction d'une idée et d'une existence indiscernables, l'arrangement contingent par lequel les matériaux se mettent devant nous à avoir un sens, l'intelligibilité à l'état naissant »[11]. C'est ce processus de *Gestaltung*, de configuration qui constitue le mode d'existence aussi bien des simples vivants que des humains que nous sommes, ce qui implique qu'exister, pour un être humain, signifie donner constamment forme à son propre être, le configurer comme une totalité en devenir. Ce sont donc ces concepts fondamentaux de configuration et de totalité dynamiques qu'il s'agit avant tout de convoquer lorsqu'on s'interroge sur ce que doit être en général la thérapie, à savoir le soin et le service apporté à l'existant, en vue de l'aider à persévérer dans ce mouvement qu'est l'exister.

II. La médecine en tant qu'art

Si exister est en soi déjà un art, la médecine, cette pratique de la modération – le mot vient du latin *mederi,* qui veut dire soigner, lui même apparenté au verbe *metiri*, qui signifier mesurer au sens de proportionner, de déterminer la juste mesure – doit alors être défi-

10 – SC, p. 189.

11 – SC, p. 223.

nie comme un art second, à savoir cet art tout à fait particulier qui se donne pour tâche de préserver ce qui fait de toute existence ce processus d'autoformation et d'auto-organisation qui la rend semblable à une œuvre d'art. C'est sans doute Hans-Georg Gadamer, le fondateur de l'herméneutique moderne, qui, dans un ensemble de textes consacrés à la *Philosophie de la santé*, et en particulier dans le court essai qu'il a consacré en 1965 à une « Apologie de l'art médical », en cerne le mieux la particularité. Car cet art ne « fabrique » rien, il ne produit aucune œuvre extérieure à son auteur qui puisse attester de manière patente du savoir-faire de celui-ci, puisqu'on ne peut jamais savoir, explique Gadamer « dans quelle mesure le succès d'une guérison revient au traitement habile du médecin et dans quelle mesure la nature ne s'est pas aidée elle-même »[12]. Gadamer souligne en effet avec pertinence que ce qui distingue l'art médical des autres arts, c'est le fait que l'œuvre du médecin, à savoir le rétablissement de la santé, n'est nullement la sienne et qu'ici le rapport entre le faire et le fait est d'une nature profondément énigmatique[13]. Il y a certes aujourd'hui tout un pan de la médecine moderne, et en particulier de la chirurgie, qui se comprend comme l'application d'un savoir théorique et comme une véritable action transformatrice, mais il ne s'agit plus alors véritablement de thérapie, laquelle se définit au contraire comme la tentative de rétablir un équilibre perturbé. Gadamer s'appuie ici, pour définir la santé, sur le concept d'équilibre et sur l'expérience que l'on peut en faire. Il considère qu'il s'agit d'un concept qui a servi, dans la Grèce ancienne, à la compréhension de la nature, la *phusis,* définie dans les cosmologies ioniennes comme ce qui se maintient soi-même selon un ordre global et une régularité régissant tout. Or l'expérience de l'équilibre, par exemple celle que nous faisons lorsque nous montons à bicyclette, est celle d'une sorte d'apesanteur, puisque, lorsque l'état d'équilibre est atteint, les poids s'annulent réciproquement. Il est fort significatif que Gadamer, lorsqu'il veut souligner la fragilité de ce maintien de l'équilibre qu'est la santé, et le danger que comporte toute intervention médicale, fasse à deux reprises appel à un vers tiré des *Elégies de Duino* de Rilke qui dit : « Le pur trop peu se mue, sans que l'on comprenne comment, et devient ce trop, vide ». C'est ainsi à un poète qu'il a recours et non pas à un scientifique afin de

---

12 – H-G. Gadamer, *Philosophie de la santé,* traduction de M. Dautrey, Paris, Grasset-Mollat, 1998, p. 44.

13 – *Ibid.*, p. 46.

donner une description de ce qu'est la santé, cette œuvre réussie de la nature, comparable à cet égard à ce dont l'artiste fait l'expérience dans son activité créatrice. Comme l'explique bien Gadamer, ce que décrit ici le poète, c'est ce qui a lieu dans toute expérience d'équilibration : l'effort produit doit tendre à se relâcher afin de laisser l'équilibre se produire de lui-même. C'est ce qui a lieu dans l'art, où l'artiste doit paradoxalement travailler à laisser l'œuvre se configurer elle-même, et c'est aussi ce qui a lieu dans le soin médical, qui doit tendre à se supprimer lui-même afin de permettre à la nature de rétablir son processus d'autorégulation spontané[14]. Ce qui constitue aux yeux de Gadamer le propre de la médecine, c'est que, à la différence des autres sciences, elle continue de présupposer le concept antique de nature, définie comme totalité s'équilibrant elle-même, fort différent de celui sur lequel reposent les sciences modernes de la nature[15].

Nous ne prenons conscience de ce prodige qu'est la santé, et en même temps de notre existence corporelle, que lorsque l'équilibre est rompu. Il y a de ce fait un « primat méthodologique de la maladie sur la santé »[16], laquelle ne s'annonce, de manière négative, qu'à travers les perturbations de l'équilibre naturel dont nous avons jusqu'ici joui de manière totalement inconsciente. Gadamer insiste en effet sur le caractère inapparent, sur la *Verborgenheit* de la santé, dont il demeure impossible de fixer la norme, car elle est cet état d'harmonie intérieure, de conformité à la juste mesure qu'aucun contrôle extérieur ne saurait mesurer. Or l'expérience de la maladie est demeurée la même à travers le temps : c'est ce qui explique que Gadamer puisse se référer aussi bien à la médecine grecque qu'à ces biologistes et psychiatres contemporains que sont Weizsäcker ou Blankenburg. On rencontre déjà dans les écrits d'Hippocrate l'idée que la santé doit être comprise comme un état d'équilibre entre différentes puissances ou humeurs corporelles. Et cette même idée se retrouve dans *Le cercle de la structure, Der Gestaltkreis,* paru

14 – *Ibid.,* p. 48. Cf. également p. 123. Voici, dans la traduction de A. Guerne (R. M. Rilke, *Les élégies de Duino,* Paris, Seuil, 72, p. 53) ce passage entier de la Cinquième Élégie : « Et là, soudain, dans ce nulle part laborieux, soudain/ l'endroit tout ineffable où se métamorphose insaisissablement/ l'insuffisance pure, brusquement se transforme en ce “Trop” excessif et parfaitement vide ».

15 – *Ibid.,* p. 50.

16 – *Ibid.,* p. 84.

en 1933, du physiologue et psychosomaticien Viktor von Weizsäcker, qui fut le collègue de Gadamer à l'Université de Heidelberg et qui est à l'origine du développement et de la renommée, toujours actuelle, du département de psychopathologie de la clinique psychiatrique de Heidelberg. Il y a chez von Weizsäcker, comme chez Goldstein et Uexküll, l'idée d'une interaction entre l'organisme vivant et le milieu qui permet de comprendre ce « cercle » structurel dont il parle et qui consiste en cette intrication de la perception et du mouvement, du voir et du faire. C'est donc l'ordre et la cohérence que crée l'organisme dans sa rencontre avec le milieu et qui persistent même dans les états de crise que Weizsäcker nomme *Gestalt*. Gadamer retrouve dans ce cercle de la forme l'écho d'une notion antique, celle d'*isorropia*, le terme grec pour équilibre, qui décrit l'état dans lequel les tendances propres à chacune des parties du tout se contrebalancent de sorte que ce dernier se maintient dans sa mobilité. Ce qui caractérise la pensée de Weizsäcker, et qui est au fondement même de sa notion de *Gestaltkreis*, c'est la conception *holistique* qu'il se fait de l'être vivant. Selon lui, ce dernier n'est pas composé de parties successives qui s'ajoutent extérieurement les unes aux autres depuis un terme initial et jusqu'à un terme final, mais il entretient au contraire constamment une relation avec son commencement et sa fin et constitue ainsi un « tout » dans lequel on ne peut jamais distinguer des parties. On ne peut en effet parler de rapport des « parties » au tout que dans le cas d'une totalité obtenue par composition et addition, alors qu'il est impossible de considérer le développement d'une totalité vivante sur le même modèle, puisque son devenir est celui d'un « soi » qui contient en lui-même tous les « moments » de son extension dans le temps. Or cette différence entre les deux modes de la totalité était déjà connue des Grecs qui distinguaient *holon*, le tout au sens d'entier, de *pan*, le tout au sens de somme. Comme Gadamer le souligne, le terme de *holon* a en grec « une résonance singulière qui diffère de celle qu'il y a dans notre terme de "tout" », car il signifie ce qui est intègre, l'indemne, ce qui possède la capacité de se maintenir soi-même en vertu d'une vitalité immanente qui se régénère continuellement. On retrouve dans les langues germaniques une idée semblable, exprimée par les termes en allemand de *Heil*, le sacré qui signifie aussi le sauf, et auquel correspond le verbe *heilen*, qui veut dire soigner, et en anglais, de *whole*, entier, auquel correspond également le verbe *to heal*, guérir. Comme l'affirme avec raison Gadamer, toute la tâche du médecin consiste à devoir prendre en compte ce cycle structurel de la vie. C'est la raison pour laquelle, à ses yeux, la médecine occupe dans l'ensemble des sciences de l'homme une « position unique », car souligne-t-il « [l']a science médicale est la seule qui ne produise absolument rien, finalement, mais qui doit expressément composer avec cette prodigieuse capacité de la vie à se régénérer d'elle-même et à se réapprendre elle-même. Aussi la seule tâche qui revienne au médecin est-elle de contribuer à ce rétablissement »[17]. Ce que nous montre donc le médecin, à travers son savoir-faire particulier, c'est que nous nous situons, en tant qu'êtres humains, « entre nature et art », et c'est lui qui nous permet de prendre conscience des limites de tout savoir-faire, de toute *tecknè* humaine, et nous apprend à les accepter.

Or c'est à l'occasion de cette perte d'équilibre et de cette menace pour l'indemnité de la vie qu'est la maladie que se révèle à nous le caractère holistique de notre existence. C'est dire que toute maladie est totale, et que loin de ne concerner qu'une partie, corporelle ou spirituelle, de notre être, elle met en question le sujet tout entier. Car ce que nous nommons « maladie mentale » consiste elle aussi en une perte d'équilibre et manifeste l'échec d'un existant à se mettre en accord avec son environnement et avec les possibilités qu'il recèle, soit par la fixation excessive du soi sur un seul objet, soit au contraire par la perte du soi dans un rapport extatique au monde. Il ne faut donc pas la comprendre comme une déchéance de l'humain qui retournerait ainsi à une forme inférieure d'existence, mais au contraire, affirme Gadamer, comme « un développement qui fait structurellement partie des possibilités essentielles de l'homme »[18]. On aboutit ainsi à l'idée selon laquelle la maladie dite mentale demeure, même sous les aspects les plus inquiétants qu'elle peut prendre, une forme à part entière de l'existence humaine.

III. Psychopathologie et formes de l'existence humaine

Qu'est-ce que la maladie ? Peut-on simplement la comprendre comme une déficience venant affecter l'existence humaine du dehors, ou faut-il au contraire tenter de la penser de manière moins négative comme une possibilité de transformation inhérente à l'être humain, mais qui se verrait constamment surmontée chez l'homme sain ? Telles sont les questions qui ont commandées de manière essentielle la théorie et la pratique de Ludwig Binswanger, le fonda-

17 – *Ibid.*, p. 101.

18 – *Ibid.*, p. 70.

teur de la *Daseinsanalyse,* l'analyse existentielle, d'une analyse qui ne se veut pas seulement psych-analyse, analyse de la *psychè* et du psychisme, mais de l'existence tout entière. Ludwig Binswanger, né en 1881, mort en 1966, psychiatre et directeur du sanatorium Bellevue de Kreuzlingen en Suisse, une clinique psychiatrique privée fondée par son grand-père en 1857, a été successivement marqué par Freud et sa conception de thérapie, par Husserl et définition de la conscience en termes d'intentionnalité et par Heidegger et sa compréhension de l'homme comme être dans le monde. Binswanger s'inscrit par là dans l'horizon d'un renouveau de la psychopathologie traditionnelle dont on peut dire qu'elle a échoué dans son approche de la folie précisément parce qu'elle n'est pas parvenue à la comprendre autrement que comme altération et manque. C'est en effet la volonté, commune à plusieurs des représentants de la psychiatrie, de se placer au-delà du dualisme cartésien de la *psychè* et du *soma* qui est à l'origine dans les années 1920 de la naissance de la phénoménologie psychiatrique, liée à une approche anthropologique de la maladie mentale, qui voit dans celle-ci une modalité particulière de l'existence humaine.

Or il est significatif que, dans cette recherche de ce qu'est l'être-homme, il faille, comme le montre de manière exemplaire Binswanger, regarder plutôt du côté de la poésie, du mythe et de la littérature que du côté de la science et de la philosophie, car, affirme ce grand lecteur qu'il est, comme Gadamer, des Présocratiques, les poètes et les écrivains ont su mieux que les théoriciens et les philosophes que l'existence humaine n'est pas quelque chose qui s'offre ouvertement au regard mais qu'au contraire elle se cache, comme la *phusis* héraclitéenne, sous mille formes et ne peut être identifiée à aucune des ses apparences extérieures. C'est ce qui le conduit lui aussi à proposer une conception holistique de la maladie mentale. On ne peut en psychopathologie tenter d'isoler les prétendues « causes » de l'altération du comportement, puisque chaque élément de celui-ci est en interaction avec tous les autres. On peut cependant, selon Binswanger, considérer la maladie mentale comme une *Naturexperiment,* une expérience que ferait la nature, et qui mettrait ainsi au jour ce qui est ordinairement dissimulé dans le comportement non pathologique. C'est la raison pour laquelle il considère que la maladie mentale réalise une sorte d'*epokhè* spontanée, c'est-à-dire une mise entre parenthèses du comportement habituel qui permet de mettre à nu les moments constitutifs de celui-ci.

Les psychoses peuvent ainsi jouer le rôle de révélateur du processus même par lequel l'existence humaine parvient à se perpétuer et à se maintenir dans une forme stable. Car ces altérations de la forme même de l'existence humaine que sont les psychoses n'en sont pas la « destruction » pure et simple, sinon cela impliquerait que le psychotique perde totalement son « humanité » et devienne effectivement un végétal ou même un minéral. C'est pourquoi il faut encore voir en elles des modes à part entière d'une existence qui, bien que profondément altérée, ne cesse cependant pas de s'auto-configurer.

Or c'est précisément dans le grand essai qu'il consacre à Ibsen en 1949, sous le titre *Henrik Ibsen et le problème de l'autoréalisation dans l'art*[19], que Binswanger est amené à développer les principes fondamentaux de son approche anthropologique de la psychose. Il y tente de ressaisir de l'intérieur le projet global, celui de la réalisation de soi, qui a commandé aussi bien la vie que l'œuvre du dramaturge norvégien. Ce que Binswanger voit en Ibsen, c'est l'homme qui dans sa vie comme dans son œuvre a compris l'existence comme originairement dramatique, c'est-à-dire a vu en elle une tâche à accomplir, un projet à développer ou un problème à résoudre. Ibsen donne en effet, dans ses premières œuvres, une grande importance à l'idée de vocation individuelle, à l'aspiration à des idéaux élevés. Ce qui pourtant se fait jour peu à peu et apparaît de manière particulièrement nette dans les pièces de la dernière période de sa vie, c'est l'impossibilité pour le héros dramatique de se tenir constamment sur les hauteurs de l'idéal. Car, si la direction de l'existence humaine est bien déterminée par l'idéal d'existence, l'accomplissement de la tâche d'autoréalisation, cette « chose la plus haute » que l'homme puisse atteindre, il faut bien souligner que la direction vitale consiste en un rapport proportionné ou disproportionné entre élévation à l'idéal et rapport au donné, rapport dans lequel Binswanger voit ce qu'il nomme « proportion anthropologique ». C'est dans ce contexte que l'interprétation du drame d'Ibsen *Solness le constructeur* va pouvoir être entreprise. Binswanger trouve en effet dans le théâtre d'Ibsen à la fois l'exemple et le contre-exemple de la proportion anthropologique manquée. L'exemple, c'est Solness, le constructeur, figure de la présomption, personnage chez qui l'élévation se fait de manière disproportionnée, d'où le vertige

19 – L. Binswanger, *Henrik Ibsen et le problème de l'autoréalisation dans l'art*, traduction de M. Dupuis, postface de H. Maldiney, Bruxelles, De Boeck Université, 1996.

et la chute finale qui ne sont que l'expression de ce déséquilibre. Le contre-exemple, c'est Borgheim, le constructeur de routes, dans *Le petit Eyolf*, pièce qui suit immédiatement *Solness*, figure de celui dont l'aspiration ne va pas plus haut que son expérience et expression même de l'équilibre.

Ce que nous donne ainsi à penser Binswanger, c'est le pathologique comme disproportion ou perte d'équilibre *interne*, et non pas comme altération causée par une intervention extérieure. Il nous donne également à comprendre que la maladie, la perte de l'équilibre ne désigne pas seulement un état de fait biologico-médical, mais un *événement biographique et social*. C'est pourquoi la conscience de la maladie est un problème existentiel qui touche la personne tout entière et non pas seulement un acte intellectuel susceptible d'objectiver le trouble ressenti. La maladie, et en particulier la maladie dite « mentale », ne provient pas de la défaillance de certaines aptitudes, mais plutôt de l'échec à remplir la tâche qui incombe à tout être humain et qui consiste à maintenir l'équilibre entre des directions opposées. Binswanger est ici très proche, comme Maldiney le souligne avec pertinence dans la postface fort éclairante qu'il a consacrée à ce texte de Binswanger[20], de Weizsäcker, qui voyait dans le vivant un être constamment en crise, constamment mis en demeure de se transformer ou de s'anéantir et pour lequel la santé n'est jamais à chaque instant qu'à conquérir et reconquérir.

Or c'est l'artiste qui vit de la manière la plus intense cet être constamment menacé par la chute qui caractérise l'existence humaine, précisément parce que ce mouvement d'élévation et de configuration est l'essence même de son travail artistique. Binswanger a donc raison d'affirmer que l'art n'est pas pour Ibsen « une fin en soi »[21]. Le but auquel l'exigence esthétique elle-même doit être soumise, c'est la réalisation de soi en tant qu'homme au sens plein. Ibsen est à cet égard exemplaire, car il est parvenu à intégrer l'art dans cette tâche vitale qu'est la réalisation de soi, la configuration de sa propre existence comme un tout, et à jeter ainsi un pont au-dessus de l'abîme qui sépare vie esthétique et vie pratique.

C'est à la lumière de ces réflexions de Binswanger sur la convergence de visée entre l'art et l'existence que l'on peut alors considérer, comme l'ont fait d'autres représentants de l'analyse existen-

---

20 – *Ibid.*, p. 100.

21 – *Ibid.*, p. 52.

tielle, que le délire est une possibilité de transformation immanente à l'être humain, et non pas une déficience venant affecter celui-ci du dehors, et qu'il se caractérise par une « stylisation » fort comparable à celle qui régit la création artistique, du fait du processus d'autonomisation de moments essentiels qui le caractérise, alors que chez l'homme dit « normal », ces moments sont intégrés au mouvement de configuration globale de l'existence. Pour Wolfgang Blankenburg, l'un des représentants les plus éminents du groupe de Heidelberg, qui s'est tout particulièrement intéressé à la schizophrénie, à laquelle il a consacré son ouvrage majeur, *La perte de l'évidence naturelle*, paru en Allemagne en 1971[22], il s'agit de développer une « phénoménologie différentielle » de la perception délirante qui permette de préciser les différences eidétiques de celle-ci chez l'homme sain et le schizophrène[23]. L'idée fondamentale de Blankenburg consiste à montrer que chez le schizophrène la réciprocité entre passivité et activité est brisée, alors que chez l'homme sain, le trouble du soi n'est pas absent, mais surmonté dans son état naissant, le caractère transcendant des événements qui lui arrivent étant immédiatement repris sur le mode de la tâche à accomplir. Le vécu réceptif de l'homme sain n'est pas différent de celui du schizophrène, mais son autonomisation est empêchée par son union dialectique avec la spontanéité. Cela implique que les moments constitutifs de l'existence humaine sont pas indépendants les uns des autres. De même, la capacité de thématisation, c'est-à-dire la possibilité humaine de centrer son intérêt sur un point particulier, a pour forme extrême l'autonomisation du thème en délire. Le délire ne fait ainsi que donner libre cours à une possibilité présente chez l'homme sain, mais constamment surmontée.

C'est à Arthur Tatossian, qui fut en France la figure la plus représentative du courant de la psychiatrie phénoménologique, fondateur de l'École de Marseille et auteur en 1979 d'un rapport fondamental sur *La phénoménologie des psychoses*, que l'on doit les réflexions les plus achevées sur ce qui pourrait être une théorie phénoménologique du délire. Il met l'accent, comme le fait aussi Blankenburg, sur le fait que l'étude anthropologique du délire doit

22 – W. Blankenburg, *La perte de l'évidence naturelle. Une contribution à la psychopathologie des schizophrénies pauci-symptomatiques*, traduction de J.-M. Azorin et Y. Totoyan revue par A. Tatossian, Paris, PUF, 1991.

23 – W. Blankenburg, « Phénoménologie différentielle de la perception délirante », *L'Art du comprendre*, n° 3, juin 1995, pp. 67-83.

se faire dans le cadre de référence apporté par l'analyse existentiale développée par Heidegger dans *Être et temps*. Pour Blankenburg, la nouveauté de l'expérience apportée par l'analyse heideggérienne réside essentiellement dans le fait que l'être est compris verbalement et transitivement. Toutes les déterminations de la psychopathologie (symptômes, caractéristiques, etc.), au lieu d'être considérées du point de vue causal, le sont alors comme *mouvements* de l'essence de l'être humain. L'approche daseinsanalytique est en conséquence biographique et individuelle et non pas psychogénétique ou génétique causale.

Tatossian met en évidence le fait que la transitivité de l'existence, qui se dédouble chez Heidegger selon deux directions opposées, celle du projet, tourné vers l'avenir, et celle de l'être-jeté, tourné vers le passé, est à la base de la configuration fondamentale de l'exister[24]. Or leur intrication se révèle dans le délire, qui manifeste précisément l'éclatement de l'entrelacement de ces deux mouvements opposés au profit de l'un d'entre eux. La vie pré-délirante contient déjà cette tendance à l'autonomisation et c'est pourquoi la vie délirante est compréhensible. Cela permet de comprendre que la configuration particulière que le délirant donne à son existence et au monde dans lequel elle se déroule. Le monde délirant constitue ainsi un autre mode de la mondanéité à côté du mode « normal ». Ce qui distingue le monde de l'homme sain de celui de l'homme malade, ce n'est pas la concordance avec le réel extérieur, mais le mode sur lequel cette concordance a lieu. Puisque la constitution d'un monde particulier repose sur l'autonomisation de possibilités inhérentes à l'être humain, chacun porte en lui la possibilité de toutes les mondanéisations délirantes et peut les comprendre. Tatossian pose ainsi la question de la compréhensibilité possible de la maladie mentale et de ce qui constitue son phénomène fondamental, à savoir le délire. Si l'on part de l'idée d'une incompréhensibilité du délire, on en reste à une conception négative du délire et à une conception de la maladie comme défaillance ou déficience. L'apport de la *Daseinsanalyse* heideggérienne permet d'accéder à la compréhension du délire et à une conception de la maladie mentale non comme défaillance mais comme autonomisation de moments structuraux qui sont interdépendants chez l'homme normal. On

24 – A. Tatossian, *La phénoménologie des psychoses,* Préface de J.-M. Azorin, J. Naudin et D. Pringuey. Postface de J. Tatossian et J.-Cl. Samuelian, Argenteuil, Le Cercle Herméneutique, 2002, p. 108.

retrouve ainsi l'idée déjà défendue par Gadamer selon laquelle la maladie mentale n'est pas désintégration, mais perte d'équilibre.

Il faut pour conclure revenir à la question de la thérapie et commencer par rappeler que le mot grec de *therapeia* désignait tout d'abord, avant de prendre son sens précis de soin médical, le soin s'adressant aux dieux dans le culte. Ce dont se préoccupait la *therapeia,* c'est avant tout de la sauvegarde de cette dimension du divin qui est aussi celle, holistique, du tout de ce qui est, dont il s'agit de préserver l'intégrité. C'est donc à ce service, noble entre tous, que se voue encore aujourd'hui le thérapeute, dans une proximité étroite avec l'artiste. Gadamer conclut en effet son « Apologie de l'art médical » sur ces mots : « L'art médical trouve son accomplissement dans le retranchement de soi-même et dans la restitution à autrui de sa liberté »[25]. Comme l'artiste qui s'efface devant l'œuvre achevée au point de ne plus pouvoir la reconnaître comme sa seule production, mais au contraire comme ce qui, grâce à sa collaboration, s'est accompli à travers lui, le thérapeute doit s'effacer devant le processus prodigieux qu'est le rétablissement d'un équilibre perturbé, qu'il a certes contribué à restaurer, mais dont il n'est pas l'auteur. C'est sans doute là le sens le plus haut que l'on puisse donner à la Gestalt-thérapie : soin apporté à ce processus de configuration dont nous faisons partie, qui nous traverse et s'accomplit à travers nous, mais auquel nous ne saurions en fin de compte commander.

25 – *Philosophie de la santé, op. cit.*, p. 53.

ART MÉDICAL ET PHILOSOPHIE

Dans l'introduction à son maître livre, *Vérité et Méthode,* paru en 1960, Hans-Georg Gadamer déclarait que le phénomène de l'interprétation et de la compréhension « ne se borne pas à marquer tous les rapports de l'homme au monde », mais « s'impose aussi en son indépendance au cœur même de la science et résiste à toute tentative de le travestir en méthode scientifique »[1]. Il reconnaissait ainsi qu'il peut y avoir une expérience de vérité en dehors des domaines soumis à la méthode scientifique, et l'exemple privilégié qu'il en donnait était celui de l'art. Mais il est un autre domaine où le phénomène herméneutique joue un rôle également central qui est précisément celui de cet art qu'on nomme médical. Il n'est donc pas insignifiant que Gadamer ait été amené, précisément en tant que le représentant le plus illustre de la conception herméneutique de la philosophie, à prononcer des conférences et à écrire des articles s'adressant plus spécialement à des médecins. Ces textes, qui s'étendent sur une trentaine d'années, ont été réunis dans un volume paru en 1993 et qui a été traduit en français en 1998 sous le titre « Philosophie de la santé »[2]. Le titre allemand de ce volume, qui reprend celui d'un article paru en 1991 dans une revue médicale, est cependant par lui-même plus évocateur de l'idée maîtresse qui commande l'ensemble de ses réflexions : *« Über die Verborgenheit der Gesundheit »*, titre traduit lui-même en français par « A propos du lieu caché de la santé »[3]. Ce qui constitue le mystère de la santé, c'est, explique Gadamer, qu'elle ne se montre pas, qu'elle demeure cachée, *verborgen*, qu'elle se dérobe ainsi à toute objectivation et donc à toute mensuration, son mode d'être étant l'oubli de soi. Elle ne se trahit que dans le sentiment de bien-être qui nous permet, presque oublieux de nous-mêmes, de vaquer à nos occupations et de nous ouvrir à nos propres préoccupations existentielles. Pour tenter cependant de la définir, Gadamer a recours à l'idée héraclitéenne d'harmonie,

---

1 – H.-G. Gadamer, *Vérité et méthode,* traduction revue et complétée par P. Fruchon, J. Grondin et G. Merlio, Paris, Seuil, 1996, p. 11.

2 – H.-G. Gadamer, *Über die Verborgenheit der Gesundheit,* Suhrkamp, Frankfurt am Main, 1993 ; *Philosophie de la santé,* traduction de M. Dautrey, Paris, Grasset-Mollat, 1998.

3 – *Ibid.,* p. 113.

de cette harmonie dont le fragment 54 dit justement que latente *(aphanès),* elle est plus forte que lorsqu'elle est patente *(phaneres)*[4]. Il ne cite pas ici cet autre fragment d'Héraclite, le fragment 51, qui parle de la *palintropos harmoniè,* de cette harmonie qui se retourne sur elle-même et qui est en cela semblable à celle de l'arc et de la lyre, où des forces contraires se neutralisent réciproquement, mais c'est cependant ce qu'il entend lorsqu'il nous invite à penser la santé comme une situation d'équilibre, comme cet état d'apesanteur dans lequel les poids s'annulent réciproquement dont nous faisons par exemple l'expérience lorsque nous montons sur une bicyclette[5].

Par rapport à cette inapparence, à cette *Verborgenheit* de la santé, la maladie, comme le souligne Gadamer, est « quelque chose qui s'objective d'elle-même, c'est-à-dire qui se jette à l'encontre de, qui, en un mot, s'impose comme un élément importun »[6], ce qui explique que l'on emploie pour la décrire les termes de « cas », de ce qui advient à quelqu'un comme un accident, à partir du latin *casus,* et de symptôme, mot qui a en grec le sens d'événement fortuit, généralement malheureux. C'est cette face objective de la maladie, du « cas », qui donne prise à la mesure, au contraire de la santé, à laquelle on ne peut réellement appliquer des valeurs standard, obtenues sur la base d'une moyenne, parce qu'elles demeurent toujours inappropriées au cas individuel[7]. Gadamer renvoie à cet égard à un passage du *Politique* de Platon (283 e-284 d), qu'il évoque à plusieurs reprises[8], concernant la métrique, l'art de la mesure, où il est question de la nécessité de distinguer entre deux types de mesure, celle, *metron,* qui mesure de façon externe une chose, et celle, *metrion,* qui est inhérente à la chose même et qui, seule, est appropriée, puisque cette juste mesure caractérise l'ensemble du processus de compensation naturelle de l'organisme et du milieu social personnel de l'homme qui, tel un système, s'y conforme de lui-même[9]. C'est précisément ce processus compensatoire propre à la nature qu'Héraclite nomme *aphanès harmoniè.* La médecine ne

4 – *Ibid.*, p. 125. Voir également p. 87 et 140.

5 – *Ibid.*, p. 123.

6 – *Ibid.*, p. 116.

7 – *Ibid.*, p. 117.

8 – *Ibid.*, p. 109 et p. 141 sq.

9 – *Ibid.*, p. 142.

peut donc pas seulement consister à mesurer les mécanismes d'un organisme, à procéder à ce que l'on nomme aujourd'hui significativement « check up », à un contrôle de mesures, mais doit prendre en considération la *Ganzheit,* l'entièreté de la personne qu'il s'agit de traiter.

C'est donc ici la notion de *Ganzheit,* le *holon* grec, qu'il s'agit de se donner comme mot d'ordre[10]. Gadamer s'appuie à ce sujet à nouveau sur Platon, sur ce passage du *Phèdre* (270 b sq.), qu'il convoque lui aussi à plusieurs reprises[11], où Platon établit un parallèle entre l'art oratoire et l'art médical en tant que l'un a rapport à l'âme et l'autre au corps, et où il explique, par la bouche de Socrate, qu'il est impossible de connaître la nature de l'âme sans la nature du tout, ce à quoi le jeune interlocuteur de ce dernier qu'est Phèdre réplique qu'à en croire Hippocrate, on ne peut comprendre quelque chose au corps que de la même manière. Il apparaît donc bien que le corps *(soma)*, est ici compris comme corps vivant, étranger à toute mesure, ce que l'allemand nomme *Leib*, mot issu du verbe *leben,* vivre, à l'opposition du corps objectivé, seul mesurable et analysable, le *Körper*, mot que l'allemand emprunte au latin *corpus,* mot qui désigne, entre autres, le cadavre, le corps mort. C'est en effet le caractère holistique de la médecine grecque qui est invoqué ici par Gadamer, par opposition à la spécialisation du savoir propre aux sciences modernes. Car ce que prend en compte cette médecine antique – et l'on pourrait aussi ajouter ces autres médecines antiques toujours pratiquées aujourd'hui que sont la médecine traditionnelle chinoise et la médecine ayurvédique indienne –, c'est l'ensemble du contexte naturel et de l'environnement social dans lequel vit le malade. Ce qui est donc en question pour ces médecines traditionnelles, c'est ce qui est au fondement même de la santé, à savoir un rapport harmonieux avec le milieu à la fois naturel et culturel, qu'il s'agit précisément pour le malade de se réapproprier.

Car la santé n'est autre que ce principe rythmique de la vie, ce constant processus de stabilisation de l'équilibre qui est à l'œuvre dans ces phénomènes rythmiques que sont le souffle, le métabolisme et le sommeil, lesquels, comme on le sait bien, ne se voient pas perturbés par des causes purement physiques, du fait que le « tout » dont parle Platon englobe l'ensemble de la situation existentielle

10 – *Ibid.*, p. 116.

11 – *Ibid.*, p. 51, 86, 141.

du malade. On en arrive donc par là à une définition beaucoup plus complète de la maladie que celle que nous donne la science biologique, puisque la perte de l'équilibre qu'elle est ne renvoie pas seulement à un état de fait biologico-médical, mais aussi à un événement biographique et social[12]. Car, affirme Gadamer, « il n'y a au fond qu'un seul équilibre global, celui dans lequel évolue la vie de l'homme, autour duquel elle oscille et qui détermine son état »[13]. On mesure donc, à partir de là, le danger que comporte en elle-même toute intervention, étant donné que toute tentative de compenser un trouble de cet équilibre par l'action d'un contrepoids menace d'entraîner une nouvelle et inverse perte d'équilibre. Ce qui vient ainsi en question, à partir d'une telle définition de la santé, c'est la nature même de ce qui se nomme médecine.

***

C'est précisément sur ce point que la réflexion de Gadamer semble particulièrement intéressante. Il s'agit en effet de s'interroger sur le statut à donner à ce que les Latins nomment *medicina,* mot qui désigne l'art de porter remède, et les Grecs, d'une manière peut-être plus appropriée, *therapeia,* terme dont le sens premier est « culte rendu aux dieux » et « soin religieux », puis par extension « soins médicaux », « traitement ». Gadamer souligne en effet le caractère problématique de cette discipline nommée médecine, à laquelle on ne sait s'il faut donner le nom de science ou d'art, précisément parce que sa spécificité réside bien, comme c'est le cas pour toute *tekhnè*, dans un faire, mais un faire qui pourtant ne « produit » rien. Il est donc nécessaire de faire une différence entre l'artisan ou le technicien d'une part et le médecin d'autre part. Et il faut également en faire une entre l'expert, celui qui possède un savoir général de la maladie et de la santé, et le médecin, capable de former un diagnostic, c'est-à-dire de juger à partir du cas général le cas particulier du malade qu'il a à traiter. Ce qui caractérise en effet cet art, cette *tekhnè* qu'est la médecine, c'est qu'elle ne fabrique rien, qu'elle n'est donc pas de l'ordre de ce que les Grecs nomment *poièsis*, production d'une œuvre, d'un artifice, car on ne peut dire du médecin qu'il « fabrique la santé », on peut seulement dire qu'il vise à son rétablissement, rétablissement qu'il peut certes favoriser, mais

12 – *Ibid.,* p. 52.

13 – *Ibid.,* p. 53.

non provoquer, de sorte qu'on ne peut savoir, affirme Gadamer, « dans quelle mesure le succès d'une guérison revient au traitement habile du médecin et dans quelle mesure la nature ne s'est pas aidée elle-même »[14].

On aurait pu s'attendre ici à ce que Gadamer invoque de manière plus précise Aristote, dont il dit bien qu'il a fait de la médecine l'exemple type de la métamorphose qui a transformé en une science ce qui n'était qu'un simple savoir faire empirique. Car l'idée selon laquelle le médecin n'est pas la cause efficiente, mais seulement la cause adjuvante de la guérison est fortement exprimée dans un passage du livre II de la *Physique* (1, 192 b 23-27) dans lequel Aristote prend l'exemple du médecin qui se guérit lui-même, mais dont il dit qu'il n'est pas l'*arkhè*, le principe de sa guérison, ce qu'il est pourtant en tant qu'homme, c'est-à-dire en tant que vivant doté d'un corps et appartenant en tant que tel à la *phusis.* Heidegger, qui cite ce passage dans un séminaire consacré à la *Physique* d'Aristote publié en 1958, le commente en ces termes : « Là aussi, le savoir médical n'a fait que soutenir et guider mieux la *phusis*. La *tekhnè* ne peut qu'aller à la rencontre de la *phusis*, hâter plus ou moins la guérison : en tant que *tekhnè,* elle ne peut jamais remplacer la *phusis* et devenir toute seule et à sa place l'*archè* de la *santé* en tant que telle. Cela ne serait que si la vie comme telle devenait une œuvre fabricable "techniquement" ; mais au même instant il n'y aurait plus de santé non plus – ni naissance, ni mort »[15].

La médecine n'est donc pas au sens strict une *tekhnè*, puisqu'elle ne se donne pas pour fonction, comme le dit Aristote, d'imiter ou de parachever la nature ; au contraire, en tant que science et que savoir-faire, elle se conforme entièrement au mouvement de la nature qu'il s'agit seulement de tenter de rétablir. C'est en cela que consiste la seule « œuvre » de l'art médical. Le médecin ne peut donc, comme l'artisan, se retrancher derrière son œuvre, comme celui-ci peut le faire, même lorsque celle-ci, livrée au public, se détache de son auteur, car elle n'a jamais été sienne, le médecin sachant qu'il est autorisé à agir uniquement en *auxiliaire* de la nature. Celui qui travaille au rétablissement d'un équilibre est donc au service de ce qui se maintient de soi-même et se suffit à soi-même, à savoir la

14 – *Ibid.*, p. 42.

15 – M. Heidegger, « Ce qu'est et comment se détermine la *phusis* » (1958), traduction F. Fédier, *Questions II,* Paris, Gallimard, 1968, p. 205-6.

nature. C'est ce qui constitue le principe du succès de toute action médicale, qui doit viser à son auto-suppression en se rendant superflue. Il n'est donc jamais question en médecine d'une parfaite maîtrise d'un savoir-faire qui pourrait trouver son attestation dans la production d'une œuvre réussie. Il s'agit bien plutôt pour le médecin de faire preuve de prudence, de *phronèsis*, afin de parvenir à s'immiscer à l'intérieur de l'équilibre naturel sans lui faire violence. Son travail relève ainsi davantage de la *praxis* que de la *poièsis*, puisqu'il ne vise à la production d'aucun artifice et suppose la prise en vue du contexte total, naturel et existentiel, du patient à traiter. C'est là ce qui fait la spécificité tout à fait unique de la médecine, dont Gadamer souligne qu'« elle représente, au sein des sciences modernes, une unité théorique qui associe une connaissance théorique et un savoir pratique, mais qui ne peut, en aucun cas, être comprise comme l'application pratique d'une science », de sorte qu'elle « est une forme particulière de science pratique, concept qui a disparu de la pensée moderne »[16].

Certes, tout dans la médecine moderne ne relève pas de cette science pratique. Car la nature que la science moderne prend comme objet n'est pas la nature telle qu'elle a été définie jusqu'ici, à partir du concept grec de *phusis,* comme cet ordre global et ce principe d'équilibre capable de se maintenir de lui-même à travers le changement. Il s'agit d'une nature objectivée au sein de laquelle les rapports de cause à effet sont isolés, de sorte que l'événement naturel est considéré comme relevant de lois mathématiquement quantifiables, permettant ainsi à l'homme d'agir sur elles et de contrôler avec précision ses interventions. Mais ces interventions mêmes, qui relèvent d'un tout nouveau concept de technique, comprise comme l'application d'un savoir, ne constituent pas à proprement parler une thérapie, un service rendu à la nature, mais plutôt un artisanat hautement perfectionné, comme c'est le cas de l'acte chirurgical, qui ne prend sens qu'à partir du moment où l'on a dissocié la maladie de la personne et où on la traite comme une entité à part dont il s'agit de se rendre maître. La médecine prend aujourd'hui de plus en plus la forme d'une telle technique, c'est-à-dire d'une science appliquée. Mais plus le domaine de l'application s'élargit, plus la place du jugement personnel et de la science pratique du médecin se réduit, et plus l'acte médical prend une forme impersonnelle.

16 – *Philosophie de la santé, op. cit.*, p. 59.

On ne peut certes nier le pouvoir, qui peut sembler parfois proprement miraculeux, de la médecine moderne, mais en dépit des immenses progrès réalisés, le domaine de ce qui ne peut être rationalisé demeure important. C'est effectivement aujourd'hui surtout la médecine clinique qui sert de fondement à la recherche dans la médecine moderne, mais, souligne Gadamer, elle « ne représente pourtant qu'un infime secteur comparée à l'étendue du problème humain auquel l'ensemble de l'art médical est censé répondre »[17].

Car il s'agit bien pour lui de prendre en considération la spécificité que représente le fait humain, non pas certes à la manière de l'ancien idéalisme, qui attribuait à l'homme une place privilégiée au sein du cosmos, mais en prenant appui au contraire sur les travaux les plus récents des biologistes, des ethnologues et des historiens qui mettent en évidence que « c'est dans ce que l'homme a de pleinement naturel qu'il apparaît justement comme un être extraordinaire », du fait « qu'il est le seul parmi les autres êtres vivants à transformer son propre environnement en environnement culturel »[18]. Ce qui le caractérise, c'est précisément le déséquilibre qu'il y a dans la profusion de ses capacités, ce que Helmuth Plessner, l'un des fondateurs de l'anthropologie philosophique, qui ne rattache pas l'homme à l'ordre extramondain de l'esprit, comme le fait Scheler, mais ne considère pas non plus comme Arnold Gehlen que l'homme se distingue par son caractère déficient, a nommé son « excentricité »[19]. Il est nécessaire ici d'ouvrir une parenthèse, car ce projet d'élaboration d'une « anthropologie philosophique » a tout particulièrement marqué les années 1920 en Allemagne, non seulement avec la parution en 1928 du livre de Max Scheler (1874-1928), *Die Stellung des Menschen im Kosmos*[20], qui, se fondant sur l'opposition de la nature et de l'esprit, développe une métaphysique de la personne, mais aussi avec celui que Helmuth Plessner (1892-1985), a consacré la même année sous le titre « Les niveaux du règne organique et l'homme » à une « Introduction à l'anthropologie philosophique »[21]. Contrairement à Arnold Gehlen (1904-1976), le

17 – *Ibid.*, p. 104.

18 – *Ibid.*, p. 23.

19 – *Ibid.*

20 – Cf. M. Scheler, *La situation de l'homme dans le monde*, traduction de M. Dupuy, Paris, Aubier, 1979.

21 – Cf. H. Plessner, *Die Stufen des Organischen und der Mensch. Einleitung in die philosophische Anthropologie,* Berlin, de Gruyter, 1928.

plus illustre représentant de ce courant de l'anthropologie philosophique, qui développera par la suite, dans un livre paru en 1940 et intitulé « L'homme, sa nature et sa situation dans le monde », une conception de l'homme comme être de culture, essentiellement déterminé par son caractère inachevé et déficient, Plessner, prenant appui sur les travaux des biologistes, considère que l'homme se caractérise par sa « positionalité excentrique » par opposition à l'absence de centralité des plantes, dont la forme d'organisation est ouverte et dépourvue d'intériorité, et à celle, fermée, mais dépourvue de réflexivité, des animaux qu'il nomme « centrique ». Ce qui selon lui caractérise l'homme parmi tous les êtres de la nature, c'est le rapport réflexif qu'il entretient avec la vie, de sorte qu'il existe sous le double rapport du corps organique *(Körper)* qu'il possède et du corps vivant *(Leib)* qu'il est. C'est donc bien le fait d'être hors de soi *(Aussersichsein)*, ce qu'il éprouve en particulier dans les affects et les passions, qui fait de l'animal un être humain. Or cette « excentricité » se manifeste essentiellement par la faculté de parole que l'homme possède en propre. C'est elle qui fait en fin de compte la véritable différence entre la société humaine et les sociétés animales, tout comme c'est elle qui constitue, comme le souligne Gadamer, l'universalité de l'herméneutique, de l'art de la compréhension et de l'interprétation, qui ne peut pas être considérée seulement comme une discipline auxiliaire[22]. C'est donc en tant qu'êtres de dialogue que se rencontrent d'abord le médecin et le malade, comme d'ailleurs en témoigne le terme français de « consultation » tout comme celui, allemand, de *« Sprechstunde »* pour désigner le mode, éminemment langagier, du rapport qui s'établit entre eux.

Gadamer reconnaît certes que, dans le monde moderne, le dialogue entre le médecin et le malade est devenu difficile, et qu'il tend même à disparaître totalement dans le monde hospitalier, où le malade, parfois désigné par un simple numéro, est réduit à l'anonymat d'un « cas » à traiter. Une maladie n'est pourtant pas d'emblée cet état identifiable auquel la science médicale est capable de donner un nom, c'est avant tout une expérience que vit le patient et dont il a d'abord tenté, par lui-même, de devenir maître. Car s'efforcer d'oublier ou d'occulter le trouble ressenti relève, en tant que tel, de la technique d'équilibration inhérente à la vie, que la maladie met en échec. La conscience de la maladie n'est donc nul-

22 – *Ibid.*, p. 174.

lement un acte théorique qui proviendrait d'une capacité d'auto-objectivation, mais elle représente en elle-même un problème existentiel qui touche la personne tout entière, et c'est précisément cette situation qui est à l'origine de la consultation médicale[23]. C'est ce qui explique qu'avant de procéder, par le recours aux techniques de mesure, à l'établissement d'un diagnostic, il soit nécessaire que le médecin commence par demander à son patient s'il *se sent* malade. L'aide que le médecin est censé lui apporter ne consiste en effet pas seulement à éliminer des déficiences somatiques, mais à ramener à un état d'équilibre un être désorienté[24]. C'est la raison pour laquelle l'aide ainsi apportée passe essentiellement par le dialogue, un dialogue qui doit devenir, souligne Gadamer, aussi semblable que possible à celui dont nous faisons l'expérience dans le cadre de notre vie sociale. Il faut donc que le médecin parvienne à résister à la tentation de jouer le jeu de l'autorité et renonce à se servir du poids institutionnel de sa supériorité, afin de permettre au patient de prendre conscience par lui-même de son état[25]. Car le médecin est ici en quelque sorte dans la situation qui est celle qu'occupe Socrate dans les dialogues platoniciens. Il occupe moins la position du maître ou de l'informateur que de celui qui amène l'autre à voir les choses par lui-même, de sorte que le dialogue entre lui et son patient ne doit viser qu'à rendre possible une collaboration entre eux[26]. C'est, affirme Gadamer, « à travers le dialogue seulement que l'on tente d'atteindre le véritable but visé qui est de réenclencher chez le patient le flux communicatif propre à la vie ainsi que les contacts avec autrui desquels le psychotique est exclu de manière si funeste »[27].

***

Tout ce que Gadamer a dit de l'art médical s'applique en effet non seulement à la médecine dite somatique, dont on a vu pourtant qu'elle est elle aussi en réalité d'ordre psycho-somatique, mais aussi et de manière privilégiée à la psychiatrie, à laquelle Gadamer a d'ailleurs consacré une conférence, sous le titre « Herméneuti-

23 – *Ibid.*, p. 65.

24 – *Ibid.*, p. 66.

25 – *Ibid.*, p. 133-134.

26 – *Ibid.*, p. 146.

27 – *Ibid.*, p. 147.

que et psychiatrie », qui fut prononcée lors d'un congrès qui eut lieu en 1989 à San Francisco, et dont le texte constitue le dernier chapitre du recueil. Car ce qui donne à la psychiatrie sa position à part dans la science et dans l'art médical, c'est précisément le lien indissoluble qu'elle entretient avec la pratique, de sorte qu'elle ne peut pas se transmettre par un enseignement qui serait uniquement théorique. Ce à quoi est en effet confronté le psychiatre, c'est à ce qu'il y a d'incompréhensible en l'homme, lequel est, en tant que personne, un mystère autant pour les autres que pour lui-même. Or c'est précisément ici que la médecine rencontre nécessairement la philosophie, puisqu'elle aussi consiste à vouloir comprendre l'incompréhensible et qu'elle se donne pour tâche de reprendre à son compte les grandes questions insolubles que se pose l'humanité dans les mythes, les religions, l'art et la culture en général. La difficulté majeure qui est, à cet égard, celle que rencontre le psychiatre, c'est que, contrairement au médecin de la médecine somatique, il ne peut pas s'en tenir à la conscience de sa maladie qu'a son patient, car celle-ci est elle-même affectée par la maladie. La question herméneutique se pose donc de manière particulièrement aiguë pour le psychiatre, du fait que le patient tente de lui-même de se dérober à toute compréhension, rendant ainsi la collaboration nécessaire à la guérison des plus problématiques. Il semble en effet, souligne Gadamer, qu'aucune herméneutique ne puisse parvenir à franchir l'abîme qui sépare le psychiatre du malade dit mental, bien que le dialogue, qui est ce qui nous caractérise au plus profond en tant qu'humains, doive revendiquer là aussi son droit[28]. Mais ce qui est requis pour cela, c'est moins la connaissance scientifique et technique et l'expérience professionnelle du psychiatre d'aujourd'hui, dont on sait qu'il dispose d'instruments de mesure extrêmement précis et d'un ensemble de données dûment catégorisées, que sa capacité à établir une véritable collaboration avec son patient. C'est en ce point précis qu'un autre dialogue, celui que pourraient nouer psychiatres et philosophes, pourrait s'avérer nécessaire.

Or c'est précisément ce qui a eu lieu entre le psychiatre Medard Boss et le philosophe Martin Heidegger, comme en témoignent les *Zollikoner Seminare,* un volume contenant la retranscription des séminaires de Heidegger qui eurent lieu dans la maison de Medard Boss, à Zollikon, et qui réunirent plusieurs fois par an pendant dix

28 – *Ibid.,* p. 178.

ans, de 1959 à 1969, une assistance de quelques soixante à soixante-dix étudiants en médecine, jeunes psychiatres et psychiatres confirmés[29]. Ce que Medard Boss a en effet découvert, chez ce penseur que la vulgate philosophique d'aujourd'hui prétend sourd et aveugle à l'altérité de l'autre, c'est au contraire le modèle même de la relation thérapeutique qu'il a décrite dans *Être et temps* sous le titre de *« vorausspringende Fürsorge »*, sollicitude devançante, laquelle s'oppose à une autre sorte, sans doute plus fréquente, mais aussi moins authentique, de sollicitude, *« die einspringende Fürsorge »*, la sollicitude qui, se substituant à l'autre, n'est pas toujours exempte de violence.

Or ce que se propose Heidegger, dans le cadre des séminaires qu'il donne à Zollikon, ce n'est nullement de transformer les médecins qui y participent en philosophes professionnels, mais simplement de les rendre attentifs à ce qui concerne l'homme de manière incontournable, à savoir son propre mode d'être, de sorte qu'ils ne soient pas seulement des techniciens de la médecine, mais aussi et surtout des médecins pensants. C'est pourquoi l'enseignement qu'il y dispense s'apparente davantage, comme le souligne Medard Boss, à une « cure » assez semblable à l'analyse freudienne, qu'à une série de cours magistraux. C'est la raison pour laquelle Heidegger, qui a exprimé d'emblée son désir d'entrer en dialogue avec les participants, plutôt que de donner des conférences qui risquent de demeurer de simples spectacles, a préféré les rencontres en petit comité qui auront lieu dans la propre maison de Medard Boss. Car ce à quoi visent ces séminaires, c'est à parvenir à un rapport mutuel d'enseignement qui constitue un véritable partage. Ce n'est donc pas un hasard si Heidegger y est amené, lui aussi, à évoquer la figure de Socrate, en soulignant que tout l'art de ce dernier est pratique, puisqu'il s'agit de l'art d'accoucher les esprits, c'est-à-dire de les rendre à leur liberté.

C'est à partir de là que peut être mis en évidence le fait que dans la relation thérapeutique, le médecin, en tant qu'il est l'occasion et non la cause de la guérison du malade, se tient très exactement dans la position de cette sollicitude que Heidegger nomme « devançante » parce qu'elle s'élance au devant de l'autre « non pour le décharger du souci, mais bien pour tout d'abord le lui restituer en

29 – Cf. Martin Heidegger, *Zollikoner Seminare*, édité par Medard Boss, Klostermann, Frankfurt am Main, 1987. Voir la traduction française par C. Gros, *Séminaires de Zurich*, Paris, Gallimard, 2010.

ce qu'il a de propre », est-il dit dans le § 26 de *Être et temps*[30], alors que la sollicitude substitutive consiste au contraire à prendre la place de l'autre et à remplir à sa place la tâche qui lui incombe, au risque de le placer dans une situation de dépendance.

C'est dans cette sollicitude qui consiste à laisser être l'autre, c'est-à-dire à le laisser déployer par lui-même son propre pouvoir-être, que Heidegger voit la forme la plus haute de la relation à autrui. Car si la maladie en général – et la maladie dite mentale en particulier – consiste essentiellement en une perturbation de l'équilibre existentiel et de la liberté, il ne peut s'agir, dans la relation thérapeutique au sens propre que de mettre en œuvre une modalité de la relation qui anticipe sur la liberté qui doit être recouvrée par le malade. C'est donc en témoignant de sa propre liberté, et en se conduisant non pas seulement comme un professionnel, mais aussi et en même temps comme un être humain que le médecin peut rendre l'autre, le malade, à la sienne.

C'est ce qui a servi de base à la pratique des deux psychiatres qui, s'étant mis à l'école de la phénoménologie heideggérienne, ont été à l'origine de ce courant de la psychiatrie qui s'est nommé « Daseinsanalyse » ou analyse existentielle. Voici en effet ce que Ludwig Binswanger déclare dans « De la psychothérapie » un texte paru en 1935, concernant l'intervention psychothérapeutique, dont il explique qu'elle ne peut agir que « lorsque vous vous trouvez avec votre malade dans une relation existentielle de communication et de confiance exprimée ou, mieux encore, tacite, relation dans laquelle le malade vous "manifeste" de la confiance et où, vous, médecin, vous sentez *porté (getragen),* comme le dit si justement la langue allemande – par la confiance du malade dans votre être et dans votre action »[31]. Medard Boss, qui cite ce passage dans *Psychanalyse et Analytique du Dasein,* un livre paru en 1957, se déclare, malgré ses divergences de vue avec Binswanger, en total accord avec la manière dont ce dernier conçoit la relation thérapeutique. S'appuyant de manière plus affirmée sur la conception heideggérienne du rapport à autrui, il affirme que celle-ci nous permet d'accéder à un « savoir d'un être les uns avec les autres qui est d'un genre si essentiel qu'en fait aucun homme n'en perçoit un autre, même

30 – Martin Heidegger, *Être et temps,* traduction de F. Vezin, Paris, Gallimard, 1986, § 26, p. 164.

31 – L. Binswanger, *Introduction à l'analyse existentielle,* trad. par J. Verdeaux et R. Kuhn, Paris, Éd. Minuit, 1971, p. 126.

seulement de loin, sans que, déjà dans cette simple perception, il ne soit déjà, d'une manière déterminée, co-impliqué dans la relation particulière au monde de celui-ci », ce qui explique que « dès le premier instant de la rencontre du psychothérapeute et du patient, le médecin est co-impliqué dans la rencontre et le mode de comportement de son malade, de même que le malade participe déjà aux possibilités de comportement de son médecin »[32].

Il faut donc, comme le fait Gadamer en conclusion de sa conférence sur « Herméneutique et psychiatrie », rappeler le rôle que joue cet art de la compréhension qu'est l'herméneutique dans la médecine en général et la psychiatrie en particulier. Car comme il le souligne avec pertinence, le problème que pose au psychiatre la compréhension des troubles de son patient exige, aussi bien du point de vue du diagnostic que du point de vue du traitement, autre chose qu'une connaissance scientifique et technique et qu'une expérience professionnelle. Ce qu'elle requiert en effet avant tout, c'est une collaboration personnelle entre eux, qui ne pourra s'établir que si le psychiatre est capable, en se mettant véritablement à l'écoute de son patient, de s'ouvrir à cette dimension dialogale qui fait le caractère universel de l'herméneutique en même temps qu'elle constitue le fondement même du phénomène humain.

32 – M. Boss, *Psychanalyse et Analytique du Dasein,* traduction de Ph. Cabestan et F. Dastur, Paris, Vrin, 2007, p. 114.

DEUXIÈME PARTIE

ANALYSE EXISTENTIELLE ET PSYCHANALYSE

LA QUESTION DE L'INCONSCIENT

Est-il possible d'un point de vue phénoménologique de faire place à la notion d'inconscient ou faut-il considérer que psychanalyse et phénoménologie demeurent résolument incompatibles ? Quel sens peut-on donner dans la perspective phénoménologique à la notion d'inconscient ? Et qu'en est-il du rapport à la théorie freudienne de ceux qui ont tenté d'élaborer, après la parution en 1927 de *Être et temps* de Heidegger, une psychiatrie phénoménologique ?[1] Telle est la question qu'il est légitime de poser puisqu'on sait que les deux plus grandes figures de la *Daseinsanalyse,* Ludwig Binswanger et Medard Boss, ont entretenu avec Freud des rapports étroits.

Ludwig Binswanger, qui fut le premier à chercher dans la critique husserlienne du psychologisme des motifs de critique du naturalisme trop étroit et unilatéral de Freud, avant de découvrir, grâce à la lecture qu'il fit dès 1927 de *Être et temps,* que les termes de vie et de conscience ne caractérisaient que de manière imparfaite l'être de l'homme, a pourtant été lié pendant plus de trente ans à Freud, comme l'atteste leur correspondance qui s'étale de 1908 à 1938 et qui a été publiée en 1992 en Allemagne[2]. Binswanger, qui a rencontré Freud pour la première fois en 1907, à l'âge de vingt-six ans, n'a en effet cessé d'entretenir un impossible dialogue avec celui dans lequel il voyait à la fois l'expérimentateur d'un nouveau concept de la nature qui englobe la *psychè* et l'inventeur d'une mythologie scientifique qui objective les phénomènes. Ce dialogue, qui avait commencé à l'époque où Binswanger, qui rédigeait alors sa thèse sous la direction de Jung, étudiait avec ardeur les œuvres de Freud, est au demeurant demeuré assez unilatéral. Binswanger, de vingt-

1 – Voir à ce sujet Françoise Dastur et Philippe Cabestan, *Daseinsanalyse,* Paris, Vrin, 2011, « Confrontations : Daseinsanalyse et psychanalyse freudienne », p. 161-202.

2 – *Freud-Binswanger Briefwechsel 1908-1938,* Fischer, Frankfurt am Main, 1992. Traduction française : Sigmund Freud-Ludwig Binswanger, *Correspondance 1908-1938*, traduction de R. Menahem et M. Strauss, Préface de J. Gillibert, Paris, Calmann-Lévy, 1995. Voir également Ludwig Binswanger, « Mon chemin vers Freud » (1957) et « Souvenirs sur S. Freud » (1956) in *Analyse existentielle, psychiatrie clinique et psychanalyse. Discours, Parcours et Freud,* traduction et avant-propos de R. Lewinter, Préface de P. Fédida, Paris, Gallimard, 1970.

cinq ans plus jeune, est demeuré jusqu'au bout plein d'admiration et de respect pour celui qu'il reconnaît comme un maître : « On ne se sent aussi petit devant personne d'autre » écrit-il dans son Journal après une visite chez Freud en septembre 1927. En revanche Freud, totalement fermé à la dimension philosophique des recherches de son élève, le traite avec une certaine condescendance : ne dépeint-il pas en effet Binswanger dans une lettre à Ferencsi, au retour de sa visite à Kreuzlingen de mai 1912, comme « extrêmement correct, sérieux et honnête », « peu doué », le sachant, et par conséquent « très modeste »[3]. A Binswanger, qui lui écrit à la suite d'une visite qu'il lui a rendue à l'occasion du colloque organisé pour son 80e anniversaire, au cours duquel il a prononcé un discours : « J'ai été heureux et ravi de vous revoir et de constater que nous sommes toujours proches l'un de l'autre »[4], Freud répond, après lui avoir adressé des éloges pour sa diction, son érudition et son tact dans la contradiction : « Naturellement je ne vous crois tout de même pas (...) Il est probable que nous parlons sans nous entendre et il faudra des siècles pour que notre désaccord soit réglé »[5].

Quant à Medard Boss, né en 1903, qui a fait son analyse didactique avec Freud en 1925 et travaillé de longues années (de 1929 à 1939) avec Jung, avant sa rencontre avec Heidegger en 1947, on peut dire que sa tentative de constituer une thérapie et une médecine préventive conforme ou à la mesure du *Dasein (daseinsgemäße)*, projet qui est celui de son *Grundriß der Medizin und der Psychologie* (Précis de médecine et de psychologie) paru en 1971, s'oppose de la plus radicale manière à la théorie que donne Freud de l'appareil psychique bien qu'il reconnaisse l'extrême fécondité de sa méthode thérapeutique[6]. L'analyse des entretiens qui ont réuni Medard Boss et Martin Heidegger pendant de longues années à Zollikon et aussi, au cours de vacances communes, à Taormina, fait en effet clairement apparaître tout ce qui sépare l'analytique heideggérienne du *Dasein* de l'analyse freudienne de la *psychè*, puisqu'on a d'un côté

---

3 – Les passages du Journal de Binswanger et de la lettre de Freud à Ferenczi sont cités dans Freud-Binswanger, *Correspondance*, *op. cit.*, respectivement p. 270 et 155.

4 – *Correspondance, op. cit.*, p. 295 (lettre du 1er octobre 1936).

5 – *Ibid.*, p. 296 (lettre du 8 octobre 1936).

6 – Cf. M. Boss, *Introduction à la médecine psychosomatique*, traduction de W. Georgi, PUF, Paris, 1959, p. 22-23.

le souci, les existentiaux, le soi, de l'autre, la pulsion, les instances psychiques, le moi, et que ce qui supporte tout l'appareil théorique causaliste freudien, en tant qu'il s'oppose à la compréhension phénoménologique, c'est ce que Heidegger nomme la « fatale différence » *(der fatale Unterschied)* du conscient et de l'inconscient[7].

C'est ce rejet de l'hypothèse de l'inconscient définie comme une hypothèse artificielle, superflue et nuisible[8] du point de vue phénoménologique et daseinsanalytique qu'il s'agit maintenant d'analyser en prenant uniquement comme référence les textes de Medard Boss, car celui-ci s'attaque de front à l'idée même d'un inconscient psychique, contrairement à Binswanger, qui voit encore dans l'émergence de cette notion une fidélité à l'expérience et non un simple recours à la spéculation scientifique. C'est en effet ce que ce dernier déclare dans un texte tardif, au titre significatif, « Mon chemin vers Freud » : « La procédure d'interprétation psychanalytique et toute la doctrine de l'inconscient ne reposent pas en effet seulement sur la spéculation scientifique, mais en premier lieu aussi sur l'expérience, une expérience à laquelle je crois pouvoir rendre aujourd'hui pleine justice en l'appelant une "expérience construisante". C'est là que réside la totale nouveauté, au début mal comprise, de la psychanalyse comme science empirique »[9]. Et ce texte de 1957 se concluait sur cette affirmation, à laquelle ni Heidegger ni Boss n'auraient sans doute pu souscrire : « Par sa doctrine de l'inconscient, de l'"intentionnalité inconsciente", Freud a rendu l'homme plus proche au monde, et le monde *plus proche à l'homme* »[10].

---

7 – M. Heidegger, *Zollikoner Seminare,* herausgegeben von Medard Boss, Klostermann, Frankfurt am Main, 1987, p. 319, (la pagination allemande est indiquée dans la traduction française par C. Gros, parue sous le titre *Séminaires de Zurich*, Paris, Gallimard, 2010). Cf. Eliane Escoubas, « La "fatale différence". Ontologie fondamentale et archéologie de la psyché : Heidegger et Freud » in *Figures de la subjectivité,* Études réunies par J.-F. Courtine, Éditions du CNRS, Paris, 1992, pp. 147-164. Voir également E. Escoubas, "Analytique du Dasein et psychanalyse" in *La Notion d'analyse,* PUM, Toulouse, 1992, pp. 281-294.

8 – M. Boss, *Grundriß der Medizin und der Psychologie,* Huber, Bern, 1975, p. 351.

9 – L. Binswanger, « Mon chemin vers Freud » (1957) in *Analyse existentielle, psychiatrie clinique et psychanalyse. Discours, parcours et Freud, op. cit.*, p. 246.

10 – *Ibid.*, p. 261.

Comme le montrent bien les séminaires de Zollikon, qui ont réuni Heidegger, Boss, et une cinquantaine d'étudiants en médecine et de jeunes psychiatres de 1959 à 1969, la méthode phénoménologique, qui seule donne accès aux phénomènes humains en tant que tels, s'oppose diamétralement à la méthode des sciences de la nature qui réduit ces phénomènes à des données calculables, ce qui ne veut pourtant nullement dire qu'elle est « non scientifique ». Car si l'analyse chez Freud signifie, conformément à l'esprit de la science moderne depuis Descartes, reconduction des symptômes à leur origine, par analogie avec l'analyse chimique qui, elle aussi, fait retour aux éléments, afin de fournir une explication causale du donné, l'analytique, au sens transcendantal kantien qui est celui que retient Heidegger, ne doit pas être comprise comme une décomposition en éléments, mais comme la reconduction à ce qui constitue l'unité d'un tout structuré[11]. Il ne s'agit pas en effet pour lui de reconstituer le processus ontique d'un enchaînement causal, mais d'apercevoir l'unité ontologique d'une multiplicité articulée. Il ne suffit donc pas de procéder à une pure et simple application à la psychiatrie de l'analytique existentiale, à un passage de l'ontologique à l'ontique – c'est là ce qui constitue aux yeux de Heidegger la « totale mécompréhension » de sa pensée que représente la *Daseinsanalyse* de Binswanger[12], qui demeure une interprétation seulement existentielle du *Dasein* de fait –, mais il faut au contraire *voir* l'ontique à la lumière de l'ontologique, qui, lui, n'est jamais une « donnée de fait ».

C'est ce qui explique que Heidegger puisse déclarer à Boss en 1968 que « la méthode de recherche "conforme au *Dasein*" n'est pas elle-même phénoménologique, mais elle est dans la dépendance et sous la direction de la phénoménologie comprise comme l'herméneutique du *Dasein* »[13]. Ce que propose donc Heidegger, ce n'est pas de chercher dans *Sein und Zeit* le fondement *théorique* d'une nouvelle anthropologie, mais d'y découvrir la motivation *pratique* d'une conversion du regard. Nulle « médiation » théorique n'est possible entre l'ontologique et l'ontique, pour la simple raison que l'ontologique n'est pas un autre ordre plus élevé ou opposé à l'on-

11 – *Zollikoner Seminare, op. cit.*, p. 150.

12 – *Ibid.*, p. 286.

13 – *Ibid.*, p. 281.

tique, mais qu'il constitue au contraire son « contenu » même[14], ce dont la « science », par exemple psychiatrique, parle toujours sans parvenir à le saisir en lui-même et à le thématiser. L'ontologique n'est pas « séparé » de l'ontique, ne constitue pas un autre ordre, mais est ce qui détermine l'ontique et permet de *voir* celui-ci tel qu'il est. L'accès à l'ontique est donc bien « médiatisé » par l'ontologique, mais uniquement dans la mesure où celui-ci est *effectivement* et *pratiquement* accompli par celui qui cherche à comprendre les phénomènes ontiques qui se présentent à lui, ce qui implique pour lui qu'il s'éprouve lui-même comme être onto-logique au sens littéral du terme, c'est-à-dire comme déterminé constitutivement par la compréhension de l'être. Ce que Heidegger entend en effet par phénoménologie, ce n'est pas la simple description des phénomènes ontiques, mais cette « herméneutique de la facticité », nom qu'il lui donnait dans l'un de ses premiers cours[15], qui consiste en une compréhension de l'existence qui demeure inhérente à l'accomplissement de celle-ci sans qu'il lui faille s'élever au dessus d'elle pour produire son objectivation réflexive, de sorte qu'elle a donc seulement le sens d'une *explicitation,* et non d'une explication théorique de l'existence.

Il faut donc d'emblée souligner que l'apprentissage d'une telle méthode ne vise nullement à transformer les médecins en philosophes, c'est-à-dire en théoriciens, mais simplement à les rendre attentifs à ce qu'ils sont *déjà* en tant qu'êtres humains, à ce qui les concerne donc de manière incontournable en tant qu'êtres pensants. Ce qu'un tel apprentissage requiert des participants, ce n'est donc pas la compréhension seulement intellectuelle de ce qu'est l'exister humain « en général », mais bien un « engagement » dans la manière d'être qui est déjà la leur et qu'il s'agit précisément maintenant d'accomplir en propre. Cela implique de leur part la mise-hors-circuit des représentations inadéquates que l'on se fait de l'homme du point de vue des sciences humaines dont la méthodologie est encore massivement sous la domination de la méthode mathématique des sciences de la nature. C'est la raison pour laquelle l'enseignement dispensé par Heidegger à Zollikon s'apparente davantage, comme

14 – *Ibid.*, p. 255.

15 – C'est là le sous-titre du cours du semestre d'été 1923, *Ontologie (Hermeneutik der Faktizität),* Heideggers Gesamtausgabe Band 63, Klostermann, Frankfurt am Main, 1988.

le souligne bien Medard Boss, à une thérapie de groupe et à une sorte de cure heideggerienne, assez semblable à la cure freudienne, du moins dans les résistances qu'elle fait apparaître chez les participants[16], mais plus semblable encore à cette pratique de « délivrance » qu'est la maïeutique socratique dont Heidegger se réclame explicitement. Car le médecin ou l'analyste, comme Socrate, est le motif et non la cause de la guérison du malade, ce qui implique que la relation thérapeutique est une situation humaine caractérisée par l'être-ensemble du médecin et du malade qui ne peut nullement être réduite à un processus objectif analogue à ce que sont les processus naturels pour les sciences de la nature[17]. Il s'agit en effet de voir dans la relation thérapeutique un être l'un avec l'autre originaire[18] qui n'est rien de biologique ou de sensible, puisque, comme le souligne Heidegger dans l'entretien de Taormina, « il n'est pas d'organe des sens pour ce qui s'appelle l'autre »[19].

Alors que Freud conçoit un substrat naturaliste des pulsions et comprend le psychique à partir du biologique, il s'agit au contraire dans la perspective daseinsanalytique de comprendre le corps humain à partir de l'existence[20] et c'est cette dernière qui constitue le « point de départ » de toutes les déterminations de la corporéité humaine et non pas l'inverse, ce qui implique, comme le remarque Heidegger, que « le charnel *(das Leibliche)* est le problème le plus difficile »[21], car il ne peut être réduit que de manière abstraite à du biologique et à un substrat causal. Loin d'ignorer le phénomène du corps, accusation souvent portée contre l'analytique existentiale heideggérienne[22], celle-ci le présuppose au contraire partout, mais

16 – *Ibid.*, p. 174.

17 – Voir à ce sujet Françoise Dastur, « Phénoménologie et thérapie : La question de l'autre dans les *Zollikoner Seminare* », paru dans *Figures de la subjectivité, op. cit.*, pp. 165-177 et repris dans Françoise Dastur, *La phénoménologie en questions*, Paris, Vrin, 2004, p. 117-130.

18 – *Zollikoner Seminare, op. cit.*, p. 151.

19 – *Ibid.*, p. 199.

20 – *Ibid.*, p. 293.

21 – *Ibid.*, p. 292.

22 – C'est le cas non seulement de Sartre, auquel Heidegger entreprend de répondre (ZS, p. 292), mais même de ses interprètes les plus avertis. Voir par exemple Alphonse de Waelhens, dans « Une philosophie de l'ambiguïté », préface à *La structure du comportement* de M. Merleau-Ponty (Paris, PUF, 1960, p. V), qui affirme que Heidegger « se place toujours à un niveau de complexité qui permet d'imaginer résolu le problème qui nous occupe », à savoir

renonce à en donner une description séparée qui le réduirait à un phénomène objectif, alors qu'il n'apparaît et n'est rencontré qu'à partir de la situation communautaire de l'être avec les autres. C'est en effet le cas de tous les phénomènes de la chair *(Leibphänomene)* qui ne se laissent nullement réduire à de simples événements objectifs, comme le montre bien l'exemple des larmes ou du rougissement qui présupposent le rapport aux autres hommes, à nos semblables[23]. Il faut en effet bien voir, comme Heidegger le souligne fortement, que l'être-homme, le *Mensch-sein,* est toujours présupposé dans la saisie de n'importe quel phénomène ontique et qu'il constitue par conséquent le véritable *a priori,* tout comme le *Miteinandersein,* l'être-les-uns-avec-les-autres, qui ne découle pas de la rencontre effective de l'autre, mais est au contraire ce que présuppose tout pouvoir-faire-encontre[24].

Sigmund Freud n'a pourtant pas ignoré cet être l'un avec l'autre du patient et du médecin, puisqu'il l'a mis au centre même de sa thérapeutique et qu'il en a fait le fondement même de sa théorie du transfert. Mais au lieu de demeurer à l'intérieur de la relation thérapeutique elle-même et de comprendre l'analyse à partir d'elle, Freud a ressenti le besoin de donner une fondation scientifique à sa pratique et de construire une psychodynamique dont le modèle est la mécanique des sciences de la nature. Il a ainsi été amené à placer sous les phénomènes perçus un ensemble de forces jugées plus réelles qu'eux[25] parce qu'elles sont des grandeurs mesurables et utilisables. C'est cette superstructure secondaire qu'il a lui-même nommé « métapsychologie », terme qui apparaît en 1915, au moment où Freud indique qu'il avait eu l'intention de publier deux essais sur le rêve et le deuil sous le titre de « préparation à une métapsychologie », dont le but était « de clarifier et d'approfondir les hypothèses théoriques sur lesquelles un système psychanalytique pourrait être

---

celui de la description de « la paradoxale structure d'une existence consciente, d'une existence qui se fait chose en surplombant la chose », ce qui explique que l'on ne trouve pas dans *Sein und Zeit* plus de dix lignes sur le problème du corps.

23 – *Zollikoner Seminare, op. cit.*, p. 106 et p. 144.

24 – *Ibid.*, p. 224, p. 227 et p. 270.

25 – Cf. *Zollikoner Seminare, op. cit.*, p. 233 et M. Boss, *Introduction à la médecine psychosomatique, op. cit.*, p. 7.

fondé »[26]. La métapsychologie a bien pour objet, comme Freud le souligne lui-même, l'au-delà de la conscience. Mais cet au-delà de la conscience englobe l'ensemble des forces que la mythologie comme la métaphysique conçoivent comme indépendantes de l'homme et qui ne sont pourtant selon Freud que « psychologie projetée dans le monde extérieur », ce qui implique que la « traduction » du métaphysique en métapsychologique qu'il s'assigne pour tâche consiste en une pure et simple anthropologisation de l'« inconscient »[27].

Car c'est ce « système psychanalytique » qui exige le recours au concept d'inconscient. Comme Heidegger l'explique dans les séminaires de Zollikon, « la métapsychologie de Freud est la transposition de la philosophie néo-kantienne à l'homme. Il a d'un côté les sciences de la nature et de l'autre la théorie kantienne de l'objectivité »[28]. C'est le néo-kantisme de l'école de Marburg comme celui de l'école de Bade, auquel s'oppose l'interprétation que Heidegger a donnée de Kant, qui a mis unilatéralement l'accent sur le rôle joué par Kant dans la fondation des sciences de la nature. Pour Heidegger, la métapsychologie de Freud, élaborée dans le cadre de cette philosophie alors dominante qu'est le néo-kantisme, est une tentative de construire une anthropologie sur un modèle épistémologique entièrement relatif aux catégories d'objectivité et de causalité. C'est ainsi, affirme-t-il, que Freud « postule aussi pour les phénomènes conscients humains l'absence de lacune dans l'explication, c'est-à-dire la continuité des connexions causales. Et comme une telle continuité n'existe pas dans la conscience, il lui faut inventer “l'inconscient” dans lequel doit nécessairement se trouver l'absence de lacune dans les connexions causales. Le postulat est l'explicabilité intégrale du psychique, dans lequel expliquer et comprendre sont identifiés. Ce postulat n'est pas tiré des phénomènes psychiques eux-mêmes, mais c'est le postulat de la science de la nature moderne »[29].

Il faut cependant remarquer que le concept d'inconscient n'est pas accepté sans réticence par Freud lui-même. Ce concept, qui

---

26 – S. Freud, *Métapsychologie,* trad. Jean Laplanche et Jean-Bertrand Pontalis, Paris, Gallimard, 1968, p. 162 note 1.

27 – Voir sur ce point S. Freud, *Psychopathologie de la vie quotidienne,* traduction de S. Jankélévitch, Paris, Payot, 1979, p. 276 sq.

28 – *Zollikoner Seminare, op. cit.,* p. 260.

29 – *Ibid.*

lui vient de Theodor Lipps[30], a été immédiatement pourvu par lui d'un nouveau contenu et c'est la raison pour laquelle il se réserve légitimement le droit de l'avoir découvert. Il précise, dans sa « Note sur l'inconscient en psychanalyse » de 1912 que l'inconscient ne lui apparaissait au début que comme « une caractéristique énigmatique d'un processus psychique défini », mais qu'il signifie maintenant plus que cela : il désigne « le système révélé par le signe que les processus singuliers constituants des parties de ce système sont inconscients »[31]. On voit par là que le terme d'inconscient, d'adjectif, est devenu un substantif, qu'il a été hypostasié sous la forme d'un objet réellement existant et qu'il renvoie ainsi à une *topique.* Or c'est le point de vue topique qui permet de définir la psychanalyse comme une « psychologie des profondeurs », affirme Freud, qui prend soin de distinguer sa topique psychique de la théorie des localisations cérébrales[32]. Il n'en demeure pas moins qu'une telle « représentation figurée » de l'inconscient comme « localité » psychique permettant la conservation et l'archivage de l'intégralité de la vie d'un individu constitue un bel exemple de ce que l'on peut là aussi nommer « le mythe de l'intériorité »[33].

Dans son *Grundriß der Medizin,* Medard Boss s'oppose d'ailleurs à un usage dynamique de l'inconscient tout en maintenant un usage descriptif de celui-ci[34], reprenant ainsi une opposition qui se trouve chez Freud lui-même[35], qui distingue lui aussi le préconscient de l'inconscient proprement dit, lequel « ne désigne pas seulement les pensée latentes en général, mais particulièrement les

30 – Dans les dernières pages de *L'interprétation des rêves* (traduction de I. Meyerson, édition révisée, Paris, PUF, 1967, p. 519 sq.), Freud se réfère positivement à l'inconscient tel que le définit Lipps, tout en introduisant une distinction capitale, celle du préconscient et l'inconscient proprement dit. Il faut souligner ici que Theodor Lipps (1851-1914) n'est pas seulement l'« inventeur » de la notion d'inconscient psychique, mais aussi de la théorie de l'empathie *(Einfühlung)* qui sera une référence majeure pour le développement de la théorie husserlienne de l'intersubjectivité. Voir à ce sujet Françoise Dastur, *Husserl, Des mathématiques à l'histoire,* PUF, 1995, p. 79 sq.

31 – *Métapsychologie, op. cit.,* p. 185.

32 – *Ibid.,* p. 78-79.

33 – Référence à la thèse consacrée par Jacques Bouveresse à Ludwig Wittgenstein : *Le Mythe de l'intériorité. Expérience, signification et langage privé chez Wittgenstein*, Paris, Éd. de Minuit, 1976.

34 – *Grundriß der Medizin und der Psychologie, op. cit.*, p. 340.

35 – *Métapsychologie, op. cit.,* p. 176-177.

pensées présentant un certain caractère dynamique, à savoir celles qui sont maintenues à l'écart du conscient malgré leur intensité et leur efficience »[36]. Car pour Freud, c'est le refoulé qui constitue « le prototype de l'inconscient »[37], comme cela devient clair au niveau de la deuxième topique, celle qui distingue les trois instances du çà, du moi et du surmoi, puisque le rôle du refoulement est de rejeter hors du conscient et de maintenir éloigné de ce dernier tout ce qui doit être refoulé[38]. Pour Medard Boss, Freud a ainsi découvert un phénomène d'une grande importance pour l'existence humaine, mais il n'est cependant pas parvenu à en donner une interprétation existentielle[39]. D'un point de vue phénoménologique, le refoulement se révèle être un comportement par lequel l'existant refuse de voir ou d'accepter ce qui le concerne dans son existence même. Freud voit au contraire dans le refoulement le fait de repousser *(Wegdrängen)* un matériau déplaisant intrapsychique d'un espace psychique interne à un autre[40]. Il consiste selon lui à bannir un certain contenu de la conscience précisément parce que celui-ci ne peut être concilié avec les commandements et les interdits sociaux qui ont été intériorisés par l'individu sous la forme du surmoi. Le refoulement est par conséquent une manière humaine particulière d'avoir une relation à soi-même dans la mesure où l'être humain est un être social, puisqu'il s'agit de cacher sa non-conformité pour gagner la reconnaissance de ceux avec lesquels on partage le même monde. L'inconscient peut donc être plus précisément défini comme ce qui est dissimulé par la personne elle-même pour elle-même, ce qui implique qu'il renvoie à une opération d'auto-illusion.

Boss se réclame ici[41] de Sartre qui, dans *L'Être et le Néant,* critique l'idée même d'auto-illusion et voit en elle quelque chose d'absurde, puisque cela signifie que « je dois savoir en tant que trompeur la vérité qui m'est masquée en tant que trompé »[42], en rappelant que Freud lui-même a bien vu qu'un savoir inconscient est une contra-

---

36 – *Ibid.*, p. 179.

37 – S. Freud, « Le Moi et le Ça », in *Essais de psychanalyse,* traduction sous la responsabilité d'A. Bourguignon, Paris, Payot, 1981, p. 225.

38 – *Métapsychologie, op. cit.*, p. 47.

39 – *Grundriß der Medizin und der Psychologie, op. cit.*, p. 518.

40 – *Ibid.*

41 – *Ibid.*, p. 519.

42 – J.-P. Sartre, *L'être et le néant,* Paris, Gallimard, 1943, p. 89.

diction *in adjecto*[43]. Dans le cas du rêve par exemple, le contenu manifeste est considéré par Freud comme l'œuvre d'une auto-illusion où l'inconscient du rêveur trompe celui-ci en déformant le contenu latent. Il y a donc là une aporie, celle d'un savoir qui doit se dissimuler lui-même et Freud, pour sortir de cette impasse, a dû s'efforcer de comprendre le rapport à soi-même dont il s'agit ici au moyen d'une analogie avec le comportement qui consiste à tromper autrui. Pour créer la dualité nécessaire à l'auto-illusion du rêveur, Freud divise l'égoïté en deux personnifications, la conscience et l'inconscient, qui peuvent aussi établir entre elles la même relation que celle qui lie la *psychè* d'un homme à celle d'un autre, comme il le reconnaît lui-même : « Nous appelons inconscient un processus psychologique dont il nous faut supposer l'existence parce que, par exemple, nous le déduisons de ses effets, mais dont nous ne savons rien. Nous avons alors la même relation avec lui qu'avec un processus psychique chez un autre individu, sauf que c'est précisément un des nôtres »[44]. Il lui faut donc présupposer une division et une aliénation originaires de la psyché.

C'est ce que Sartre avait fort bien aperçu : « Ainsi, la psychanalyse substitue à la notion de mauvaise foi l'idée d'un mensonge sans menteur, elle permet de comprendre comment je puis non pas me mentir à moi-même mais être menti, puisqu'elle me place par rapport à moi-même dans la situation d'autrui vis-à-vis de moi, elle remplace la dualité du trompeur et du trompé, condition essentielle du mensonge, par celle du "ça" et du "moi", elle introduit dans ma subjectivité la plus profonde la structure intersubjective du *Mitsein* »[45]. Le problème, c'est qu'une telle théorie de la dualité – nous le savons au moins depuis le *Parménide* de Platon et l'argument dit « du troisième Homme » qui y est évoqué –, présuppose nécessairement l'existence d'une troisième instance qui décide du partage : c'est le censeur du rêve que Freud ne manque d'ailleurs pas d'évoquer. Si on se demande quel est le statut, conscient ou inconscient, de celui-ci, on ne peut que répondre qu'il se constitue comme une « conscience inconsciente », à moins de supposer qu'il soit lui-même

43 – S. Freud, *Introduction à la psychanalyse*, traduction de S. Jankélévitch, Paris, Payot, p. 100.

44 – Cf. S. Freud, *Nouvelles conférences d'introduction à la psychanalyse*, traduction de R.-M. Zeitlin, Paris, Gallimard, Folio, 1984, Paris, Gallimard, 1984 p. 98.

45 – *L'être et le néant, op. cit.*, p. 90.

à son tour divisé par une autre instance de censure, un censeur du censeur et ainsi de suite à l'infini. L'aporie que Freud veut donc résoudre par la première topique, celle qui distingue les trois systèmes de l'inconscient, du préconscient et du conscient, reparaît donc dans la personne même du « censeur ». C'est exactement ce que note de son côté Sartre : « Si en effet nous repoussons le langage et la mythologie chosiste de la psychanalyse nous nous apercevons que la censure, pour appliquer son activité avec discernement, doit connaître ce qu'elle refoule. Si nous renonçons en effet à toutes les métaphores représentant le refoulement comme un choc de forces aveugles, force est bien d'admettre que la censure doit *choisir* et, pour choisir, se *représenter* (...) La psychanalyse ne nous a rien fait gagner puisque, pour supprimer la mauvaise foi, elle a établi entre l'inconscient et le conscience une conscience autonome et de mauvaise foi. C'est que ses efforts pour établir une véritable dualité – et même une trinité (*Es, Ich, Überich* s'exprimant par la censure) – n'ont abouti qu'à une terminologie verbale »[46].

De la même manière Boss conclut que Freud a été contraint d'élaborer l'hypothèse de l'inconscient psychique pour satisfaire à l'exigence méthodologique des sciences de la nature, que ce dernier est donc quelque chose de purement inventé pour des besoins *théoriques*[47], une construction artificielle à laquelle le subjectiviste moderne a vainement recours pour tenter d'expliquer l'être de l'homme[48]. Mais en réalité, c'est la topique freudienne qui est ici réfutée (la première, tout comme la seconde, malgré son caractère plus « dynamique »), et non l'inconscient descriptif. Boss est ainsi amené à reconnaître une certaine fécondité de l'idée même d'inconscient, à condition de ne pas le référer à la philosophie cartésienne de l'âme-substance, philosophie cartésienne dont Freud, qui s'est gaussé des philosophes comme de « fabricants de conceptions du monde », est pourtant entièrement dépendant – ce qui constitue, selon Boss, une vengeance de la philosophie envers celui qui la tourne en dérision[49].

46 – *Ibid.*, p. 91-92.

47 – *Grundriß der Medizin und der Psychologie, op. cit.*, p. 193.

48 – *Ibid.*, p. 354.

49 – « J'ai trouvé intéressant de constater le peu d'exigence métaphysique de Freud alors qu'il a la mauvaise réputation de spéculer », notait Binswanger en 1910 (Freud-Binswanger, *Correspondance, op. cit.*, p. 87). Loin de voir là un paradoxe, on peut au contraire se demander si l'absence d'exigence philo-

Il faut en effet rappeler que si Freud a été tenté par l'étude de la philosophie et qu'il a même songé à un doctorat de philosophie (voir sa lettre à Siberstein du 13 mars 1875), mais en a été détourné par Brentano lui-même qui lui recommande la lecture des empiristes anglais et d'Auguste Comte (lettre à Siberstein du 15 mars 1876), il affiche par la suite, tel Auguste Comte, un mépris complet pour la métaphysique. C'est ce qu'il explique dans sa lettre à Werner Achelis du 30 janvier 1927 : « Les autres carences de ma nature m'ont sûrement mortifié et rendu modeste, mais, pour la métaphysique, il n'en est pas de même ; non seulement je n'ai pas d'organe pour elle (pas de "pouvoir") mais en outre je n'ai aucun respect pour elle. En secret – on ne doit pas dire ces choses tout haut – je crois qu'un jour la métaphysique sera condamnée comme une nuisance, comme un abus de la pensée, comme une survivance de la période d'une conception religieuse de l'univers. Je sais exactement combien cette mentalité m'éloigne des cercles allemands cultivés ». Ce que critique Freud dans la philosophie, c'est la tendance à l'unification, la séduction de l'unité et du monisme, au détriment de la marche progressive de la « science ». Il écrit à Lou Salomé (lettre du 30 janvier 1915) : « Je sens si peu le besoin d'une synthèse [...] Ce qui m'intéresse, c'est la séparation, la division en éléments qui sans cela se fondrait ensemble en un magma primaire ». Or ce désir de demeurer un pur « analyste » se fonde, comme cela a déjà été souligné, sur une compréhension de l'analyse à partir d'un modèle épistémologique tirée d'une science particulière, la chimie.

Mais que signifie donc l'inconscient d'un point de vue uniquement descriptif, c'est-à-dire phénoménologique ? Non pas un inconscient *psychique,* c'est-à-dire une instance *intra*psychique, qui constituerait la « profondeur » de la *psychè,* elle-même conçue comme un contenant, mais une zone d'occultation pré-psychique et pré-personnelle, une occultation qui nous demeure « réellement » inaccessible et à partir de laquelle tout émerge. Par rapport à un tel inconscient « cosmique » et même « précosmique », puisqu'il précède cet « événement » du monde qu'est l'existence pour chacun, l'inconscient psychique freudien, comme le souligne Boss, apparaît comme une abstraction : « Dans cet inconscient psychologique, on

sophique (ce que Husserl nommait pour sa part « cécité aux idées ») n'est pas l'origine même des « constructions » les plus abstraites en particulier dans le domaine de la psychologie (voir à ce sujet E. Husserl, *Idées directrices pour une phénoménologie,* traduction de P. Ricœur, Paris, Gallimard, 1950, § 22).

ne pressent qu'un descendant très abstrait, très lointain et anthropomorphisé de cette dissimulation à vrai dire "pré-humaine et, en général, précédant l'étant" contre laquelle l'existence humaine doit conquérir un domaine d'ouverture au monde clarifié »[50].

L'existence humaine ne peut nullement être comprise, pour Boss qui s'appuie ici sur Heidegger, comme celle de sujets « encapsulés », isolés et fermés sur eux-mêmes, mais comme l'ouverture d'un espace libre, d'une clairière *(Lichtung)*, constamment conquise sur une abyssale obscurité, à partir de laquelle pourtant toute phénoménalisation et tout phénomène doivent être pensés. Il faut donc que la phénoménologie aussi prenne acte de la profondeur, de l'inapparent et de l'inconscient. On peut regretter que Boss lui-même semble demeurer parfois au niveau d'une phénoménologie trop « plate », trop peu ouverte à l'irréel et au phantasme et à leurs modes d'être spécifiques. C'est peut-être à ce niveau qu'il faudrait considérer ce qu'a apporté de fécond l'hypothèse freudienne d'un inconscient psychique, le caractère hypothétique de celui-ci ayant toujours été fortement souligné par Freud lui-même. C'est ce que soulignait fort justement Binswanger lors de sa deuxième visite à Vienne en 1910 en notant que Freud « dit que nous faisons *comme si* l'inconscient était une réalité à l'image du conscient. Mais en véritable chercheur scientifique, il ne dit rien quant à la *nature* de l'inconscient, parce que nous ne savons rien de certain ou plutôt nous ne pouvons l'inférer qu'à partir du conscient. Il affirme que, de même que Kant a postulé la chose en soi derrière le phénomène, il a postulé, derrière le conscient accessible à notre expérience, l'inconscient, mais qui ne pourra jamais être un objet d'expérience directe (...) Freud est et reste le chercheur scientifique consciencieux, qui n'affirme rien d'autre que ce que l'expérience lui montre »[51].

Si la « métapsychologie » et les topiques qu'elle implique apparaissent comme des constructions théoriques d'après-coup qui ne peuvent qu'être radicalement critiquées du point de vue phénoménologique, n'est-il pas possible cependant de découvrir dans le freudisme un « noyau phénoménologique »[52], et même d'y voir une

---

50 – M. Boss, *"Il m'est venu en rêve..."*, *Essais théoriques et pratiques sur l'activité onirique*, traduction de Ch. Berner et P. David, Présentation de l'édition française par Y. Pélissier, Paris, PUF., 1989, p. 221.

51 – Freud-Binswanger, *Correspondance, op. cit.*, p. 87.

52 – Expression de Husserl à propos de la conception psychologiste de la temporalité de la conscience de Brentano. Cf. E. Husserl, *Leçons pour une*

véritable herméneutique ? Une tout autre lecture de Freud serait alors possible, dont on a au moins un exemple, celle que tentait Paul Ricœur il y a plus de trente ans dans *De L'interprétation*, et que certaines indications de Merleau-Ponty avaient déjà précédée[53]. C'est à partir de celle-ci, sans doute, qu'autre chose qu'un dialogue impossible pourrait s'engager entre Freud et les phénoménologues. Cette lecture herméneutique de Freud n'est d'ailleurs finalement pas si éloignée de celle que Medard Boss lui-même a proposé dans son essai paru en 1957 et intitulé « Psychanalyse et analytique du Dasein », qui se concluait sur cette affirmation : « La réflexion de l'analytique du Dasein sur la praxis psychanalytique permet à celle-ci de prendre pleinement conscience de son essence propre et authentique et de devenir, en toute clarté transparente à elle-même (...) seules les vues de l'analytique du Dasein concernant la constitution fondamentale de l'être humain nous font précisément connaître dans quelles mesures les "superstructures spéculatives" de la *théorie* psychanalytique, secondes par rapport à la thérapie, sont insuffisantes. Aussi sont-elles, de l'avis même de Freud, à jeter par-dessus bord et peuvent être sacrifiées sans dommage »[54].

---

phénoménologie de la conscience intime du temps, traduction de H. Dussort, Préface de G. Granel, Paris, PUF., 1964, p. 25.

53 – Cf. M. Merleau-Ponty, *Phénoménologie de la perception*, Paris, Gallimard, 1945, p. 184 : « Même chez Freud, on aurait tort de croire que la psychanalyse exclut la description des motifs psychologiques et s'oppose à la méthode phénoménologique : elle a au contraire (sans le savoir) contribué à la développer en affirmant, selon le mot de Freud, que tout acte humain "a un sens" et en cherchant partout à comprendre l'événement au lieu de le rattacher à des conditions mécaniques. »

54 – M. Boss, *Psychanalyse et Analytique du Dasein*, traduction de Ph. Cabestan et F. Dastur, Paris, Vrin, 2008, p. 129 (151).

LES *SÉMINAIRES DE ZOLLIKON* : UNE CURE HEIDEGGÉRIENNE ?

C'est Medard Boss lui-même – dont il faut rappeler qu'il commença en 1925 à Vienne, Bergstraße 19, une analyse didactique sous la direction de Sigmund Freud, analyse qu'il poursuivit pendant trois années à Zurich auprès d'un autre psychiatre, Hans Behn Eschenburg – qui compare, en guise d'introduction à la séance du 1er mars 1966, les soirées de séminaire passées à Zollikon à « une sorte de thérapie de groupe » visant à « rendre possible une vision plus libre, un faire-voir plus conforme à la constitution de l'être humain » et qui souligne que, « comme dans une analyse freudienne, on rencontre des résistances qui s'opposent, dans la cure elle-même, à ce devenir-libre »[1].

Heidegger, en réponse, se demande si le séminaire peut véritablement être considéré comme une cure et rappelle alors que *semen,* mot latin d'où vient le terme de séminaire, veut dire « semence ». C'est donc plutôt à partir de là qu'il faudrait considérer ce qui a lieu à Zollikon : « Peut-être au cours de ces soirées une graine de pensée méditative est-elle parvenue à se répandre qui germera ici ou là. Le séminaire philosophique se trouve toujours encore dans la situation de Socrate qui a dit que le plus difficile de tout, c'est, à propos du même, de toujours dire le même »[2].

La figure de Socrate avait déjà été évoquée par Heidegger au début du séminaire du 2 novembre 1964, où Heidegger rapporte le dialogue qui eut lieu entre un sophiste, grand voyageur, et Socrate, le premier reprochant à ce dernier d'être toujours à la même place et de dire toujours la même chose, ce qui est se faciliter les choses, et Socrate répliquant que ce sont au contraire les sophistes qui se facilitent les choses en disant toujours quelque chose de nouveau, car ce qui est difficile, c'est de dire le même, et le plus difficile de tout, c'est de dire le même du même. Et de déclarer, comme déjà dans son cours de 1951-52, *Qu'appelle-t-on penser ?*, que « Socrate,

1 – M. Heidegger, *Zollikoner Seminare,* éd. Medard Boss, Frankfurt am Main, Klostermann, 1987, p. 174 (note par la suite ZS) ; *Séminaires de Zurich,* traduction de C. Gros, Paris, Gallimard, 2010, p. 198.

2 – ZS, p. 174-175 (198-199).

dans la mesure où il n'a rien écrit, est le plus grand penseur de l'Occident »[3].

Dans ce cours, Heidegger disait en réalité que Socrate est « le plus pur penseur de l'Occident », et non pas le plus grand, du fait que « sa vie durant et jusque dans sa mort, (il) n'a rien fait d'autre que de se tenir et de se maintenir dans le vent de ce mouvement » par lequel ce qui donne à penser, à savoir l'événement de l'être, se retire, ce qui explique que « qui commence à écrire au sortir de la pensée doit infailliblement ressembler à ces hommes qui se réfugient à l'abri du vent lorsqu'il souffle trop fort ». Et il ajoutait : « Cela demeure le secret d'une histoire encore cachée, que les penseurs de l'Occident depuis Socrate, soit dit sans préjudice de leur grandeur, aient dû être tous de tels réfugiés »[4].

Le refuge, c'est donc ce que Heidegger nomme ici, de manière plutôt négative, la « littérature », mot sous lequel il entend moins l'art du roman et de la fiction que le devenir théorique, spéculatif et dialectique de la pensée, alors qu'il s'agit selon lui non pas d'opposer, en fait de pensée, arguments et contre arguments, mais, de manière certes « étrange aux yeux du bon sens courant », de « dire le même du même », ce que la logique nomme une « tautologie ». Ce mot est aussi, cela mérite d'être souligné, le dernier du dernier séminaire de Heidegger, celui qu'il tint chez lui, à Zähringen, avec ses amis français, en 1973, soit trois ans avant sa mort. Il y était question de la parole de Parménide, *esti gar einai,* « est en effet être », sur laquelle Heidegger avouait qu'il s'est longtemps « interrogé » et même « empêtré »[5], car elle dit, tautologiquement, et de manière inapparente, l'entrée en présence de l'entrée en présence. C'est, expliquait alors Heidegger, cette pensée tautologique qui est le sens originaire de la phénoménologie, d'une phénoménologie de l'inapparent, c'est-à-dire d'un chemin qui conduit à la chose même, selon la définition donnée par Husserl, le fondateur de la phénoménologie, mais qui « se laisse montrer ce devant quoi il est conduit », sans tenter de le capturer dans des concepts. Une telle pensée ne juge, ni ne prouve, ni ne justifie rien, elle est plutôt, ajoutait-il, sem-

3 – *Ibid.*, p. 30 (57).

4 – M. Heidegger, *Qu'appelle-t-on penser ?*, traduction de A. Becker et G. Granel, Paris, PUF, 1959, p. 91.

5 – M. Heidegger, Le séminaire de Zähringen, *Questions IV,* Paris, Gallimard, 1976, p. 336.

blable à ce que Goethe nommait « remarque pure »[6], à savoir un dire qui se contente donc de mettre en évidence ce qui n'apparaît pas de manière immédiate et demeure dissimulé à l'appréhension courante de ce qui est et que les Grecs nommaient *doxa,* opinion ou croyance.

Il faut rappeler ici que la phénoménologie ne se confond nullement avec un pur et simple phénoménisme et qu'elle implique au contraire le dépassement du donné phénoménal immédiat et la distinction entre celui-ci et le phénomène-de-la-phénoménologie. C'est ce que Heidegger soulignait déjà dans *Être et temps,* où il expliquait que « c'est précisément parce que les phénomènes, de prime abord et le plus souvent, *ne* sont *pas* donnés qu'il est besoin d'une phénoménologie »[7]. Ce qui est donc inapparent dans ce qui se montre à nous, et qu'il s'agit pour la phénoménologie de simplement « remarquer », c'est-à-dire mettre en évidence, ne renvoie à aucun « arrière-monde » mais seulement à l'inapparence qui réside *en* tout apparaître, qui n'est autre que l'*événement* même de l'apparition et cette *donation* de l'être qui demeure dissimulée dans le donné lui-même. C'est donc par rapport à cette grande pensée qui est celle de Parménide, qu'il faudrait plutôt nommer « pré-platonicien » que « présocratique », que Heidegger, tout au contraire de Nietzsche, situe donc ici Socrate, lui reconnaissant ainsi la capacité capable de penser « phénoménologiquement » tout le visible à partir de l'invisible et tout le dicible à partir de l'indicible. Il s'agit là à vrai dire d'une référence toute nouvelle à Socrate, que Heidegger, dans ses écrits antérieurs, a constamment associé à Platon, de sorte qu'il semblait bien jusqu'ici, comme il le dit explicitement dans le texte qu'il consacre en 1942-43 à « Hegel et son concept de l'expérience », que ce qui commence avec Platon et de Socrate, c'est la métaphysique comprise comme « la séparation entre un monde sensible et un monde suprasensible »[8]. On trouve cependant dans un texte plus ancien, le cours du semestre d'hiver 1925-26 intitulé « Logique. La question de la vérité », une référence qui va dans le sens de ce que Heidegger dit ici de Socrate. Il y expliquait que la

6 – *Ibid.,* p. 338.

7 – M. Heidegger, *Sein und Zeit,* Tübingen, Niemeyer, 1963, § 7, p. 36. (la pagination du texte allemand est indiquée en marge de la traduction française de F. Vezin, *Être et temps,* Paris, Gallimard, 1986).

8 – M. Heidegger, *Chemins qui ne mènent nulle part,* traduction de W. Brokmeier, Paris, Gallimard, 1962, p. 215.

méthode à suivre, la seule philosophique, dans le dialogue avec les penseurs, est phénoménologique, méthode, ajoutait-il, qui n'est pas une nouveauté, puisqu'elle est « la vieille méthode de la maïeutique de Socrate »[9].

De Socrate, Heidegger disait déjà, dans la lettre qu'il envoie à Medard Boss le 25 novembre 1950 au sujet de leur participation commune à un congrès de psychothérapeutes, qu'en fait de « communication, de la manière de s'y prendre, de l'instant, des auditeurs et des lecteurs », c'est lui « qui en a su jusqu'ici le plus », et que « nous, nous ne savons presque rien de ce qu'il savait », car « on ne peut pas organiser et résoudre de manière schématique la question de la communication »[10]. Socrate, en effet, pas plus que Heidegger, n'a de « philosophie », car tout son art est pratique : c'est celui d'accoucher les esprits, c'est-à-dire de les rendre libres, à l'instar de sa mère, sage-femme, qui, elle, accouchait les corps, comme il l'explique à Théétète, dans le dialogue platonicien du même nom, où il précise bien qu'il est lui-même « stérile en matière de sagesse », de *sophia*, de sorte que ceux qu'il accouche n'ont jamais rien appris de lui, mais ont eux-mêmes trouvé en eux et enfanté de belles pensées[11]. Heidegger affirmera de même, au cours des Entretiens de Cerisy de 1955, qu'il n'y a pas de philosophie heideggérienne, parce que, explique Jean Beaufret qui rapporte ce propos, Heidegger n'est déjà plus un philosophe, toute sa pensée consistant dans la tentative de faire un pas qui rétrocède de la philosophie à la pensée de l'être[12], ce dont on peut penser que c'est précisément ce qui lui permet de rejoindre ici Socrate qui, lui, vient en quelque sorte encore avant la philosophie et la « littérature » qu'elle implique déjà avec Platon, l'admirable écrivain des dialogues.

Car c'est Heidegger lui-même, dans une de ses premières lettres à Medard Boss datée de juin 1948, qui exprime le désir d'engager avec Medard Boss un dialogue, *ein Gespräch*, plutôt que de donner des conférences, qui peuvent certes constituer des amorces et faire sentir l'atmosphère d'une pensée, mais qui risquent aussi de demeurer un simple spectacle, « une affaire de représentation

---

9 – M. Heidegger, *Logik. Die Frage nach der Wahrheit,* GA 21, Frankfurt am Main, Klostermann, 1976, p. 313.

10 – ZS, p. 303 (333).

11 – Platon, *Théétète,* 150 d.

12 – J. Beaufret, *De l'existentialisme à Heidegger*, Paris, Vrin, 1986, p. 101.

pure et simple »[13]. C'est pourquoi il préférera vite les rencontres en petit comité qui auront lieu à partir de 1960 à Zollikon, dans la propre maison de Medard Boss. C'est en effet dès 1953 qu'il en avait fait la proposition à Medard Boss, en expliquant que « rien ne remplace la parole vivante et les discussions »[14]. S'il se réjouit tant à la pensée de ces rencontres et s'il demande lui-même à Medard Boss d'y convier la jeune génération, c'est moins pour enseigner que pour apprendre encore lui-même : « La pensée véritable ne peut être apprise dans les livres. Mais elle ne peut pas non plus être enseignée si l'enseignant ne demeure pas lui-même, jusqu'à un âge avancé, un apprenti »[15]. En mars 1965, il déclare ainsi aux participants que, dans le séminaire précédent, qui fut consacré à la question du temps, il a plus appris d'eux qu'eux de lui et que cela est tout à fait dans l'ordre des choses[16]. N'a-t-il pas en effet écrit dans *Qu'appelle-t-on penser ?* : « Celui qui enseigne ne dépasse les apprentis qu'en ceci, qu'il doit apprendre encore beaucoup plus qu'eux, puisqu'il doit apprendre à "faire apprendre" *(lernen lassen)*. Celui qui enseigne doit être capable d'être plus apte à apprendre *(belehrbarer)* que les apprentis. Celui qui enseigne est beaucoup moins sûr de son affaire que ceux qui apprennent de la leur »[17].

Il y a donc un rapport mutuel d'enseignement entre l'enseignant et les enseignés qui n'a rien à voir avec la dispensation d'informations mais qui consiste en une *Mitteilung*, une communication qui est aussi un partage, *ein Mit-einander-teilen,* et c'est d'ailleurs le partage avec les autres d'un même monde dans ce rapport par lequel on s'ouvre à lui qui rend d'abord possible la communication, comme Heidegger l'explique dans son entretien de mai-avril 1963 avec Boss, dans lequel une fois encore Socrate et le dialogue qu'il entretient avec les artisans d'Athènes est évoqué[18]. Plutôt que de s'adonner à la discussion critique de théories, il s'agit en effet de pratiquer, comme Socrate, l'art du questionnement qui consiste à débattre inlassablement du même phénomène et à faire voir que ce qui est pris pour thème a déjà été ontologiquement compris dans les

13 – ZS, p. 301 (331).

14 – *Ibid.*, p. 311 (342).

15 – ZS, p. 301 (332).

16 – ZS, p. 86 (113).

17 – *Qu'appelle-t-on penser ?*, p. 88 (traduction légèrement modifiée).

18 – ZS, p. 206 (229).

comportements et les représentations habituelles. Il apparaît donc que la relation dite « pédagogique » et la relation thérapeutique sont de même nature et consistent essentiellement, non pas en une conduite violente de « substitution » qui conduirait l'enseignant ou le thérapeute à exercer une domination et à agir à la place de l'enseigné ou de l'analysé, mais en une pratique de « délivrance » qui n'est peut-être pas non plus exempte de violence – les « résistances » à la cure en témoignent assez – mais qui ne vise qu'à permettre à l'autre de remplir par lui-même la tâche qui lui incombe.

C'est ce que Medard Boss soulignait dans un livre paru un an après la mort de Heidegger et qui rassemble les souvenirs de certains de ceux qui l'ont approché et connu, où il évoquait déjà les séminaires que Heidegger avait tenus plusieurs fois par an pendant plus de dix ans (de 1959 à 1969) dans sa propre maison de Zollikon devant une assistance de cinquante à soixante-dix étudiants en médecine et jeunes psychiatres[19]. Ce texte, peut-être parce qu'il est tout entier dédié au souvenir d'un ami qui vient de mourir, est plus explicite que la préface des *Zollikoner Seminare*[20] sur les raisons qui ont conduit Medard Boss à écrire à Heidegger en 1946, quelques années après sa découverte de *Sein und Zeit*, et sur celles qui ont incité Heidegger à répondre à cette toute première lettre, et qui, contrairement à ce que certains racontent, ne se réduisent pas aux tablettes de chocolat que Medard Boss lui enverra, à la demande qu'il en formule explicitement dans sa première lettre datée du 3 août 1947[21], pendant une période qui est encore celle des privations occasionnés par la guerre, au cours de laquelle beurre, sucre, café et chocolat, entre autres choses, avaient totalement disparu des étals des commerçants.

Medard Boss y raconte en effet que ce n'est que bien plus tard, au cours de leurs entretiens en tête à tête à Zollikon, que Heidegger s'est expliqué sur les motifs de ce qui peut en effet sembler un comportement inhabituel pour un philosophe célèbre qui reçoit plusieurs centaines de lettres par an : « Il me révéla alors qu'il avait espéré que sa pensée pourrait, par mon intermédiaire en tant que médecin et psychothérapeute, sortir de son atelier de philosophe et

19 – M. Boss, "Zollikoner Seminare" in *Erinnerung an Martin Heidegger*, Neske, Pfullingen, 1977, p. 31-45.

20 – La préface de Medard Boss reprend à son début le texte de 1977.

21 – ZS, p. 299 (329).

bénéficier à des cercles plus larges et notamment à un grand nombre de malades. Ce qui l'avait en effet considérablement impressionné, c'était que j'avais, dans la première lettre que je lui avais adressée, expressément mentionné la page 122 de son livre *Sein und Zeit* et avait attiré son attention sur le fait que, sous le titre de "sollicitude devançante" *(vorausspringende Fürsorge)*, on trouvait l'exacte description du rapport idéal du psychanalyste à l'égard de ses patients en analyse. Plus encore : le contraste, marqué par Heidegger, de cette "sollicitude devançante", seule digne de l'homme *(einzig menschenwürdig)* par rapport à une "sollicitude qui se substitue" à l'autre en lui faisant constamment violence *(eine den Anderen stets vergewaltigende "einspringende Fürsorge")* permettait au thérapeute analytique de faire explicitement ressortir ce qu'a de nouveau et d'unique sa méthode particulière de traitement par rapport à toutes les autres conduites médicales qui sont pour la plupart des conduites de "substitution" et de la délimiter dans qu'elle a en propre »[22].

C'est donc bien chez Heidegger que Medard Boss a trouvé le modèle même de la relation thérapeutique, une relation thérapeutique dont on a déjà souligné qu'elle est de même nature que la relation pédagogique telle que Heidegger la comprend. Il y aurait donc à partir de là une analogie entre la maïeutique socratique, l'analyse freudienne, et l'enseignement tel que Heidegger le comprend, lui qui déclarait dans *Qu'appelle-t-on penser ?* que « cela demeure une grande chose que d'être un enseignant, *ein Lehrer* », et ajoutait-il, « c'est tout autre chose que d'être un professeur célèbre », car la relation de celui qui enseigne à ceux qui apprennent, n'est pas d'autorité, et ne repose pas davantage sur la multitude de connaissances que posséderait l'enseignant[23]. Cette analogie se décèle en effet à ce que, dans les trois cas, des « résistances » se font sentir.

Dans le cas de Socrate, les questions qu'il pose provoquent la stupeur de ses interlocuteurs qui, brutalement jetés dans le doute, sont comme ensorcelés, ce qui explique que Ménon compare Socrate à ce grand poisson de mer qu'on appelle une torpille et qui engourdit celui qui le touche[24]. Ce à quoi Socrate répond qu'il est lui aussi engourdi et lui-même plus embarrassé que personne[25].

22 – *Erinnerung an Martin Heidegger*, *op. cit.*, p. 31-32.

23 – *Qu'appelle-t-on penser ?*, *op. cit.*, p. 89.

24 – Platon, *Ménon*, 80 a.

25 – *Ibid.*, 80 e.

Mais c'est bien parce qu'il montre à ceux qui croient savoir qu'en réalité ils ignorent ce qu'ils sont et ce qu'ils font, qu'il sera finalement condamné par la cité athénienne à boire la ciguë, comme Heidegger le rappelle, en soulignant que ce qui « est manifestement insupportable à la plupart des gens », c'est de savoir que tout leur art repose sur un regard portant sur l'essence, l'*eidos*, de ce qui est à produire[26]. Répondant aux accusations qui sont portées contre lui, Socrate reconnaît qu'il est plus sage que ses interlocuteurs, mais uniquement parce que, contrairement à eux, il ne pense pas savoir ce qu'il ne sait pas[27], et il se compare lui-même, dans son rapport à la cité d'Athènes, à un taon attaché à un cheval grand et généreux, qui ne cesse jamais, de tout le jour, de réveiller, de conseiller et de morigéner ses habitants[28].

Dans le cas de la psychanalyse, il s'agit également de surmonter les résistances intérieures que l'analysé oppose au traitement, et Freud reconnaît que cela impose au médecin comme au malade des efforts pénibles. Voici en effet ce qu'il écrivait dans l'*Introduction à la psychanalyse*, texte qui date de 1917 : « C'est ce travail de lutte contre les résistances qui constitue la tâche essentielle du traitement analytique, et cette tâche incombe au malade auquel le médecin vient en aide par le recours à la suggestion agissant dans le sens de son *éducation*. Aussi a-t-on dit avec raison que le traitement psychanalytique est une sorte de *post-éducation* »[29]. Selon Freud, il s'agit dans la cure d'aider le malade à supprimer les résistances, d'abord en les mettant sous les yeux de ce dernier, et ensuite en s'appuyant sur sa suggestibilité, dont il dit qu'elle n'est autre que « sa tendance au transfert », le transfert des sentiments du malade sur la personne du médecin constituant le ressort même du travail analytique. Ce qui advient donc dans le transfert, c'est une centration de la libido sur la personne du médecin. Le malade ne peut en effet guérir que « lorsque le conflit entre son *moi* et sa libido sera terminé et que le *moi* aura de nouveau pris le dessus sur la libido »[30]. La résolution de ce conflit, qui met donc fin à la séparation entre le *moi* et la libido,

26 – ZS, p. 206 (229).

27 – Platon, *Apologie de Socrate*, 23 d.

28 – *Ibid.*, 30 e.

29 – S. Freud, « La thérapeutique psychanalytique », *Introduction à la psychanalyse*, traduction de S. Jankélévitch, Paris, Payot, 1922 (1961), p. 429.

30 – *Ibid.*, p. 431.

doit avoir pour résultat le rétablissement de l'unité psychique de la personne. Freud explique ainsi que « lorsque la libido se détache enfin de cet objet passager qu'est la personne du médecin, elle ne peut plus retourner à ses objets antérieurs : elle se tient à la disposition du *moi* »[31]. Ce qui rend difficile le travail thérapeutique, c'est surtout, déclare–t-il, la « viscosité » et « l'insuffisante mobilité de la libido qui ne se laisse pas facilement détacher des objets sur lesquels elle s'est fixée »[32]. Le transfert a donc pour but de rendre son dynamisme à la libido, à cette puissance de vie qui ne doit pas se laisser entièrement absorber par les premiers objets qu'elle se donne.

De même donc que Socrate s'adressait à des hommes jeunes, afin d'ébranler les préjugés qu'ils avaient reçus de leur éducation familiale, de les arracher à la *doxa*, à l'opinion, en les aidant à s'éduquer eux-mêmes, Freud considère que le traitement analytique, qui rend à la libido sa plasticité, constitue une seconde éducation, celle que l'on se donne à soi-même grâce à l'intervention du médecin. Or il s'agit également pour Heidegger de permettre, par l'enseignement, ce passage de l'ontique à l'ontologique, des phénomènes au sens courant, qui sont saisis par les sens, aux phénomènes de la phénoménologie, qui sont, eux, de prime abord, inapparents. C'est ce qu'il explique à Medard Boss dans un entretien qui a lieu en septembre 1968, c'est-à-dire pendant la période où ce dernier est en train de rédiger, avec l'aide de Heidegger, son ouvrage principal intitulé *Grundriss der Medizin und der Psychologie*, « Les grandes lignes de la médecine et de la psychologie », dont le sous-titre est « Éléments pour une physiologie, psychologie, pathologie, thérapie phénoménologique et pour une médecine préventive conforme au *Dasein* dans la société industrielle moderne ». Voici ce que Heidegger lui déclare : « La recherche "conforme au *Dasein*" n'est pas elle-même phénoménologique, mais elle est dans la dépendance et sous la direction de la phénoménologie comprise comme l'herméneutique du *Dasein* »[33].

Décrire ces phénomènes ontiques que sont les comportements pathologiques de fait ne peut en effet se faire qu'à la lumière des phénomènes ontologiques, c'est-à-dire des existentiaux du *Dasein* : il est donc besoin, pour accéder à l'ontique, de la *médiation* de l'on-

31 – *Ibid.*, p. 432.

32 – *Ibid.*, p. 432 et 433.

33 – ZS, p. 281 (310).

tologique, ce qui est pourtant tout autre chose que d'*appliquer* l'ontologique à l'ontique, comme le prétendait Binswanger. On comprend mieux à partir de là le jugement sévère que Heidegger porte sur la *Daseinsanalyse* de Binswanger, dont il affirme qu'elle constitue une « totale mécompréhension de [sa] pensée »[34]. Affirmer en effet, comme le fait Binswanger, qu'il y aurait un « chemin entre l'analytique du *Dasein* et les domaines d'objets particuliers » provient d'une méconnaissance de la différence ontologique, qui ne doit pas être comprise comme une séparation entre ce qui serait « en haut », à savoir l'ontologique, et ce qui serait « en bas », à savoir l'ontique[35]. La médiation entre l'ontologique et l'ontique ne peut avoir lieu que par la conversion personnelle du médecin. Heidegger souligne que de celui-ci est exigée la chose la plus difficile, à savoir « le passage du projet de l'être humain comme être vivant raisonnable à l'être humain comme *Dasein* »[36]. Le médecin doit en effet s'être d'abord lui-même éprouvé comme *Da-sein,* comme ek-sistant, pour pouvoir à partir de là déterminer tout ce qui fait la réalité de l'homme, ce qui implique la mise-hors-circuit des représentations inadéquates que l'on se fait de lui. Or cela exige l'exercice, « l'entraînement à l'expérience de l'être-homme en tant que *Da-sein* ». Il s'agit donc ni plus ni moins que d'entraîner les médecins au « regard phénoménologique » ce qui signifie pour Heidegger : « séjourner auprès du même », « éveiller le sens pour ce qui est simple », comme il l'écrit à Medard Boss en juin 1963[37]. Et cela exige surtout, explique Heidegger au cours du séminaire du 8 juillet 1963, en s'adressant à ceux qui ne sont pas seulement des auditeurs mais des *participants,* « de s'engager *(sich einlassen)* dans la manière d'être dans laquelle vous êtes toujours déjà, de l'accomplir en propre »[38], ce qui requiert tout autre chose qu'une simple compréhension théorique de cette manière d'être.

L'apprentissage d'une telle méthode ne consiste par conséquent nullement à transformer les médecins en philosophes, mais vise simplement à les rendre attentifs à ce qui concerne l'homme de manière incontournable, comme Heidegger le déclare au début

34 – ZS, p. 286 (315).

35 – ZS, p. 254 (280-281).

36 – ZS, p. 280 (309).

37 – ZS, p. 329 (362).

38 – ZS, p. 141 (168).

du séminaire du 23 novembre 1965[39], car « il est de la plus haute nécessité qu'il y ait des médecins qui pensent et qui n'aient pas l'intention de faire la part belle aux techniciens scientifiques », avait-il précisé dans le séminaire précédent[40]. Or c'est justement ici que l'enseignement de Heidegger va lui aussi rencontrer des résistances si fortes que Medard Boss n'hésite pas à qualifier la tâche dont il a pris la charge à un travail de Sisyphe consistant à débarrasser l'esprit de ses auditeurs des théories psychologiques et psychopathologiques qui les empêchent de s'ouvrir à la dimension proprement humaine de leur pratique médicale[41]. La difficulté provient de ce que, souligne-t-il dans l'Avant-propos, « la plupart des questions que pose Martin Heidegger aux médecins formés aux sciences de la nature n'ont en règle générale jamais été reçues comme des *questions.* De nombreux participants paraissent choqués, voire indignés que l'on se permette de questionner ainsi (...) Souvent l'atmosphère dans laquelle se déroulaient ces séminaires donnait l'impression qu'un Martien rencontrait pour la première fois un groupe de Terriens et cherchait à se faire comprendre d'eux »[42]. Il remarque que ce qui est cependant « le plus étrange » au regard « des difficultés énormes de compréhension » qui ont été rencontrées, c'est que « ni Martin Heidegger ni les autres participants ne sont lassés » et que « dès les premières heures et jusqu'au bout, maître et élèves se sont opposés les uns aux autres avec opiniâtreté »[43]. Car ce que requiert la méditation fondamentale à laquelle Heidegger entreprend de convertir les participants, c'est, à la suite de ces premiers décentrements que furent la révolution copernicienne et la révolution freudienne, « un nouveau décentrement devant lequel beaucoup ferment convulsivement les yeux ». Il ne suffit pas en effet de montrer que la terre n'est pas le centre de l'univers, ni que la conscience de l'homme est dominée par les forces des pulsions, il faut encore cesser de « déterminer l'être humain comme un sujet qui serait l'alpha et l'oméga de tout ce qui est » et parvenir à comprendre que ce qui fait « la plus haute dignité et la plus haute distinction » de cet étant, qui n'est qu'un étant parmi des milliers d'autres, c'est le fait « qu'il lui soit

39 – ZS, p. 147 (173).

40 – ZS, p. 134 (161).

41 – ZS, p. XI (12).

42 – ZS, p. XII (13).

43 – *Ibid.*

permis d'exister en tant que cette ouverture et cette éclaircie qu'il a à être à chaque fois en tant que lieu inaliénable de manifestation et de déploiement »[44].

C'est donc à cette conversion à ce que l'être humain est en propre, à savoir l'ouverture à l'autre que soi, qui est ce à quoi l'enseignement de Heidegger veut amener les participants aux séminaires. A lire en effet les protocoles auxquels ces derniers ont donné lieu, on prend la mesure de l'importance des difficultés rencontrées. Ainsi Heidegger n'hésite-t-il pas à affirmer, en juillet 1964, que le premier séminaire « a plutôt échoué »[45], non pas tant à vrai dire à cause des résistances des participants, mais « parce que la difficulté tient à ce dont il s'agit », à l'être lui-même, qu'il est difficile de prendre en vue. Dans une lettre antérieure à Medard Boss, datée de décembre 1963, Heidegger allait jusqu'à dire, à propos des jeunes gens qui suivaient ses séminaires, que « ce n'est pas avec des aveugles que l'on peut parler des couleurs ». Mais il ajoutait pourtant tout de suite : « Mais peut-être que l'on pourra les opérer de la cataracte »[46].

Au cours du séminaire du 18 janvier 1965, Heidegger reconnaît que le protocole de la séance précédente est « très bon », mais « trompeur », « en ce qu'il pourrait laisser croire que les choses sont réglées et que nous pourrions continuer notre chemin », alors qu'il s'agit au contraire de revenir en arrière car « nous avons jusqu'ici parlé du temps à l'emporte-pièce »[47]. Et lors de la séance du 10 mars de la même année, il souligne à nouveau que la question soulevée au cours de la séance précédente, celle de l'être dans le temps, « a été posée trop tôt »[48]. Car il s'agit d'abord de « déverrouiller le regard presque fixe posé sur le temps en tant que suite de maintenants »[49], en un mot de prendre ses distances par rapport à l'entente courante du temps pour parvenir à saisir le phénomène « simple » mais tout d'abord caché de la temporalisation. A de multiples reprises, il est fait état des « protestations », voire de la « rébellion » des partici-

44 – ZS, p. XVI (17).
45 – ZS, p. 20 (48).
46 – ZS, p. 334 (367).
47 – ZS, p. 47 (75).
48 – ZS, p. 73 (100).
49 – ZS, p. 85 (112).

pants, qui n'hésitent pas à lui adresser, d'une séance à l'autre, tout un catalogue de questions[50].

En ce qui concerne la question du corps, qui occupe les séminaires de mai et juillet 1965, Heidegger remarque que « la mise au point de problèmes isolés et l'explicitation ponctuelle de phénomènes choisis au hasard aboutissent toujours à des impasses parce que les perspectives directrices ne sont pas suffisamment élucidées », d'où la nécessité de tourner d'abord la réflexion vers ce qui distingue radicalement l'approche phénoménologique de l'approche scientifique des phénomènes[51]. Ce à quoi Heidegger s'attaque, ce n'est pas simplement en effet, comme le fait Socrate, aux opinions communes, à la *doxa*, ni, comme le fait Freud, aux névroses et aux perversions qui ont leur origine dans l'enfance du sujet, mais à ce qui caractérise une manière historique d'être et de penser, celle de l'homme moderne, « dont le mode de penser scientifique habituel a ruiné la capacité de s'étonner de ce qui est censé se comprendre de soi-même »[52]. Car ce qui est en question, c'est ce qu'il nomme « l'idolâtrie » de la science et de la technique moderne en comparaison de laquelle « ce qu'on appelle la superstition des peuples primitifs a l'air d'un jeu d'enfants »[53]. Eveiller l'étonnement devant ce qui semble aller de soi, telle est en effet la vertu de la méthode phénoménologique, qui consiste à « s'engager en propre dans le rapport qui est le nôtre vis-à-vis de ce qui nous fait encontre » et à suivre un chemin dont Heidegger souligne qu'il n'est plus celui d'un « je isolé qui serait d'abord tout seul »[54]. Que le rapport que nous entretenons avec le monde et les choses soit aussi et en même temps un rapport avec les autres et un être ensemble avec eux, c'est là ce qui le caractérise de manière essentielle. C'est ce qui conduit Heidegger à conclure ainsi son séminaire du 8 juillet 1965 : « Pour la prochaine fois, je devrais inventer une méthode qui vous conduise effectivement à pouvoir vous engager en propre à être ensemble au sein d'un être en commun auprès de ce qui nous fait encontre »[55].

50 – ZS, p. 121 (148).

51 – ZS, p. 124 (152).

52 – ZS, p. 133 (160).

53 – *Ibid.*

54 – ZS, p. 144-145 (170).

55 – ZS, p. 146 (172).

On comprend à partir de là que Medard Boss ait pu comparer les séminaires tenus par Heidegger dans sa maison de Zollikon à « une sorte de thérapie de groupe », cette technique thérapeutique dont il faut rappeler qu'elle n'a été introduite en psychothérapie que de manière tardive, d'abord en Californie dans les années 1960, puis en France à partir des années 1970. On touche ici à ce qui fait la spécificité de la relation dite « pédagogique » par rapport à la relation thérapeutique, qui est le plus souvent réduite à la relation duale et au face à face de l'analyste et de l'analysant. C'est là ce qui caractérise donc la « cure » heideggérienne, pour reprendre l'expression de Medard Boss, expression d'ailleurs assez heureuse, puisque cette détermination fondamentale de l'être humain qu'est la *Sorge*, se dit en latin *cura,* les deux mots ayant le même double sens de « souci » et de « soin ». Loin donc de l'attention flottante et du désengagement requis de l'analyste freudien, ce qu'exige cette « thérapie de groupe » qu'est la pratique du séminaire, c'est au contraire ce que l'on pourrait nommer la dimension « performative » de la méthode phénoménologique telle que la comprend Heidegger, précisément dans la mesure où elle consiste à s'engager dans le rapport que nous entretenons avec ce qui nous fait encontre et à l'accomplir en propre.

De cet engagement, Heidegger lui-même a donné, au cours de ses séjours répétés à Zollikon, le plus patent témoignage. C'est ce que Medard Boss souligne bien dans son Avant-propos : « L'indulgence et la patience infatigables, jamais démenties, avec lesquelles il s'acquittait de cette entreprise et la portait jusqu'aux limites de ses possibilités physiques sont la preuve irréfutable de l'humanité avec laquelle Heidegger savait être-ensemble avec les autres. Par son comportement vis-à-vis de notre cercle de Zollikon, il a prouvé qu'il ne savait pas seulement écrire et dire quelle est la forme la plus haute de l'être-ensemble des êtres humains – la *sollicitude devançante* qui libère l'autre pour lui-même et l'aime sans se préoccuper de soi – mais qu'il était bien plutôt prêt à la vivre de façon exemplaire »[56].

56 – ZS, p. XI (12-13).

DU *TRIEB* À LA « PULSION ». RÉFLEXIONS SUR L'HISTOIRE D'UN CONCEPT

Si le terme de « pulsion » est devenu aujourd'hui d'un usage courant en psychologie, c'est parce qu'il a été utilisé comme équivalent du mot allemand *Trieb* dans les traductions françaises les plus récentes des textes de Freud à la place d'« instinct » ou de « tendance », termes qui avaient auparavant servi à le traduire. Comme le rappellent Jean Laplanche et Jean-Bertrand Pontalis dans le *Vocabulaire de la psychanalyse* à l'article « Pulsion »[1], la *Standard Edition* anglaise des textes de Freud a choisi de traduire *Trieb* par « instinct » alors qu'il existe un mot anglais, *drive*, qui dérive de la même racine que *Trieb*, et qui est utilisé par d'autres traducteurs dans le monde anglo-saxon. Il est vrai que Freud lui-même a d'abord utilisé le mot *Instinkt*, terme qui vient du verbe latin *stingo,* qui veut dire serrer, piquer, *instingo* signifiant pousser, exciter, le terme de *Trieb* ne faisant son apparition qu'en 1905, dans *Les trois essais sur la théorie de la sexualité.* Il semble en effet important aux auteurs du *Vocabulaire de la psychanalyse* de bien distinguer *Instinkt* et *Trieb*, qui ont chez Freud des sens différents, puisque le mot *Instinkt* désigne « un comportement animal fixé par l'hérédité, caractéristique de l'espèce, préformé dans son déroulement et adapté à son objet » alors que le mot *Trieb,* qui vient du verbe *treiben,* pousser, ne renvoie pas à « une finalité précise », mais à « une orientation générale » et « souligne le caractère irrépressible de la poussée plutôt que la fixité du but et de l'objet ». Le choix du mot « pulsion » pour traduire *Trieb* ne va pas cependant de soi, car, comme le soulignent bien Laplanche et Pontalis, « il ne fait pas partie de la langue » comme c'est le cas de *Trieb*, mais ce choix se justifie à leurs yeux du fait que ce mot « a néanmoins le mérite de mettre en évidence le sens de poussée ». Il est vrai que le mot allemand *Trieb* veut dire « pousse », au sens de « rejeton », car c'est un terme qui fut d'abord utilisé en botanique, avant de l'être dans le domaine de la psychologie et de la psychiatrie, au sens de « tendance », « penchant », « appétit », et dans celui de la technique, au sens d'impulsion *(Antrieb),* mise en mouvement, le

1 – J. Laplanche et J.-B. Pontalis, *Vocabulaire de la psychanalyse,* Paris, PUF, 1967, rééd. Poche, Quadrige, 1997.

verbe *treiben* signifiant pousser au sens d'imprimer un mouvement de propulsion. Mais, contrairement au mot français « pulsion » qui appartient à l'origine au domaine de la physique et de la technique avant d'avoir été utilisé dans celui de la psychanalyse, le mot allemand *Trieb* a joué un rôle important au XVIIIe siècle et au début du XIXe siècle dans la philosophie allemande et il a constitué un concept majeur des sciences dites de l'esprit *(Geisteswissenschaften)* qui se constituent à la même époque. C'est donc de ce contexte philosophique qu'il s'agit de partir.

Dans son dernier livre, un ouvrage impressionnant par l'ampleur du contexte philosophique qu'il mobilise, *Force-Pulsion-Désir*, Rudolf Bernet s'est donné comme tâche d'écrire « une autre philosophie de la psychanalyse » (sous-titre du livre), laquelle consiste à « sinon inscrire la psychanalyse dans l'histoire de la métaphysique occidentale, du moins à mettre en lumière la manière dont, tour à tour, elle prolonge cette histoire et rompt avec elle »[2]. Il s'agit en effet du projet ambitieux de « réécrire l'histoire de la philosophie » en la centrant non plus sur le concept de substance (*ousia)* mais sur celui de *dunamis,* comprise comme « une potentialité privée de la réalisation à laquelle elle tend pourtant de toutes ses forces » et en montrant ainsi que dans une telle histoire « la dynamique prime sur la statique »[3]. De là découle le plan de la première partie de l'ouvrage, la plus longue, consacrée à l'analyse minutieuse et érudite des étapes les plus décisives de cette histoire, à savoir la *dunamis* aristotélicienne, la *vis activa* leibnizienne, la volonté schopenhauerienne et la théorie freudienne de la pulsion « amendée » par Lacan. Le présupposé de toute cette première partie, qui sert de prélude à la seconde, consacrée à la mise en évidence d'un sujet pulsionnel dans la phénoménologie, la psychanalyse et la philosophie, c'est que la pulsion occupe, quoique « souvent sous d'autres noms », « une place centrale dans l'histoire de la philosophie occidentale »[4]. Toute la question est cependant de savoir si ces noms différents, *dunamis, vis activa, Trieb* et pulsion, recouvrent véritablement un même phénomène. C'est en particulier le cas en ce qui concerne le rapport entre *Trieb* et pulsion, qui est loin d'aller de soi, comme

---

2 – R. Bernet, *Force-Pulsion-Désir. Une autre histoire de la psychanalyse*, Paris, Vrin, 2013, p. 8.

3 – *Ibid.*, p. 9.

4 – *Ibid.*, p. 25.

le montre les différents usages qui ont été fait du concept de *Trieb* dans la philosophie allemande.

Dans « Pulsion et présence », un article publié en 1976 et repris en 1991 dans *Penser l'homme et la folie*, Henri Maldiney, considérant que les deux mots de « pulsion » et « présence », « placés sous l'invocation l'un de Freud, l'autre de Heidegger », sont « les deux mots-clefs du vocabulaire de l'existence », entreprend l'analyse de la « proto-histoire de la notion de pulsion », concept qui apparaît simultanément dans deux œuvres que Fichte et Schiller publient en 1794 et 1795, *L'assise fondamentale de la doctrine de la science* et les *Leçons sur l'éducation esthétique de l'homme*[5]. On y apprend, en ce qui concerne Fichte, que c'est dans son traité de 1798, *Le système de l'éthique d'après les principes de la doctrine de la science (Das System der Sittenlehre nach den Prinzipien der Wissenschaftslehre)* que l'on trouve l'exposé le plus clair de sa conception du *Trieb*, concept qu'il met en relation avec ceux de *Streben*, effort, et de *Sehnen*, désir nostalgique. L'essence du Moi est en effet pour Fichte « absolue activité et rien qu'activité » et cette activité est un *Streben,* une tendance, une aspiration ou un effort, de sorte qu'il « sent en soi un désir nostalgique *(Sehnen)*, « une poussée vers le dehors »[6], et c'est cet effort en tant qu'il est maintenu qu'il nomme *Trieb.* Car l'effort du Moi rencontre le contre-effort, le *Gegenstreben*, du Non-Moi, qui est en réalité sa condition, de sorte que l'activité absolue du Moi se voit ainsi repoussée *(zurückgetrieben)* en elle-même. Il faut donc en conclure que l'activité absolue du Moi va à la fois dans une direction « centripète » et une direction « centrifuge », ou, comme le dit Maldiney, qu'elle est « ego-diastolique et ego-systolique »[7]. On trouve chez Schiller la même idée, celle de l'existence en l'homme, être à la fois actif et passif, de deux forces opposées auxquelles il donne le nom de *Triebe.* Ces deux *Triebe* antagonistes et pourtant inséparables l'une de l'autre, Schiller les nomme, dans la douzième des *Lettres sur l'éducation esthétique de l'homme, sinnliche Trieb* et *Formtrieb,* tendance sensible et tendance formelle, la première visant à insérer l'être humain dans le temps et à le « transformer en matière », la seconde qui « procède de la nature humaine raisonnable » tendant « à rendre l'homme libre ». Dans la treizième Lettre,

---

5 – H. Maldiney, *Penser l'homme et la folie*, Grenoble, Millon, 1991, p. 145-146.

6 – Cité et traduit par H. Maldiney, *op. cit.*, p. 149.

7 – *Ibid.*, p. 156.

Schiller explique que ces deux *Triebe* sont des énergies *(Energien)* et des forces *(Kräfte)* antagonistes, mais aussi subordonnées et coordonnées l'une à l'autre, de sorte qu'« il y a entre elles un rapport de réciprocité », lequel, précise-t-il, a été « excellemment analysé » l'année précédente par Fichte dans *L'assise fondamentale de la doctrine de la science.*

Ce qui est au fondement de cette théorie des *Triebe* chez Fichte et Schiller c'est donc la distinction aristotélicienne *hylè-morphè,* forme-matière, dont Heidegger dit, dans le commentaire qu'il consacre en 1939 au premier chapitre du livre II de la *Physique* d'Aristote, qu'elle est « le boulevard sur lequel la philosophie occidentale évolue depuis des siècles »[8]. Celui qui est en réalité à l'origine de l'importance qui sera dévolue au concept de *Trieb* dans la pensée allemande, c'est le biologiste, médecin et anthropologue Johann Friedrich Blumenbach (1752-1840), professeur à l'Université de Göttingen, qui publie en 1781 un traité intitulé *Über den Bildungstrieb und das Zeugunggeschäft,* « De la tendance formatrice et de l'affaire de la génération », qui sera à l'origine de sa célébrité[9]. Ce concept de « tendance formatrice » sera en effet adopté par de nombreux penseurs, non seulement par Kant qui y fait allusion dans le § 81 de la *Critique de la faculté de juger*[10], mais aussi, entre autres, par Herder, par Goethe et, comme nous l'avons vu, par Fichte et Schiller et c'est par l'intermédiaire de ce dernier qu'il deviendra pour Hölderlin un concept majeur permettant de penser à la fois le rapport de l'antiquité à la modernité et celui du rapport de la nature à l'art et à la culture humaine. Ce que Blumenbach entend par *Bildungstrieb,* en latin *nisus formalis,* du verbe *nitor,* s'appuyer, s'arcbouter, s'efforcer, est tout autre chose qu'une force *(Kraft, vis),* distincte en particulier de ce que les biologistes de son temps nomment *vis plastica,* force plastique, précisément parce qu'elle tend vers un but, celui de

8 – M. Heidegger, « Ce qu'est et comment se détermine la phusis (Aristote, *Physique,* B 1) », traduction de F. Fédier, in *Questions II,* Paris, Gallimard, 1957, p. 230. Ce texte écrit en 1939 ne fut publié qu'en 1958.

9 – Il est en réalité plus connu encore pour ses traités d'anatomie qui furent constamment réédités et pour le livre qu'il publie en 1795 sous le titre *De Generis humani varietate nativa,* traduit en français sous le titre *De l'Unité du genre humain et de ses variétés,* qui est considéré comme l'ouvrage qui est à l'origine du développement de l'anthropologie.

10 – Dans une lettre que Kant envoie juste après l'avoir publié à Blumenbach, il le remercie pour l'envoi de son excellent travail sur la tendance formatrice dont il reconnaît qu'il lui a beaucoup appris.

la formation, ce qu'exprime bien le mot *Trieb*, synonyme de *Drang*, pression, poussée. Il s'agit donc, au moyen de ce concept, de donner une explication du processus de la génération et de la reproduction qui permette de rendre compte de manière non seulement mécanique du passage de la matière à un corps organisé. Blumenbach ne donne pas un rôle seulement régulateur à ce concept, comme Kant le soutient dans le § 81 de la troisième *Critique,* mais le considère au contraire comme le principe même qui préside à l'organisation de la matière vivante[11].

C'est donc bien dans ce que Heidegger nomme, dans son texte de 1939, le « livre de fond de la philosophie occidentale »[12], à savoir la *Physique* d'Aristote, que l'on peut trouver le fondement de ce que Blumenbach nomme *Bildungstrieb.* Ce qui est en effet en question, c'est d'abord le sens à donner au mot *hulè*, dont il faut rappeler qu'avant de prendre le sens technique de « matière » en général, il veut dire « forêt », mais désigne aussi le bois comme matériau de construction[13], ce qui indique qu'avec la distinction *hulè-morphè*, la perspective qui est adoptée est celle de la production *(Herstellen),* laquelle implique l'imposition d'une forme à un matériau. Déjà dans son cours de 1927 sur les *Problèmes fondamentaux de la phénoménologie*, Heidegger soulignait (§ 12 a) que si les concepts de matière et de forme jouent un rôle fondamental dans la philosophie grecque, c'est parce que ces concepts sont requis dans la compréhension de l'être propre au produire *(Herstellen),* car c'est « au sein même du produire que nous rencontrons précisément ce qui n'a pas à être produit »[14], à savoir ce qui est purement et simplement « subsistant » *(vorhanden).* L'ontologie grecque s'est donc constituée sur la base du comportement quotidien du *Dasein,* ce qui explique que les concepts directeurs de cette ontologie en sont directement issus.

L'ontologie grecque interprète donc l'être à partir du produire de sorte qu'ainsi se dessine « une ligne continue »[15] des Grecs aux

11 – Voir à ce sujet l'article très éclairant de Robert J. Richards, « Kant and Blumenbach on the *Bildungstrieb*: A Historical Misunderstanding », Stud. Hist. Phil. Biol. And Biomed, vol. 31, n°1, 2000, p. 11-32 (consultable en ligne).

12 – Cf. M. Heidegger, *Questions II, op. cit.*, p. 183.

13 – *Ibid.*

14 – M. Heidegger, *Les problèmes fondamentaux de la phénoménologie,* traduction de J.-F. Courtine, Paris, Gallimard, 1983, § 12, p. 147.

15 – *Les problèmes fondamentaux de la phénoménologie, op. cit.* p. 148.

Modernes. Pourtant cette ontologie est « orientée prioritairement sur le cosmos »[16], sur la *phusis*, unique objet de la pensée de ceux que l'on a nommé « présocratiques ». Or ceux-ci, et tout particulièrement Héraclite, comme le souligne Heidegger dans son cours de 1943, ont compris la *phusis* comme « *reines Aufgehen* », pur épanouissement[17] et c'est par le même terme d'*Aufgang*, traduit par « la levée de ce qui se dresse en s'ouvrant » qu'il définissait déjà le mode de déploiement de la *phusis* dans son texte de 1939[18]. De cette pensée initiale de la *phusis*, qui implique qu'à cette éclosion sans substrat appartienne le retrait de ce qui pourrait constituer son substrat permanent, comme le dit le fragment 123 d'Héraclite, *phusis kruptesthai philei,* « la phusis aime à se cacher », on trouve encore dans l'interprétation aristotélicienne, un « *écho tardif* »[19]. Car bien qu'Aristote prenne comme fil conducteur de sa définition de la *phusis* le comportement productif de l'être humain, il parvient cependant à mettre en évidence un autre mode du produire que le faire, celui du croître, dans lequel ce n'est pas la *hulè*, le substrat matériel, mais bien la *morphè,* comprise non comme information d'une matière préexistante mais comme configuration *(Gestellung)*, qui a la préséance[20]. Or la *morphè* ainsi comprise est double, elle est aussi *sterèsis*, privation ou manque, car en elle épanouissement et absentement coïncident, l'un étant le nécessaire envers de l'autre[21].

Dans le premier chapitre de son livre, dans lequel il prend pour guide l'interprétation heideggérienne de la physique aristotélicienne, Rudolf Bernet montre que c'est le concept de *dunamis* et son « ambiguïté fondamentale »[22] qui constituent le cœur de la question, ce pouvoir *(Vermögen)* qu'est la *dunamis* étant en même temps *adunamia* (impuissance), et il met avec pertinence l'accent sur « la sensibilité accrue de Heidegger pour toutes les formes d'une négativité originelle de la *dunamis* »[23]. Il reconnaît ainsi que cette

---

16 – *Ibid.*, p. 146.

17 – M. Heidegger, *Heraklit*, GA 55, *Frankfurt am Main, Klostermann,* 1979, p. 101.

18 – M. Heidegger, *Questions II, op. cit.*, p. 208.

19 – *Ibid.*, p. 274.

20 – *Ibid.*, p. 252.

21 – *Ibid.*, p. 270.

22 – *Force-Pulsion-Désir, op. cit.*, p. 31.

23 – *Ibid.*, p. 50.

négativité, qu'Aristote nomme *sterèsis,* manque ou privation, « est le véritable moteur des rapports mouvants entre la *dunamis* et l'*energeia* »[24], ce mode de présence qu'est l'*energeia* impliquant en lui-même cette présence de l'absence qu'est la *sterèsis.* Rudolf Bernet a, pour le montrer, mobilisé la totalité des textes dans lesquels Heidegger traite de la *Physique* aristotélicienne de 1922 à 1939, bien que, souligne-t-il, il n'y soit guère explicitement question de « pulsion » *(Trieb)*[25], nous livrant ainsi une véritable exégèse de l'interprétation heideggérienne de la *phusis.* Or c'est surtout dans son dernier texte, celui qui date de 1939, peu cité dans *Force-Pulsion-Désir*, que Heidegger insiste longuement sur la spécificité de la *sterèsis* qu'il ne s'agit pas de comprendre comme pure absence, mais comme entrée dans la présence de l'absence : « *Sterèsis* comme absentement, ce n'est pas seulement être-absent, mais bien *entrée en présence*, à savoir celle dans laquelle c'est justement l'*absentement* – et non ce qui est absent – qui se fait présent »[26]. Cela implique par conséquent que la *morphè,* la forme « a le caractère de *sterèsis* », puisque « tandis que la fleur s'épanouit *(phei)*, les écailles du bourgeon se détachent et tombent » et que « le fruit fait son apparition pendant que la fleur s'efface », de sorte que la *morphè* est « *dikhôs, en soi-même double*, entrée en présence de l'absentement »[27].

C'est donc à partir de la *sterèsis* plutôt qu'à partir de la *dunamis* qu'il s'agit de comprendre l'essentielle mobilité de la *phusis.* Car la *dunamis* est un caractère de la *hulè* qui signifie « capacité *(Vermögen)*, mieux : l'être-approprié-pour *(die Eignung zu)*[28]. Heidegger souligne qu'il ne s'agit de voir en elle ni une force ni une potentialité, et que, même lorsqu'on la définit comme « être approprié pour », on court le danger de perdre de vue son sens proprement grec, qui est celui d'un mode retenu de l'*energeia*, de l'entrée en présence, qui lui est « antérieure » *(proteron)*[29]. Le risque est en effet de penser la *dunamis* unilatéralement à partir du faire humain, comme « capacité » d'un matériau à épouser une forme, alors qu'il faudrait la penser comme retenue et donc la mettre en

---

24 – *Ibid.*, p. 37.

25 – *Ibid.*, p. 29.

26 – *Questions II, op. cit.*, p. 269.

27 – *Ibid.*, p. 270.

28 – *Ibid.*, p. 240-241.

29 – *Ibid.*, p. 250-251.

rapport avec cette forme « négative » d'entrée en présence qu'est la *sterèsis*. Car conclut Heidegger : « Nous autres, aujourd'hui, nous avons trop tendance à analyser quelque chose de tel que l'entrée dans la présence de l'absentement, c'est-à-dire à le décomposer en un facile jeu dialectique, au lieu de retenir fermement son prodige *(ihr Erstaunliches)* ; car c'est dans la *sterèsis* que se voile ce qu'est la *phusis* »[30]. C'est donc cette *Verhüllung,* ce voilement, cette *Verborgenheit*, cette dissimulation, de la *phusis*, qu'il s'agit avant tout de penser, et ce n'est que dans le cadre de cette métaphysique de la subjectivité qu'est la philosophie moderne qu'elle peut alors prendre le nom d'in-conscient.

***

Si pour Aristote il semble bien qu'il y ait deux modes du produire, dont l'un correspond à ce mode d'autoproduction qu'est la nature, pour nous les Modernes il n'y a qu'un, celui du faire et de la fabrication, comme le montre par exemple le fait que Kant ait pu comprendre la « Nature » comme une « Technique »[31]. Heidegger reconnaît sans peine que l'on puisse être facilement tenté « de tomber dans l'idée que l'étant déterminé à partir de la *phusis* est tel qu'il se fabrique tout seul » comme le montre bien le vocabulaire servant à désigner les phénomènes naturels, par exemple le mot « organisme » qui provient de « l'interprétation mécaniste de la technique », ou encore « plante » par lequel ce qui croît est compris « comme ce qui est planté et cultivé »[32]. On mesure à partir de là à quel point il s'avère difficile de penser la nature et la vie en elles-mêmes à partir de tels concepts. C'est en effet aussi bien le cas dans la tradition cartésienne, qui pense l'être de l'animal à partir de cet artefact humain qu'est la machine, que dans la métaphysique biologique de la fin du XIXe siècle qui entreprend, dans le sillage du darwinisme et du freudisme, de mettre sur le même plan, en ce qui concerne le caractère inconscient des pulsions qui les animent, l'homme et l'animal, le mot de *Trieb* relevant lui aussi de l'activité *(Treiben)* humaine et celui, français, de « pulsion », de la mécanique.

Freud, s'il hérite bien, en grande partie à son insu, de l'histoire du concept de *Trieb* dans la pensée allemande du XVIIIe et du

30 – *Ibid.*, p. 269.

31 – *Ibid.*, p. 254.

32 – *Ibid.*, p. 202-203.

début du XIXe siècle, a ressenti le besoin de donner une fondation scientifique à sa pratique et de construire une psychodynamique dont le modèle est la mécanique des sciences de la nature. C'est en positiviste voulant avant tout créer une nouvelle science qu'il entreprend de transposer les méthodes des sciences de la nature à la psychologie. Comme Heidegger le souligne dans les séminaires de Zollikon, « la métapsychologie de Freud est la transposition de la philosophie néo-kantienne à l'homme »[33]. Le néo-kantisme de l'école de Marburg comme celui de l'école de Bade a mis unilatéralement l'accent sur le rôle joué par Kant dans la fondation des sciences de la nature et Heidegger voit dans la métapsychologie de Freud une tentative de construire une anthropologie sur un modèle épistémologique entièrement relatif aux seules catégories d'objectivité et de causalité. Ce sera aussi le jugement que portera sur la psychanalyse Ludwig Binswanger, le fondateur de la *Daseinsanalyse*, qui finira par reconnaître qu'il y a une opposition de principe entre sa conception de l'homme comme existence (*Dasein*) qui le situe dans le sillage de Heidegger et celle de Freud qui envisage l'homme comme cette construction naturaliste que Binswanger nomme *homo natura*. Freud assimile en effet la *psychè* à un appareil *(Apparat)*, thèse qu'il développe en 1900 dans *L'interprétation des rêves*, où il compare l'appareil psychique à une sorte de « microscope compliqué » ou à un « appareil photographique »[34], et dans l'*Abrégé de psychanalyse* qu'il rédige juste avant de mourir, en 1938, il explique à nouveau qu'il faut admettre que la vie psychique est la fonction d'un appareil comparable à une sorte de télescope ou de microscope. Il s'agit en effet de rendre par là compréhensible la complication du fonctionnement psychique en attribuant chacune de ses fonctions à une partie différente de l'appareil.

Il a ainsi été amené à placer sous les phénomènes perçus un ensemble de forces jugées plus réelles qu'eux auxquelles il donne le nom de *Triebe*. C'est cette superstructure secondaire qu'il a lui-même nommé « métapsychologie », terme qui apparaît en 1915, au moment où Freud indique qu'il avait eu l'intention de publier

---

33 – M. Heidegger, *Zollikoner Seminare*, herausgegeben von Medard Boss, Frankfurt am Main, Klostermann, 1987, p. 260. (la pagination du texte allemand est indiquée en marge de la traduction française de C. Gros parue sous le titre *Séminaires de Zurich*, Paris, Gallimard, 2010).

34 – S. Freud, *L'interprétation des rêves*, traduction de D. Berger, Paris, PUF, 1967, p. 455 sq.

deux essais sur le rêve et le deuil sous le titre de « préparation à une métapsychologie », dont le but était « de clarifier et d'approfondir les hypothèses théoriques sur lesquelles un système psychanalytique pourrait être fondé »[35], un tel « système psychanalytique » exigeant le recours au concept d'inconscient[36]. La métapsychologie a bien pour objet, comme Freud le souligne lui-même, l'au-delà de la conscience. Mais celui-ci englobe l'ensemble des forces que la mythologie comme la métaphysique conçoivent comme indépendantes de l'homme et qui ne sont pourtant selon Freud qu'« une psychologie projetée dans le monde extérieur », ce qui implique que la « traduction » du métaphysique en métapsychologique qu'il s'assigne pour tâche consiste bien en une anthropologisation de l'« inconscient »[37]. On pourrait alors, comme le souligne Susanne Lüdemann[38], considérer de manière analogue que sa métapsychologie n'est qu'une mythologie reprojetée dans l'âme. C'est ce que Freud lui-même finit par admettre, puisqu'en 1932, dans les, il déclarera : « La théorie des *Triebe* est, pour ainsi dire, notre mythologie. Les *Triebe* sont des êtres mythiques, formidables dans leur imprécision. Nous ne pouvons dans notre travail faire abstraction d'eux un seul instant et cependant nous ne sommes jamais certains de les voir nettement »[39]. Le concept de *Trieb* a en effet été défini en 1915 comme « un concept limite entre le psychique et le somatique, comme le représentant psychique des excitations, issus de l'intérieur du corps et parvenant au psychisme »[40]. Il est ainsi lié au concept de représentant *(Reprasentanz)* et donc à l'existence d'un délégué qui serait envoyé par le somatique au psychisme. Une telle théorie de la représentation ou délégation, outre qu'elle présuppose

35 – S. Freud, *Métapsychologie,* traduction de J. Laplanche et J.-B. Pontalis, Paris, Gallimard, 1968, p. 123, note 1.

36 – Voir à ce sujet Françoise Dastur, « Phénoménologie et Métapsychologie », *Phénoménologie et psychanalyse, Étranges relations,* éd. J.-C. Beaune, Champ Vallon, Seyssel, 1998, pp. 273-284.

37 – Cf. S. Freud, *Psychopathologie de la vie quotidienne,* trad. Simon Jankélévitch, Paris, Payot, 1979, p. 276 *sq.*

38 – Cf. S. Lüdemann, *Mythos und Selbstdarstellung. Zur Poetik der Psychoanalyse,* Freiburg im Breisgau, Rombach 1994.

39 – S. Freud, « Angoisse et vie pulsionnelle », *Nouvelles conférences d'introduction à la psychanalyse,* traduction de R.-M. Zeitlin, Paris, Gallimard, Folio, 1984, p. 129.

40 – S. Freud, « Pulsions et destins de pulsion », *Métapsychologie, op. cit.,* p. 17.

le dualisme corps-esprit, n'est-elle pas en effet hautement « spéculative » ? Il est à cet égard intéressant de souligner que dans la réponse qu'il donne en 1933 à la lettre que lui avait envoyée Albert Einstein, Freud lui pose la question suivante : « Peut-être avez-vous l'impression que nos théories sont une manière de mythologie qui, en l'espèce, n'a rien de réconfortant ? Mais est-ce que toute science ne se ramène pas à cette sorte de mythologie ? En va-t-il autrement pour vous dans le domaine de la physique ? ». Et dans un autre passage de la même lettre, il parle des « lois mythologiques du *Trieb* » et explique que c'est « avec une petite dépense de spéculation » qu'il est parvenu à l'idée d'une « pulsion de mort » *(Todestrieb)*[41].

Il ne faut donc pas s'étonner de voir Heidegger, en 1963, dans les *Zollikoner Seminare,* rejeter la notion de *Trieb* comme impropre à caractériser le *Dasein* en tant qu'*In-der-Welt-sein*, être dans le monde, et comme *Sorge*, souci. Il ne fait d'ailleurs que reprendre ici ce qu'il avait déjà mis en évidence en 1927 dans *Sein und Zeit.* Il y expliquait en effet que le souci en tant qu'être du *Dasein* ne saurait être dérivé de phénomènes tels que la volonté, le souhait, l'inclination *(Hang)* et le besoin pressant *(Drang)*[42]. C'est parce que le souci constitue la structure ontologique fondamentale du *Dasein* que « toute tentative de réduire le phénomène du souci, pris dans sa totalité essentiellement infragmentable, à des actes particuliers ou à des tendances *(Triebe)* telles que la volonté et le souhait ou l'impulsion et l'inclination » est vouée à l'échec, le souci leur étant « ontologiquement antérieur », ce qui n'exclut cependant pas qu'ils puissent « constituer ontologiquement l'étant qui ne fait que "vivre" », car « la constitution ontologique du "vivre" est un problème spécifique qui ne peut être développé que sur la voie d'une réduction privative à partir de l'ontologie du *Dasein* »[43]. Le concept de *Trieb* apparaît en effet à de multiples reprises dans le cours que Heidegger a fait en 1929-30 sur *Les Concepts fondamentaux de la métaphysique. Monde-finitude-solitude,* dont toute la seconde partie est consacrée à l'analyse de l'opposition entre l'animal caractérisé par sa « pauvreté en monde » et l'homme conçu comme « confi-

---

41 – S. Freud, *Pourquoi la guerre ?* (1933) en collaboration avec Albert Einstein, Rivages, 2005, en ligne [PDF] [archive].

42 – M. Heidegger, *Sein und Zeit,* Tübingen, Niemeyer, 1953, § 39, p. 182, (la pagination du texte allemand est indiquée en marge de la traduction française de F. Vezin, *Être et temps,* Paris, Gallimard, 1986).

43 – *Ibid.,* § 41, p. 194.

gurateur du monde ». Mais même là, l'organisme animal n'est pas réduit à un faisceau de pulsions, mais défini comme une *capacité (Fähigsein)*, la capacité fondamentale de s'entourer d'un « espace » où le *Trieb* peut s'exercer, et comme une organisation constamment en procès[44]. Il s'agit en effet pour Heidegger dans ce cours de penser le vivant plus radicalement que ne le fait la théorie de l'évolution, qui comprend le rapport de l'animal à son environnement comme un rapport extérieur d'adaptation, mais aussi plus précisément que ne le fait l'écologie de Jakob von Uexküll, qui ne pense pas encore l'organisme comme « capacité ». Cette dernière ne se confond nullement avec la « force vitale » qu'invoque le vitalisme, mais elle n'est pas non plus identique au faisceau de pulsions qu'invoque le mécanisme, elle n'est rien d'autre que le processus temporalisant (et donc spatialisant) de l'organisation à partir duquel seul le phénomène corporel peut être pensé, bien qu'il demeure comme tel rigoureusement invisible, n'étant pas davantage donné à l'intuition sensible qu'à l'observation scientifique[45].

Pour Heidegger il faut en effet se demander si « l'être humain est encore là » lorsqu'on veut reconduire le vouloir, le souhait, l'inclination et le désir pressant à des *Triebe,* car ces tentatives d'explication « ont le caractère méthodique d'une science dont le domaine spécifique n'est absolument pas l'homme, mais la mécanique »[46]. Plutôt donc que de parler de *Drang* ou de *Trieb,* et de supposer que quelque chose me pousse « par derrière », il faut, explique Heidegger, parler de la tâche qui est « devant » moi et qui m'est donnée à faire. Ce qui précède n'est donc en aucun cas une « poussée », c'est-à-dire un processus psychique dont nous n'avons pas la maîtrise, mais au contraire ce que Heidegger nomme dans *Sein und Zeit* l'esquisse *(Entwurf)* d'une tâche à accomplir pour laquelle nous nous sommes décidés et à laquelle nous sommes ouverts. Ce qui est donc toujours présupposé, c'est l'être dans le monde de ce qui n'est pas un sujet-substrat, mais une ex-istence, car ce qui « exerce une

44 – Cf. M. Heidegger, *Les concepts fondamentaux de la métaphysique. Monde-finitude-solitude,* traduction de D. Panis, Paris, Gallimard, 1992, § 57.

45 – Voir à ce sujet Françoise Dastur, « Pour une zoologie « privative » ou Comment ne pas parler de l'animal », *Alter,* Revue de Phénoménologie, n° 3, octobre 1995, pp. 281-318, repris dans Françoise Dastur, *Déconstruction et phénoménologie. Derrida en débat avec Husserl et Heidegger,* Paris, Hermann, 2016.

46 – M. Heidegger, *Zollikoner Seminare, op. cit.*, p. 217.

pression » *(das Drängende)*, c'est cet être au monde qu'est le *Dasein*. Pour Heidegger, parler de *Trieb* et de *Triebhaftigkeit*, comme le fait la psychanalyse, est le résultat de la réification indue du l'exister. Une telle réification se voit encore confirmée par la traduction française de *Trieb* par « pulsion » et non plus par « tendance », le verbe « tendre » ayant précisément le sens d'un à-venir qui rend bien compte de ce qu'est le souci défini dans *Sein und Zeit* comme, « être *en avant* de soi déjà dans (le monde) comme être auprès (de l'étant se rencontrant à l'intérieur du monde) »[47]. Il faut en effet souligner à nouveau que le mot français « pulsion », qui vient du verbe latin *pello*, qui veut dire mettre en mouvement, mettre en branle, mais aussi repousser, n'a été utilisé d'abord que dans le domaine de la mécanique et de là transposé dans celui de la psychanalyse, laquelle ne voit dans la psyché qu'un simple « appareil ».

47 – *Ibid.*, p. 219.

TROISIÈME PARTIE

LA QUESTION DU SOI

L'IPSEITÉ : SON IMPORTANCE EN PSYCHOPATHOLOGIE

Voici ce que ce pionnier de la psychiatrie phénoménologique française que fut Artur Tatossian (1929-1995) écrivait dans un article, paru en 1994 dans *L'art du comprendre*, qu'il avait consacré à « L'identité humaine selon Ricœur et le problème des psychoses » :

> « Le " Je " n'est jamais un point de départ, à l'encontre de ce que Descartes avait cru à son époque ; il n'est ni suffisant, ni nécessaire de dire " je " pour être soi. Ce jugement de Ricœur, les psychiatres et les analystes le retrouvent parfaitement dans leurs expériences quotidiennes avec des êtres dont le " je " ne coïncide pas, et de loin, avec leur soi et dont le " je " en question ne comporte aucune transparence. Ainsi la subjectivité apparaît davantage comme un problème que comme une solution pour les psychiatres et même pour les philosophes »[1].

Ce n'est pas de la notion de sujet ou de moi, notions qui ont dominé l'ensemble de la philosophie moderne de Descartes à Husserl, mais bien de celle d'ipséité ou de soi qu'il s'agit de partir en psychopathologie. C'est la raison pour laquelle, dans le dossier consacré à « Ipséité et psychoses » dans ce même numéro de *L'art du comprendre* les articles qui le composent prennent comme base de leur réflexion le livre de Ricœur, *Soi-même comme un autre,* paru en 1990, où, contre l'évidence première dite irrécusable de cette donnée qu'est le moi chez Descartes, est au contraire mis en lumière le caractère narratif de l'identité humaine, qui ne se constitue donc que par le maintien de soi à travers les aléas d'une histoire. Ce qui est ainsi concrètement attesté, c'est l'insuffisance de la notion de moi dans le domaine de la psychopathologie, au contraire de ce que proclamait Freud, dont on connaît la célèbre formule : « Là où était le çà, là doit advenir le moi ». Les différentes topiques que Freud nous livre de l'appareil psychique reposent sur une conception dualiste de l'homme, dans laquelle, comme il le déclare expli-

1 – *L'art du comprendre*, Paris, n° 1, 1994, p. 99.

citement, le moi représente la raison et le çà les passions[2], ce qui permet de reconnaître en lui, comme le fait Jean-Marie Vaysse dans son « Essai sur l'origine métaphysique de la psychanalyse » intitulé *L'inconscient des modernes,* le « dernier héritier de Descartes »[3].

Il ne suffit pas en effet d'affirmer que dans les psychoses, il y a dissolution du moi, car une telle manière de parler implique cette notion substantialiste du sujet dont Arthur Tatossian a raison d'affirmer qu'elle crée plus de problèmes qu'elle n'en résout. Comme nous le verrons, il s'agit moins pour le psychotique de restaurer l'inaltérabilité statique d'un moi face à la menace que fait peser sur lui une double sorte d'altérité, celle d'autrui et celle de la temporalité, que de lui permettre au contraire de s'ouvrir dynamiquement à l'une et à l'autre.

Il importe donc, avant d'en venir à la question de la psychopathologie, de retracer, dans ses grandes étapes, l'histoire du concept de sujet, afin de faire apparaître par contraste le caractère révolutionnaire de la notion d'ipséité, dont il faut d'emblée rappeler qu'avant Ricœur, c'est à Heidegger que nous la devons.

I. Petite histoire de la notion de sujet

Loin d'être l'objet d'une expérience immédiate et universelle, celle proclamée par Descartes dans son célèbre « je pense donc je suis », le sujet est en réalité le résultat d'une interprétation déterminée, propre à la modernité, de l'être de l'homme. Si l'on se reporte au début de l'histoire occidentale, on s'aperçoit que l'être humain n'a d'emblée ni la conscience de son identité propre ni celle de sa responsabilité à l'égard des actes qu'il commet. Ces idées ont au contraire lentement émergé au cours de l'histoire. On sait que dans les sociétés archaïques, le sentiment de l'identité et de la responsabilité individuelle n'existe pas : le responsable de tel ou tel événement est une force supra-individuelle. On retrouve d'ailleurs encore cette idée dans nos institutions juridiques, lorsqu'il s'agit d'un crime passionnel ou du crime d'un dément : c'est une force supra-individuelle, la passion ou la folie, qui est jugée "responsable" en partie ou en totalité de l'acte accompli. Dans le domaine occidental, c'est dans la Grèce antique, qui est à l'origine de la pensée européenne, que s'est

2 – S. Freud, *Essais de Psychanalyse,* traduction de S. Jankélévitch, revue par A. Hesnard, Paris, Payot, 1977, p. 193.

3 – J.-M. Vaysse, *L'inconscient des modernes,* Paris, Gallimard, 1999, p. 383 sq.

progressivement développée l'idée de sujet responsable. On trouve à l'origine, chez Homère, une conception de l'homme fort différente de la nôtre[4]. Pour Homère, l'homme n'est pas véritablement un individu singulier, car l'homme homérique n'a pas encore accédé à la conscience d'être à l'origine de ses propres forces ni de ses propres actions : celles-ci dépendent de l'intervention des dieux. Il faudra toute une évolution de la société pour qu'apparaisse l'idée de personnalité autonome. C'est ce qui a lieu dans la poésie lyrique, où, à l'opposé du monde d'Homère, où l'homme n'a pas encore une forme définie, et où ses actions et ses sentiments sont déterminées par les forces divines, l'accent est mis sur la diversité humaine, sur ce qui constitue *l'individualité* dans ses préférences et dans sa manière de réagir aux événements. Or la poésie lyrique se développe au moment même où les cités se constituent en démocraties. La notion de conscience personnelle et l'ordre démocratique de la cité se forment ainsi au même moment, car la démocratie suppose la diversité des individus et s'appuie sur la notion d'individualité personnelle. C'est pourtant la philosophie qui va véritablement développer l'idée d'intériorité libre, l'idée d'âme *(psychè)*. Ce qui émerge ainsi avec Socrate, qui voit dans le « souci de l'âme » le premier devoir de l'homme, c'est l'idée de la *liberté de l'esprit* qui continuera à se développer avec le stoïcisme. Mais c'est avec le christianisme qu'apparaît une première ébauche de l'individu moderne. Par opposition en effet à l'idée grecque d'une participation de l'homme à un ordre universel, celui de la *phusis,* la coupure instaurée entre l'homme et le monde par la doctrine judéo-chrétienne d'un Dieu créateur a pour conséquence le repliement du chrétien, désormais coupé du reste du monde, sur son intériorité propre.

La notion d'identité et de responsabilité personnelles est donc le résultat d'une longue évolution qui est celle, favorisée par le christianisme, de la constitution de l'intériorité. Mais on n'a pas encore affaire à la conception d'un moi substantiel qui constituerait le socle permanent de l'identité humaine. La centration de l'homme sur lui-même, dont le résultat est la notion moderne de " sujet " ou de " moi " ne commence véritablement qu'avec Descartes et sa recherche d'un point archimédique, d'un point fixe et immuable dans lequel toute certitude trouve son origine. Elle a pour corollaire la déréalisation du monde et la survalorisation de l'expérience inté-

4 – Voir à ce sujet, Bruno Snell, *La découverte de l'esprit, La genèse de la pensée européenne chez les Grecs,* Paris, L'éclat, 1994, p. 17 sq.

rieure. C'est de cette « catastrophe ontologique » que nous sommes, en tant que modernes, les héritiers. L'être humain se trouve en effet par là tourné davantage vers la préservation de son moi que vers l'ouverture au monde. Il en résulte d'une part l'impossibilité, patente chez Descartes, de rendre compte de l'existence des autres sujets, ce qui conduira au solipsisme, cette doctrine consistant à affirmer que le moi individuel est toute la réalité, qui culmine chez Berkeley, philosophe irlandais du début du XVIIIe siècle ; d'autre part l'idée d'une substantialité et d'une intemporalité de la subjectivité, dont on retrouve encore la trace dans la théorie du moi transcendantal, dont Husserl affirme que, contrairement au moi empirique, il ne naît ni ne meurt. Il n'est guère étonnant à vrai dire que, comme l'a fortement souligné Michel Foucault dans son *Histoire de la folie* (1961), cet âge classique qui voit d'affirmer les pouvoirs du moi, porte parole de la raison, soit aussi celui du " grand renfermement ", c'est-à-dire de la création des maisons d'internement, lieux où sont rassemblés ceux qui ont sombré dans la déraison.

Il est vrai que, dans la philosophie allemande, la théorie cartésienne du moi-substance se voit battue en brèche, par Kant d'abord, qui, comme le souligne bien Heidegger, demeure fidèle aux phénomènes et trouve le point de départ de son analyse dans l'explicitation que l'existant donne de lui-même à travers le pronom personnel « je ». Il est ainsi conduit à définir le moi comme la conscience accompagnant toute expérience possible, c'est-à-dire comme une simple forme de la représentation, et non plus comme une substance préexistante. À sa suite, Fichte, le penseur du moi absolu, ne conçoit pas le moi comme une substance, mais au contraire comme un acte. Pour lui, le moi est du seul fait qu'il se pose. En d'autres termes le fait de dire « je » suffit à donner réalité à ce dernier. On pourrait dire que le moi ainsi compris est le résultat d'un énoncé performatif, d'un énoncé qui fait en disant. Car le moi n'est nullement préexistant à cette énonciation : contrairement à Descartes qui passe du dire « je suis » à cette chose, cette substance pensante qu'est le moi, Fichte considère que dire « je suis » n'est nullement *constater* un fait, mais au contraire *poser* le fait de l'acte par lequel le moi se constitue. Le moi n'est pas pour lui seulement le principe de tout savoir, mais il est aussi et surtout le principe de tout vouloir et de tout devoir-être.

Husserl, héritier à la fois de Kant et de Fichte, fonde sa théorie de l'ego transcendantal sur la dénonciation de l'erreur cartésienne consistant à faire de l'ego une substance pensante séparée[5]. Par cette confusion qui fait de lui le père de ce contresens philosophique qu'est le réalisme transcendantal, Descartes se ferme au sens véritable de la subjectivité transcendantale, dont Husserl montre non seulement qu'elle constitue sa propre identité à travers le temps, mais qu'elle procède également à la constitution des autres sujets. Avec Husserl, on a affaire à la théorie d'un moi non substantiel capable à la fois d'opérer la synthèse temporelle et de se donner la forme de l'intersubjectivité. Il n'est demeure pas moins que, malgré ces avancées décisives, Husserl ne parvient pas à rompre totalement avec l'idée d'une conscience constituant sa propre altérité et d'une préséance du moi à l'égard du temps comme à l'égard de l'autre.

II. La conception heideggérienne de l'ipséité

C'est contre l'ensemble de cette métaphysique de la subjectivité que se dresse Heidegger en 1927 en proposant une tout autre définition de l'être humain comme *Dasein* ou existant, mettant ainsi l'accent sur le caractère *relationnel* et non substantiel de l'être de l'homme, qui se voit défini selon la triple ouverture qui est la sienne au monde, à soi et aux autres existants. C'est ce qui va le conduire à abandonner les appellations généralement utilisées de « sujet » ou de « moi » pour désigner l'être de l'homme, au profit de la notion réflexive de soi *(Selbst)*. Heidegger l'affirme d'entrée de jeu, la question qu'il s'agit de poser à propos de l'existant, ce n'est pas la question « qu'est-ce que ? », la question qui s'enquiert de la quiddité ou de l'essence d'une chose, mais bien la question « qui ? »[6]. Car l'être de l'homme ne peut être pensé sur le modèle de la substance, ou, selon la formule frappante à laquelle Heidegger a plusieurs fois recours dans *Être et temps*, la « substance » de l'homme n'est en fait rien autre que l'existence elle-même[7]. Le mode d'être de l'homme est un pouvoir-être *(Seinkönnen)*, ce qui veut dire qu'il n'est pas une « substance » qui posséderait de surcroît la capacité de pouvoir, mais qu'il est pure possibilité, ce qui veut dire aussi qu'il est pure liberté, même si, comme nous le verrons, une telle liberté n'est pas totale et

5 – Cf. E. Husserl, *Méditations cartésiennes*, traduction de G. Peiffer et E. Levinas, Paris, Vrin, 1963, § 10.

6 – Cf. M. Heidegger, *Sein und Zeit*, Tübingen, Niemeyer, 1963, § 25 (la pagination allemande est indiquée en marge de la traduction de F. Vezin, *Être et temps*, Paris, Gallimard, 1986). Noté par la suite SZ.

7 – *Ibid.*, § 25 et 43.

ne peut consister qu'en l'assomption des déterminations de fait de l'existence, de ce que Heidegger nomme *Geworfenheit,* le fait pour l'homme d'être jeté dans l'existence sans l'avoir choisi.

Ce dont il faut cependant dans une telle perspective parvenir à rendre compte, c'est de la permanence non substantielle du soi. C'est en effet lorsqu'il s'est agi de déterminer ce qui fait l'unité de l'être humain que l'on a eu recours à la notion de moi, conçu comme le support de l'ensemble des accidents constituant le cours d'une existence singulière. La notion de sujet, de ce qui est « jeté en dessous », demeure en rapport étroit avec celle de substance, de ce qui " s'étend au-dessous ", car elle provient de l'interprétation qui a été donnée, dans la philosophie grecque, de la chose naturelle en tant qu'elle est considérée comme la somme de ses accidents ou qualités. Or on ne peut parler de rapport des « parties » à un tout que dans le cas d'une totalité obtenue par composition et addition, alors qu'il est impossible de considérer le développement d'une totalité existentielle sur le même modèle, puisque son devenir est celui d'un soi qui contient en lui-même tous les « moments » de son extension dans le temps. Heidegger rappelle à cet égard que la différence entre ces deux modes de la totalité était déjà connue des Grecs qui distinguaient *holon,* le tout au sens d'entier, de *pan,* le tout au sens de somme. Rendre compte de l'énigme de l'extension temporelle d'une existence singulière dans la suite des jours exige donc de reposer la question de l'entièreté du *Dasein,* de l'existant. Ce qu'il s'agit alors d'affronter, c'est le problème de ce que Dilthey nommait la « cohésion de la vie » *(Lebenzusammenhang)*, qu'il n'est pas question de penser comme une suite de vécus dont l'existant serait la somme, mais comme l'extension temporelle propre à l'être humain qui en tant qu'existant se tient constamment dans l'entre-deux de la naissance et de la mort[8]. Ce qui est ainsi écarté, c'est la représentation en termes de spatialité ou de successivité de cette extension propre au *Dasein*, car une telle représentation repose sur l'hypothèse de la préexistence d'un soi auquel il reviendrait seulement par après de s'étendre. La mobilité ainsi reconnue à l'existant n'est pas comparable à celle d'un mobile parcourant un espace, mais c'est une mobilité spécifique que Heidegger nomme l'« advenir »

8 – *Ibid.*, p. 374.

(Geschehen) de l'existant, c'est-à-dire ce qui constitue son historicité *(Geschichlichkeit)* propre[9].

En tant qu'advenir, l'être de l'existant est *d'emblée* constitué comme extension temporelle et non pas conçu comme un soi statique dont la relation avec le temps demeurerait problématique. Qu'est-ce que la temporalité en effet, sinon ce qui fait originairement sortir l'existant de lui-même, ce qui lui octroie ce que Heidegger nomme son caractère extatique ? Il faut ici rappeler que Heidegger a défini dans le § 65 de *Être et temps* la temporalité comme « l'hors de soi » originaire[10], comme ce qui empêche l'existant de se figer dans une identité statique avec lui-même. Avec l'analyse de l'advenir *(Geschehen)* de l'existant et celle de son historicité *(Geschichtlichkeit)*, Heidegger veut résoudre le problème du statut de l'ipséité et de la permanence du soi *(Selbst-ständigkeit)*. Car il ne faut pas considérer que l'ipséité est, comme le moi, le fondement constamment présent de l'être de l'homme[11], mais il s'agit au contraire de montrer selon quel mode l'existant *est* effectivement un soi. Or il faut pour cela se situer au niveau de l'existence "authentique", celle d'un existant qui se comprend lui-même à partir de son pouvoir-être fini et assume entièrement sa facticité.

Il ne suffit pas de dire « je » pour être authentiquement soi-même, car cela suppose un maintien de soi ou une fidélité à soi-même qui exige la prise de conscience de la singularité de sa propre existence. Heidegger montre avec force que l'être humain n'est pas d'emblée un être singulier et qu'il ne le devient que par la résolution d'assumer la finitude de son existence. Le point de départ de Heidegger n'est pas ici, comme c'est le cas dans la philosophie moderne depuis Descartes, la solitude de l'ego, mais au contraire la structure originaire d'un *Miteinandersein*, d'un être-ensemble des hommes. Comme il le souligne avec pertinence, l'existant se tient d'abord « sous l'emprise des autres »[12], ce qui implique que ses possibilités sont tout d'abord celles, anonymes, de tout le monde, de ce que Heidegger nomme le « On », qui est la forme impropre ou inauthentique de l'ipséité. On pourrait dire qu'à ce niveau, qui est celui de la quotidienneté, l'existant n'a pas encore de véritable

---

9 – *Ibid.*, p. 375.

10 – *Ibid.*, p. 389.

11 – *Ibid.*, p. 322.

12 – *Ibid.*, p. 126.

rapport à autrui, puisqu'il ne se distingue pas lui-même des autres et qu'il se compte au contraire lui-même au nombre de ceux-ci. Il n'accède à l'être soi-même, c'est-à-dire à la forme propre ou authentique de l'ipséité que lorsqu'il se *décide* pour telle ou telle possibilité d'existence déterminée. Cependant il ne produit pas *ex nihilo* ces possibilités d'existence, car en tant qu'être historique, c'est-à-dire partageant avec les autres un monde commun, il les trouve déjà prétracées comme possibilités d'existence ayant cours dans la tradition à laquelle il appartient. On pourrait donc dire que ce qui lui est ainsi proposé ce sont en quelque sorte des « modèles » d'existence qu'il peut ou non reprendre à son compte. Mais si le mode sur lequel l'existant se constitue comme l'héritier d'une tradition déterminée est celui de la *répétition* d'une possibilité d'existence qui a été, il ne faut pas comprendre celle-ci comme une simple réactualisation du passé, mais comme une *réplique* qui, parce qu'elle est retour non pas à du « passé » mais à du *possible ayant été,* est tournée vers l'avenir et ouvre ainsi le *Dasein* à sa propre histoire. C'est par cette attitude que Heidegger nomme *résolution* que l'existant, par la prise en charge la situation de fait qui est la sienne, accède à l'ipséité authentique et à ce que Heidegger nomme *Selbstständigkeit,* le maintien du soi, qui est une conquête et non une simple donnée de l'expérience.

La question de la « cohésion » d'un *Dasein* qui existe dans la dispersion des circonstances et des occasions ne se pose par conséquent que dans l'horizon de la quotidienneté, c'est-à-dire de l'existence « inauthentique ». Seul un être irrésolu doit pour sortir de la dispersion s'inventer *après coup* un principe d'unification. C'est uniquement pour lui que se pose la question de son unité. On voit par là que ce qui garantit la cohésion d'une existence n'est nullement, comme c'est encore le cas chez Husserl, la fonction régulative et synthétisante d'un moi transcendantal, mais uniquement l'assomption, de par la décision de l'existant lui-même, de l'historicité foncière de l'exister.

III. L'apport de Ricœur : la dialectique de l'ipse et de l'idem

Dans *Soi-même comme un autre,* le philosophe Paul Ricœur reprend, mais à sa manière, la tâche ainsi déterminée par Heidegger qui est celle d'une herméneutique du soi. Celle-ci, déclare-t-il d'emblée, veut « se tenir à égale distance du *Cogito* exalté par Descartes et du *Cogito* proclamé déchu par Nietzsche »[13]. C'est là un des motifs constants de la pensée de Ricœur qui parle dès sa première œuvre, la *Philosophie de la volonté*, d'un « cogito intérieurement brisé »[14], entendant par-là l'impossibilité pour l'ego, du fait de son incarnation, de se considérer jamais comme autonome.

Ce à quoi vise Ricœur, c'est, comme Heidegger, à " interdire au soi d'occuper la place du fondement"[15] tout en donnant malgré tout une réponse à la troublante question de l'identité personnelle, celle même qui a pu conduire le philosophe britannique David Hume dans son *Traité de la nature humaine* (1740) à considérer le moi comme une simple fiction. Il s'agit bien là aussi d'une mise en question radicale de la notion de sujet. Dès les premières pages de la préface, Ricœur expose de la manière la plus claire les trois intentions philosophiques majeures qui sont à l'origine de l'ouvrage. Il s'agit d'abord, par le recours à la notion de soi, de montrer qu'il n'y a pas une position immédiate du sujet comme moi, c'est-à-dire s'exprimant à la première personne, mais au contraire un accès indirect à celui-ci par la seule médiation de la réflexion. C'est sur ce premier point que Ricœur se rattache étroitement à la problématique de l'ipséité développée par Heidegger dans *Être et temps*. Il s'agit ensuite de distinguer les deux sens principaux de l'identité qui renvoient à l'opposition des termes latins *ipse* et *idem*. On a affaire ici à la problématique proprement ricœurienne de l'ipséité. Ricœur explique en effet que l'ipséité, contrairement à la mêmeté que connote le terme latin *idem*, dont est tiré le mot " identité ", ne se caractérise pas par la présence d'un noyau invariant de la personnalité, tel que le caractère, mais par un maintien de la cohésion du soi à travers le temps dont le paradigme est la promesse, dont on pourrait dire qu'elle joue chez Ricœur le rôle attribué à la résolution par Heidegger. Ce qui permet en effet le maintien de soi, c'est la permanence à travers le temps d'une promesse, d'une prescription ou d'une loi que le sujet s'est donné à lui-même et à laquelle il obéit en dépit de tout ce qui peut l'en détourner. Comme le résume fort bien Tatossian dans l'article précédemment cité : « L'expérience de la promesse évoque un type d'identité qui n'a rien à voir avec la persistance des qualités et des propriétés. Par là même, la fidélité

13 – P. Ricœur, *Soi-même comme un autre,* Paris, Seuil, 1991, p. 35.

14 – *Ibid.*, p. 17.

15 – *Ibid.*, p. 368.

à soi et donc le soi sont d'autant plus fondés que tout le reste a pu changer »[16]. La troisième intention majeure de l'ouvrage est lisible dans son titre même : c'est la dialectique du soi et de l'autre que soi, de l'ipséité et de l'altérité, d'une altérité qui peut être constitutive de l'ipséité elle-même, ce qui implique, à l'inverse de ce que semble prôner Heidegger, une dialectique de l'ipséité et de la mêmeté comme de deux aspects complémentaires de l'identité humaine. Pour Heidegger être authentiquement un soi-même exige de s'arracher à l'interprétation courante que l'être humain se donne de lui-même comme étant chosique. Pour Ricœur, qui situe son " herméneutique du soi " sur un plan intermédiaire entre une sur-évaluation et une sous-évaluation du moi, l'ipséité ne peut se garder pure de toute altérité, c'est-à-dire de toute mêmeté. Ricœur insiste sur la part d'étrangeté que comporte toute existence humaine, et décrit à cet égard plusieurs modes de l'altérité constitutive du soi dont les deux plus manifestes sont celle du corps propre et d'autrui. Il s'agit là de deux expériences différentes de passivité qui attestent que le soi doit en quelque sorte composer de manière interne avec l'autre que soi. Il faut donc faire droit à une dialectique de l'ipséité et de la mêmeté qui met nécessairement en rapport ces deux pôles contraires entre lesquels se déploie l'existence humaine.

C'est ce que Ricœur entreprend de montrer en mettant en évidence le caractère *narratif* de l'identité humaine. L'acte de narration est, comme Ricœur l'a expliqué dans ses travaux précédents sur *Temps et récit,* l'acte par lequel nous prenons connaissance du passé et il consiste essentiellement en une mise en intrigue qui a pour effet d'intégrer à l'unité concordante d'une histoire la discordance des événements. L'événement est source de discordance en tant qu'il surgit de manière inopinée et qu'il met ainsi en danger la stabilité de ce mode constant de comportement qu'on nomme caractère. Mais il est aussi source de concordance dans la mesure où toute narration procède par des ruptures qui, loin de l'interrompre, font au contraire avancer l'histoire. Comme Ricœur le souligne bien, il se produit par la mise en intrigue une inversion de la contingence en nécessité qui procède de cet acte configurant qu'est l'acte narratif[17].

16 – *L'art du comprendre, op. cit.,* p. 100.

17 – *Soi-même comme un autre, op. cit.,* p. 169.

Il y a en toute existence humaine deux manières différentes de se rapporter au temps : d'un côté il y a la permanence de style chosique d'un ensemble d'habitus, ce que l'on nomme le caractère, qui est aussi le côté prévisible de la personnalité ; et de l'autre la permanence de style existential et éthique, qui est celle du maintien du soi, de l'ipséité au sens authentique qui suppose l'assomption de l'imprévisible. Ricœur considère que l'identité humaine, dans la mesure où elle est de nature narrative, met constamment en jeu ces deux pôles contraires de la permanence dans le temps.

IV. Fécondité de la notion d'ipséité dans le domaine de la psychopathologie

Quelle leçon peut-on maintenant tirer de ces conceptions de l'ipséité dans le domaine de la psychopathologie ? Il faudrait sans doute commencer par mettre en lumière le caractère éminemment instable de l'identité humaine, dont Heidegger a le premier souligné qu'elle est le résultat d'une *conquête* et non pas une donnée de départ. De la même façon, Ricœur reconnaît que l'identité qu'il nomme narrative est constamment menacée de dislocation. Les penseurs de l'ipséité, contrairement à ceux de l'égoïté, ont mis en évidence non seulement la nécessaire ouverture à autrui, mais aussi le caractère temporel et l'inachèvement constitutif de toute existence singulière, dans la mesure où pour l'être humain, exister veut dire chercher ou tenter de se donner une cohérence ou un sens de la vie, ce que Dilthey nommait justement *Lebenszusammenhang.* On pourrait à partir de là parler d'une crise constitutive de l'identité dont la psychose ne constituerait finalement que la forme la plus aiguë. Se maintenir à travers les événements contingents sous la forme de cette fidélité à soi qui est aussi mémoire de soi, telle est la tâche que s'impose à lui-même l'existant en tant précisément qu'il s'ouvre à ce qui lui vient au lieu de s'enfermer dans une unité substantielle close. Il n'y a ainsi de maintien de soi ou de fidélité à soi que dans l'acceptation de sa propre vulnérabilité ou, comme le dit encore Heidegger, dans l'assomption d'une ouverture du *Dasein,* de l'existant, aux coups du sort, au destin, en bref à la contingence de l'événement[18].

C'est sur la notion d'événement que Heidegger et Ricœur se rejoignent. Car c'est ce qui arrive de manière contingente qui appelle et exige la mise en intrigue, cette configuration par le récit qui

18 – SZ, § 74.

permet d'intégrer les discordances dans l'unité d'une histoire. C'est parce qu'il arrive de l'imprévu qu'il s'avère nécessaire après coup de le configurer sur le mode narratif. Comme Ricœur l'a bien mis en évidence, l'événement est à la fois la condition de possibilité *et* la condition d'impossibilité du récit, ce qui à la fois le requiert et le menace fondamentalement[19]. Il ne peut y avoir récit, c'est-à-dire configuration narrative, si l'on demeure sous le coup de l'événement contingent, comme c'est le cas dans la névrose traumatique, puisque la narration a pour effet d'effectuer cette synthèse de l'hétérogène par laquelle le sujet parvient à se reconnaître lui-même dans ce qui lui arrive de manière pourtant imprévisible. Il n'y a pas non plus de possibilité de configuration narrative dans le cas de la mélancolie, qui pourrait être comprise comme un repli stratégique du sujet dans une identité de type substantielle devant l'insoutenable menace que représente pour lui l'imprévisibilité de l'avenir. Si, dans la névrose traumatique, c'est la contingence absolument inassimilable de l'événement qui se répète sans cesse, dans la plainte mélancolique, c'est la contingence elle-même qui se voit conjurée et parfois même, comme c'est le cas dans le suicide mélancolique, violemment refusée. C'est ce que met bien en évidence la description que Hubertus Tellenbach (1914-1994), psychiatre allemand et grand représentant de la psychopathologie phénoménologique, donne du *typus melancholicus* dans son étude sur *La mélancolie.* Ce type de personnalité, qui se caractérise par l'attachement à l'ordre et l'hypertrophie du sens du devoir, présente une double perturbation de la possibilité de la réalisation de sa propre ipséité que Tellenbach nomme respectivement includence et rémanence[20]. Par includence il faut comprendre le fait pour le mélancolique de s'enfermer dans des limites qui sont celles de l'accomplissement régulier de ses tâches. Et c'est le fait de rester-en-arrière de soi-même que Tellenbach nomme « rémanence », laquelle se caractérise par le sentiment d'être en faute par rapport à ses propres exigences ou à celles d'autrui. L'intérêt de la description que fait Tellenbach du type mélancolique réside dans la mise en lumière de la structure d'includence-rémanence qui manifeste que cette personnalité n'est en mesure d'assurer sa sécurité subjective qu'en limitant l'espace de

---

19 – *Soi-même comme un autre, op. cit.*, p. 169.

20 – Cf. H. Tellenbach, *La mélancolie* (1961), traduction de L. Claude, D. Macher, A. de Saint-Sauveur, Ch. Rogowxki, présentation par Y. Pélicier, préface de V.-E. von Gebsattel PUF, Paris, 1979, p. 198 à 229.

son action et en liant constamment le présent avec le passé. Comme le psychiatre Alfred Kraus, à la suite de Tellenbach, le montre également, l'angoisse devant la perte de soi s'exprime dans la mélancolie, qui se caractérise par « une fixation sur le proche et le mineur »[21]. C'est parce que le mélancolique demande aux objets familiers qui l'entourent la confirmation de sa propre identité qu'il est si fortement attaché à l'ordre et à l'accomplissement régulier de ses activités. S'il se caractérise par son zèle, son amour du travail et la minutie avec laquelle il l'accomplit, c'est précisément parce qu'il lutte contre l'écoulement incessant du temps et qu'il tente, en travaillant jusqu'à la limite de l'épuisement, d'échapper à cette expérience d'un temps vide que sont pour lui les périodes de repos. Il y a chez le mélancolique une modification profonde des relations temporelles : le futur n'a de sens que par rapport à la tâche à accomplir actuellement, il est donc entièrement réifié. Alfred Kraus insiste sur la nécessité de bien distinguer le temps de travail du temps existentiel. Ce dernier est qualitatif, ce qui veut dire qu'aucun laps de temps n'y est identique à un autre, alors que dans le temps de travail on a affaire à des intervalles de temps identiques. On a d'un côté un temps répétitif et parfaitement mesurable, de l'autre une temporalité ouverte à l'imprévisible. C'est dans ce temps réifié que le mélancolique trouve refuge : il fait montre d'une incapacité à abandonner son travail, car la répétition sans avenir de l'identique lui permet ainsi d'échapper à l'imprévisibilité du temps existentiel. Le rôle social est en effet pour le mélancolique ce qui garantit son identité, une identité qui n'est pas à constituer toujours à nouveau selon les aléas de l'existence, mais qui est d'emblée donnée et qui renferme ainsi un futur fabriqué à l'avance. Ce que Alfred Kraus nomme l'hyper-identification à leur rôle conduit les mélancoliques à remplir celui-ci de façon, elle aussi, hypernormale, ce qui peut finir par les jeter dans la dépression la plus grave lorsque leurs prestations se voient, par suite de maladie par exemple, soit diminuées, soit totalement empêchées. Cette « hyper-identification à l'être », comme la nomme Kraus, qui aboutit à une véritable sclérose de l'identité, se caractérise par la prédominance d'un temps réifié et

---

21 – *Ibid.*, p. 111. Cité par Alfred Kraus dans "La temporalité dans la constitution prémorbide des mélancoliques", *Actualités psychiatriques* n° 5, mai 1986, p. 37. Voir également A. Kraus, *Sozialverhalten und Psychose Manisch-Depressiver*, Enke, Stuttgart, 1977.

d'un repli sur l'avoir-été dont le mélancolique ne parvient pas à se séparer et qu'il a tendance à vouloir inlassablement répéter.

Dans les deux cas de la névrose traumatique et de la mélancolie, ce qui apparaît donc impossible, c'est cette capacité à se constituer comme un soi à travers la durée et à s'ouvrir ainsi à l'imprévisibilité de l'événement, dont il n'est possible de rendre compte narrativement que dans l'après coup et à la voix moyenne, sur le mode du « Il m'est arrivé ». On saisit peut-être ici la véritable signification de ce pronom réfléchi qu'est le soi : ni passif, ni actif, il renvoie à cette voix moyenne qui s'exprime en français dans les verbes dits pronominaux, où l'action est à la fois faite et subie par le sujet. Il n'est pas sans intérêt de souligner que la véritable position de ce que la philosophie classique nomme « le sujet » n'est pas ici, dans son rapport à l'événement, en situation de totale maîtrise. La configuration narrative qui permet l'assimilation du contingent ne peut s'exprimer qu'au passé et exige un sujet au datif, manifestant par là la transformation d'une identité égoïque en une ipséité comprise comme ouverture et capacité d'accueil. C'est à partir de cette transformation qui fait passer le sujet du nominatif au datif qu'il est possible de comprendre ce que Ricœur nomme « identité narrative ». Car ici c'est l'identité de l'histoire qui fait en fin de compte celle de celui qui la vit.

Si l'accès à l'ipséité authentique se voit empêché dans la névrose traumatique et dans la mélancolie, il semble que ce qui la rend possible, à savoir la transformation du sujet égoïque en capacité d'accueil de l'imprévisible, soit plus fondamentalement encore mise en question dans ce que Ludwig Binswanger nomme la *Verstiegenheit,* la présomption du schizophrène, ainsi que dans cette perte de l'évidence naturelle, de la *Selbstverständlichkeit,* du monde, si bien analysée par Blankenburg[22] dont il fait quotidiennement l'expérience. Wolfgang Blankenburg (1928-2002), psychiatre qui a lui aussi appartenu, comme Hubertus Tellenbach et Alfred Krauss, au groupe de psychiatrie phénoménologique de Heidelberg[23], montre en effet que chez le schizophrène la réciprocité entre passivité et activité est brisée, alors que chez l'homme sain, le trouble du soi n'est pas absent, mais il est surmonté dans son état naissant, la

22 – Cf. W. Blankenburg, *La perte de l'évidence naturelle* (1971), traduction de J.-M. Azorin et Y. Totoyan, revue par A. Tatossian, Paris, PUF, 1991.

23 – Voir à ce sujet Philippe Cabestan et Françoise Dastur, *Daseinsanalyse,* Paris, Vrin, 2011, « Prolongements historiques », p. 121-136.

transcendance objective de l'événement mondain étant immédiatement reprise sur le mode de la tâche à accomplir Le vécu réceptif de l'homme sain n'est pas différent de celui du schizophrène, mais son autonomisation est empêchée par son union dialectique avec la spontanéité. Cela implique que les moments constitutifs de l'être humain ne sont pas indépendants les uns des autres. Mais dans le cas de la schizophrénie, ce qui est perdu, c'est le sol rassurant de la quotidienneté, et ce que Heidegger nomme l'ipséité inauthentique du On, dont il souligne que l'ipséité authentique n'est jamais que la modification existentielle[24]. Ce dont le schizophrène fait de manière catastrophique l'expérience, c'est de l'impossibilité, pour reprendre les termes de Heidegger, de s'inventer un principe d'unification ou de trouver refuge dans l'identification à un rôle social, comme parvient encore à le faire le mélancolique. Incapable de cette réification du temps qui est le propre de ce dernier, il est exposé sans défense au choc de l'événement et à l'épouvante qui l'accompagne. On peut voir en lui l'exemple d'une ipséité devenue incapable de prendre en charge sa propre facticité et vouée du même coup à cette retombée de l'existence au niveau de la pure chose, dont la catatonie donnait autrefois une saisissante image.

24 – SZ, p. 130.

LES ÉNIGMES DE L'IDENTITÉ

La question de l'identité est une question cruciale non seulement pour le schizophrène mais aussi pour celui qui se considère comme "normal". Certes, le nom même de la schizophrénie, mot qui fut forgé en 1911 par Eugen Bleuler, le directeur du Burghölzli, la célèbre clinique psychiatrique de Zurich, et qui signifie « dissociation de l'âme ou de l'esprit », nous incite à penser que la question de l'identité est tout particulièrement en jeu dans ce genre de maladie mentale. Mais même pour la personne qui se dit « normale », il n'est guère aisé de répondre à la question : « Qui suis-je ? ».

Il est évidemment possible de se définir soi-même par l'énumération de ses propres qualités physiques, mentales et sociales, mais une telle définition objective, même si elle est adéquate, reste toujours insuffisante et ne peut être véritablement acceptée par la personne en question. Cela provient du fait qu'une telle définition objective se fonde sur l'assimilation indue de l'être humain à un objet, lequel ne peut jamais être considéré que d'un point de vue extérieur, alors que l'être humain en tant que sujet participe de manière interne à son propre être ou existence. La question de l'identité, lorsqu'elle est appliquée à l'être humain, n'est pas « *Qu'est-ce* que je suis ?», mais « *Qui* suis-je ? », ce qui veut dire en réalité : « *Comment* est-ce que j'existe et comment est-ce que je me rapporte à moi-même en tant qu'être humain ? ». Un objet et un être humain sont deux sortes d'être différents et possèdent deux formes différentes d'identité, lesquelles doivent être rigoureusement distinguées l'une de l'autre.

Mais ce qui les distingue, ce n'est pas seulement la différence qu'il y a entre l'extériorité de l'objet et l'intériorité du sujet, comme l'affirme la philosophie moderne depuis Descartes. La notion de subjectivité, comprise en tant qu'intériorité, est, nous le savons, le résultat d'un long processus historique. Il a fallu en effet beaucoup de temps avant que l'être humain devienne conscient de son individualité et de sa liberté. Si l'on se réfère aux débuts de l'histoire de l'humanité, on découvre que l'être humain ne possède pas alors la conscience de sa propre identité et responsabilité, et nous savons que dans les sociétés archaïques le sentiment de l'identité individuelle n'existe pas, la responsabilité pour tel ou tel événement étant attribuée à une force supra-individuelle ou à un esprit. On peut en effet retracer les étapes du développement de l'idée occidentale de sujet en commençant par l'apparition de la notion de conscience personnelle dans l'antiquité grecque, lorsque la démocratie devint la forme de gouvernement des cités, puis de la notion de liberté de l'esprit qui culmine dans l'idée chrétienne d'intériorité, laquelle trouve son expression la plus accomplie avec les fameuses « Confessions » de Saint Augustin qui furent écrites à la fin du IVe siècle de notre ère.

Il n'en demeure cependant pas moins que la notion moderne de sujet ou d'ego ne fait son apparition qu'avec Descartes, qui, dans sa quête d'une base fixe sur laquelle fonder la connaissance, trouve celle-ci dans la certitude apodictique du *« cogito sum »* par lequel l'identité de la pensée et de l'être est fermement établie. Le résultat de cette valorisation excessive de l'expérience interne qui définit l'homme moderne peut conduire à la théorie absurde du solipsisme, laquelle consiste à affirmer que l'ego individuel constitue l'unique réalité. En outre, Descartes, dans un passage fameux de ses *Méditations métaphysiques*, transforme la question « Qui suis-je ? » en cette autre : « Que suis-je ? », ce qui l'amène à définir l'ego comme une *res cogitans*, une « chose pensante ». Cette affirmation a servi de base philosophique à l'assimilation funeste de la personne à une chose, ce qui a permis d'appliquer à l'ego la notion de « sujet » compris comme une entité substantielle et atemporelle.

Il n'est donc nullement surprenant que cette théorie d'un ego substantiel soit devenue un objet de controverse dans la philosophie moderne, non seulement avec Hume, ce philosophe écossais du XVIIIe siècle qui considérait qu'un tel ego ne peut être qu'une fiction, mais aussi avec Fichte, ce philosophe allemand de la fin du même siècle qui voyait dans l'ego une pure activité, de sorte que c'est uniquement le fait de dire « je » qui, selon lui, donne à ce dernier une réalité. On pourrait dire, en utilisant une terminologie empruntée à John Austin, l'auteur d'un texte célèbre paru en 1962 et intitulé « Quand dire c'est faire »[1] que pour Fichte, l'ego est le résultat d'un énoncé performatif, du fait que selon lui, par opposition à Descartes, l'ego ne préexiste pas à l'énoncé « je suis », de sorte que cet énoncé n'est pas la constatation d'un fait, mais au contraire l'acte de naissance d'un nouvel être. Cette critique de la définition

1 – J. Austin, *Quand dire c'est faire*, traduction de G. Lane, Paris, Seuil, 1970 ; *How to do things with Words: The William James Lectures delivered at Harvard University in 1955*, Oxford, Urmson, 1962.

cartésienne de l'ego a été reprise au XXe siècle par Husserl, le fondateur de la phénoménologie, qui, dans ses *Méditations cartésiennes,* a commencé par accuser Descartes d'avoir indûment confondu le sujet avec une chose pensante et a, quant à lui, développé la théorie d'un ego non substantiel défini, à l'instar de Fichte, comme une pure capacité de synthèse temporelle.

Mais celui qui a réellement rompu avec la définition moderne de l'homme comme sujet n'est autre que Heidegger. Dans *Être et temps*, son œuvre majeure, parue en 1927, Heidegger définit l'être humain comme *Dasein* ou existence et met ainsi l'accent sur l'être relationnel et non pas substantiel de l'homme, qui est alors compris comme essentiellement ouvert au monde, aux autres êtres humains et non humains, et à lui-même. Le mot « sujet », qui a été utilisé depuis le début des Temps modernes comme nom traditionnel de l'être de l'homme, doit ainsi selon lui être laissé de côté, car l'usage d'un tel nom implique, de manière indue, que quelque chose demeure inaltéré sous la continuelle succession d'événements qui constitue l'existence d'un être humain. Heidegger explique que la question qu'il s'agit de poser à l'égard d'un être humain n'est pas la question philosophique traditionnelle, *ti to on ?* « Qu'est-ce que c'est ?, qui est une question concernant l'essence de quelque chose, mais « Qui est-il ou qui est-elle ? » question qui concerne la modalité de l'existence de celui ou celle qui est ainsi questionné[2].

Mais il s'agit ici de prendre le mot « existence » dans son sens littéral : *existere* signifie en latin sortir de la stance, d'une position fixe, commencer à se mouvoir, ce qui implique que toute existence prend place dans le temps et implique un changement continuel. L'existence temporelle de l'être humain implique dès lors un processus temporel constant par lequel l'être humain échappe continuellement à lui-même et est donc constamment en quête de lui-même. C'est ici seulement que nous rencontrons dans toute son extension la difficile question de l'identité de l'être humain, car il n'est plus alors possible de parler de l'identité d'un être qui demeure toujours le même à travers le passage du temps, comme c'est le cas d'une chose. Je suis et en même temps je ne suis plus l'enfant que j'étais, et de la même manière je suis déjà et je ne suis pourtant pas encore le vieillard que je deviendrais peut-être. Cette distance interne entre

---

2 – M. Heidegger, *Sein und Zeit,* Niemeyer, Tübingen, 1963, § 25. (la pagination du texte allemand est indiquée en marge de la traduction française de F. Vezin, *Être et temps,* Paris, Gallimard, 1986).

présent, passé et avenir est l'origine du problème identitaire pour l'être humain en général. Mais cette distance interne à l'égard de soi-même est aussi la source de la liberté de l'être humain en tant qu'il peut ou non assumer ce qu'il fut dans le passé et qu'il peut aussi former de nouveaux projets pour l'avenir. L'homme est ainsi cet être étrange qui n'est pas soumis au principe logique de l'identité. Comme l'a dit Sartre dans une formule fameuse, l'être humain est « un être qui est ce qu'il n'est pas et qui n'est pas ce qu'il est »[3]. Cela veut dire aussi qu'il n'est pas soumis au principe logique de causalité, puisque son passé peut être sans effet sur lui s'il décide de rompre avec lui, comme par exemple dans le cas de la conversion d'Augustin à la religion chrétienne qui donna naissance à un être totalement différent de celui qu'il avait été auparavant.

Cela ne veut pourtant pas dire qu'il est devenu impossible de dire « je », et que, comme Hume le pensait, le moi n'est qu'une fiction. Je peux au moins dire de moi-même que je ne suis plus celui que j'étais et que je serai dans l'avenir différent de ce que je suis maintenant. Prendre conscience de cela ne permet plus de tracer une ligne nette de séparation entre l'homme normal, qui est censé avoir une claire idée de lui-même, et le malade mental, dont l'identité n'est pas attestée de manière certaine. Car tout humain en tant que tel, dans la mesure où il n'est pas mais existe, doit assumer l'inconsistance de sa propre identité. C'est ce que Heidegger voulait dire lorsqu'il définissait l'être humain comme un être pour lequel il y va de l'être et donc aussi de son propre être[4]. Que sa propre identité puisse être en crise ne constitue pas seulement une expérience pathologique, mais c'est au contraire le régime normal de l'être humain en tant que tel. En tant qu'êtres censés « normaux », nous sommes souvent tentés de nous attribuer une identité stable en nous identifiant à notre statut corporel, sexuel ou à notre fonction sociale. Je peux par conséquent dire que je suis grand ou petit, blanc ou noir, vieux ou jeune, femme ou homme, homosexuel ou hétérosexuel, et me définir à partir de la profession que j'exerce. Mais toutes ces identités objectives ne sont que des déguisements ou des masques qui ne peuvent me définir de manière essentielle précisément parce que j'ai à me référer à elles, c'est-à-dire à les assumer ou non afin de les rendre significatives à l'égard de mon propre être.

3 – *L'être et le néant, op. cit.*, p. 93.

4 – *Sein und Zeit, op. cit.*, § 10, p. 42.

Il est en effet impossible d'être un enseignant, un psychiatre ou un juge au sens où cette table est une table, parce qu'enseigner, soigner ou juger sont des rôles sociaux qu'il s'agit pour l'individu d'assumer dans des circonstances déterminées et non pas de manière permanente, et cela est également valable pour les qualités physiques telles que l'âge, la taille, la couleur de la peau, le sexe et les préférences sexuelles, qui ne peuvent me définir de manière intrinsèque que si j'en décide ainsi, ce qui implique qu'elles peuvent ne pas faire partie de moi de manière inéluctable.

***

Dans le bref discours qu'il tint en 2012 dans le colloque marquant son départ à la retraite, le psychiatre suisse Pierre Bovet (1946-2014) évoquait le rôle majeur qu'a joué non seulement dans sa formation de psychiatre, mais aussi dans la compréhension de sa propre histoire personnelle, l'un des malades qui lui avait été confié, Jean D. C'est, expliquait-il, cette « intrication » entre son histoire et celle de son patient qui lui a permis de comprendre que les malades dont il avait la charge étaient confrontés à des énigmes fondamentales concernant leur place dans le monde et la société, énigmes qu'ils ne peuvent résoudre seuls. Il déclarait à ce sujet : « Il n'y a évidemment pas de réponse 'objectivement juste' à ces questions, à ces énigmes identitaires. Il n'y a que des réponses qui, pour un temps, nous permettent d'avancer, de consolider quelque chose. Ces réponses, ce sont diverses rencontres qui, dans le partage intersubjectif, nous en facilitent l'élaboration »[5].

Or c'est par ces mêmes mots, « rencontre », « partage intersubjectif », que Pierre Bovet définissait dans un article paru en juin 2010 ce qui constitue le fondement même de cette approche phénoménologique des troubles psychiatriques pour laquelle il reconnaissait avoir « une certaine inclination »[6]. Car, comme il le rappelait dans le même texte, Husserl, le fondateur de la phénoménologie, a bien souligné qu'il ne s'agit pas en phénoménologie

5 – P. Bovet, « Méditations d'étape », *Le sens fondamental de soi et ses troubles, Plaidoyer pour une psychothérapie des psychoses,* Pierre Bovet, Michèle Gennart et Jacques Thonney (dir.), Paris, Vrin, Le Cercle herméneutique, 2018, p. 175.

6 – P. Bovet, « Identité et temporalité dans la rencontre thérapeutique avec les patients schizophrènes », Exposé à la IVe journée de l'ISPS-Suisse, Malévol, 4 juin 2010, p. 1.

d'expliquer *(erklären)* les phénomènes, mais simplement d'élucider *(aufklären)* leur sens[7], ce qui implique, déclarait-il dans un autre texte publié la même année, pour le thérapeute qui voudrait se situer dans la « mouvance » de la phénoménologie, de mettre entre parenthèses toutes les théories préétablies concernant l'étiologie des troubles psychiques pour s'ouvrir à l'expérience vécue de la rencontre avec le patient[8]. Plutôt que d'endosser le rôle d'un « expert neutre de la vie intrapsychique », le thérapeute doit donc se poser comme « un être humain prototypique », ce qui lui permet seulement d'élaborer des hypothèses concernant les préoccupations existentielles du patient sans tenter de rendre compte de son comportement à partir de « mécanismes interprétés »[9]. Cela implique que, pour le psychiatre ou le thérapeute, le plus important est la relation qu'il entretient avec le patient, lequel n'est pas considéré comme un « cas clinique », comme un exemple particulier de maladie mentale, telle qu'elle est définie dans le manuel de psychiatrie, mais comme une existence qui doit être comprise dans sa spécificité et non pas considérée comme « déficiente » par rapport au mode d'être dit « normal » de l'homme.

Les deux références majeures à cet égard sont pour Pierre Bouvet Eugène Minkowski et Ludwig Binswanger, les fondateurs de la psychiatrie phénoménologique. On sait en effet que, suivant en cela les traces de son grand père, le fondateur de la clinique Bellevue de Kreuzlingen, qui considérait que ses patients devaient prendre part à sa vie familiale, Binswanger avait lui aussi institué la pratique quotidienne de repas du soir pris en commun par les malades et les médecins. Dans « De la psychothérapie », un texte écrit en 1935, il engageait le médecin à établir avec le malade une relation existentielle de communication et de confiance, confiance qui, précisait-il, est « le cadeau que le malade fait au médecin » et qui est « la condition *sine qua non* de tout acte psychothérapeutique »[10]. La

7 – E. Husserl, *Recherches logiques*, traduction de H. Elie, L. Kelkel, et R. Schérer, Paris, PUF, 1969, première partie, tome II, 1969, § 7, p. 23.

8 – P. Bovet, « Interventions psychothérapeutiques auprès de schizophrènes en psychiatrie publique ambulatoire. Notes inspirées de la phénoménologie », *L'information psychiatrique*, n° 4, avril 2002, p. 353.

9 – *Ibid.*, p. 354.

10 – L. Binswanger, *Introduction à l'analyse existentielle*, traduction de. J. Verdeaux et R. Kuhn, Préface de R. Kuhn et H. Maldiney, Paris, Éd. de Minuit, 1971, p. 126.

relation thérapeutique n'était pas en effet pour lui celle d'un sujet (le médecin) à un objet (le malade) mais une relation dont le patient est un partenaire et qui repose sur une rencontre, c'est-à-dire un être-ensemble qui, selon Binswanger, qui reprenait ici les analyses et le vocabulaire de Heidegger, est inséparablement un être-dans-le-monde et un être-avec-les- autres. On voit ici clairement que la phénoménologie psychiatrique ou *Daseinsanalyse*, comme Binswanger l'a nommée dans les années 1940, dans le sillage de la lecture qu'il fit dès 1928 de *Être et temps*, ne vise pas à expliquer par ses causes la maladie mentale, mais au contraire à comprendre en lui-même le monde du malade.

Quant à Eugène Minkowski (1885-1972), qui a connu Husserl et Binswanger et travaillé au Burghölzli, il affirmait que « le "psychique" trouve son fondement non uniquement dans les relations organo-psychiques, mais encore dans les primitives et fondamentales relations interhumaines »[11] et il définissait l'attitude phénoméno-psychopathologique à partir de l'opposition qu'il établit entre l'être malade et l'être différent. Voici en effet ce qu'il déclarait au sujet de ce qu'il nommait un « point crucial » : « Ce n'est plus "être malade" qui sert en premier lieu de porte d'entrée à nos investigations, mais *être différemment* [...] Nous avons au premier abord un être radicalement différent devant nous, et par le vocable "radicalement" nous traduisons qu'il s'agit de tout autre chose que de simples différences individuelles, comme nous le constatons à chaque pas dans la vie courante, ni de ces graduations qui, sur le plan empirique, peuvent mener insensiblement du normal au pathologique »[12].

C'est cette idée d'un être « différent » des patients psychotiques que Pierre Bovet a repris à son compte, en rappelant que, pour Manfred Bleuler aussi, on peut reconnaître dans le phénomène des psychoses « quelque chose d'humain en général », ce qui implique que « les patients psychotiques ne nous soient pas totalement aliénés, fondamentalement étrangers et étrangers »[13]. Car, comme le soulignait Minkowski, « c'est l'humainement commun qui prime, et de loin, les individus isolés »[14], et c'est la rupture avec cette réa-

---

11 – E. Minkowski, *Traité de Psychopathologie*, 1966, Paris, PUF ; Les Empêcheurs de Penser en Rond, 1998, p. 29.

12 – *Ibid.*, p. 80.

13 – P. Bovet, « Identité et temporalité », *op. cit.*, p. 1.

14 – *Traité de Psychopathologie, op. cit.*, p. 123.

lité humaine primordiale qui constitue l'essence même de la folie, rupture que Minkowski dans la thèse de médecine qu'il soutient en 1926 thématisera sous le nom de « perte de contact vital avec la réalité », notion qui lui permettra de montrer dans le livre qu'il publie l'année d'après sur *La schizophrénie*, que ce que le schizophrène perd, c'est tout ce qui fait le caractère vivant de sa relation à autrui. Voici en effet ce qu'il disait de cette maladie mentale à laquelle Bleuler avait donné le nom de schizophrénie : « Sur bien des points je m'écarte de Bleuler, et plus particulièrement, sous l'influence de Bergson, je vois le trouble initial de la schizophrénie non pas dans un relâchement des associations, mais dans la perte de contact vital avec la réalité; c'est de cette perte de contact que j'essaie de déduire les symptômes cardinaux et les manifestations les plus caractéristiques de la schizophrénie »[15].

C'est aussi à partir de l'intérêt qu'il porte à la schizophrénie, dans laquelle, comme Minkowski, il ne voit pas une maladie mentale parmi d'autres, mais la maladie mentale par excellence, que Pierre Bovet va être amené à centrer une grande partie de son travail autour de la notion d'identité. La question de l'identité est une question cruciale non seulement pour le schizophrène mais aussi pour celui qui se considère comme « normal ». Certes, le nom même de la schizophrénie, mot qui fut forgé par Bleuler pour remplacer celui de « démence précoce » et qui signifie « dissociation de l'âme ou de l'esprit », nous incite à penser que la question de l'identité est tout particulièrement en jeu dans ce genre de maladie mentale. Mais même pour la personne qui se dit « normale », il n'est guère aisé de répondre à la question : « Qui suis-je ? ». Dans le texte intitulé « Identité et temporalité » qui a déjà été mentionné, Pierre Bovet affirme qu'il s'agit, du point de vue phénoménologique, d'explorer « les diverses facettes de l'identité sans tenter de la réduire, comme ce fut le cas dans la philosophie classique, à la notion d'ego, car on court alors le risque d'une part d'accorder une valeur excessive à l'expérience intérieure et d'autre part de la considérer comme une entité substantielle et atemporelle. Il faut donc bien voir que pour l'être humain la question de l'identité, comme Heidegger l'avait bien souligné[16], n'est pas d'abord celle du « que suis-je ?, mais bien du « qui suis-je ? », puisqu'il s'agit avec l'homme

15 – E. Minkowski, *La schizophrénie,* Paris, Payot, 1997, p. 5.

16 – M. Heidegger, *Être et temps,* traduction de F. Vezin, Paris, Gallimard, 1986, § 11, p. 53.

d'un existant et qu'« exister, dans son sens littéral, c'est quitter une position fixe, c'est se mettre en mouvement », de sorte qu'il faut commencer par reconnaître, comme Merleau-Ponty le déclare dans l'Avant-Propos de la *Phénoménologie de la perception*, qu'« il n'y a pas d'homme intérieur », car l'homme est au monde et « il se définit essentiellement par les relations qu'il entretient avec le monde et ses semblables »[17].

La question de l'identité, lorsqu'elle est appliquée à l'être humain, est donc bien, comme Pierre Bovet le souligne avec raison, « l'entrelacement » des deux questions « *Que* suis-je ?» et « *Qui* suis-je ? », ce qui veut dire en réalité : « *Comment* est-ce que j'existe en tant qu'être humain ? ». Or une telle question concerne la modalité de l'existence de celui ou celle qui est ainsi questionné, exister pour l'être humain impliquant un processus temporel constant par lequel il échappe continuellement à lui-même et est donc constamment en quête de lui-même. C'est ici seulement que nous rencontrons dans toute son extension la difficile question de l'identité de l'être humain, car il n'est plus alors possible de parler de l'identité d'un être qui demeure toujours le même à travers le passage du temps, comme c'est le cas d'une chose. Comme le dit bien Pierre Bovet, « A la fois, je suis toujours et je ne suis plus l'étudiant en médecine que j'ai été ; à la fois je suis déjà et je ne suis pas encore un psychiatre à la retraite. Tout être humain psychotique ou non, doit assumer cette inconsistance de l'identité »[18].

Cette distance interne entre présent, passé et avenir est l'origine de l'énigme que constitue la question de sa propre identité pour l'être humain en général. Que sa propre identité puisse être en crise ne constitue pas seulement une expérience pathologique, mais c'est au contraire le régime normal de l'être humain en tant que tel. En tant qu'êtres censés « normaux », nous sommes souvent tentés de nous attribuer une identité stable en nous identifiant à notre statut corporel, sexuel ou à notre fonction sociale. Je peux par conséquent dire que je suis grand ou petit, blanc ou noir, vieux ou jeune, femme ou homme, homosexuel ou hétérosexuel, et me définir à partir de la profession que j'exerce. Mais toutes ces identités objectives ne sont que des déguisements ou des masques qui ne peuvent me définir de manière essentielle précisément parce que j'ai à les assu-

17 – P. Bovet, « Identité et temporalité », *op. cit.*, p. 2.

18 – *Ibid.*

mer afin de les rendre significatives à l'égard de mon propre être. Il est en effet impossible d'être un étudiant ou un psychiatre au sens où cette table est une table, parce qu'étudier ou soigner sont des rôles sociaux qu'il s'agit pour l'individu d'assumer dans des circonstances déterminées et non pas de manière permanente, et cela est également valable pour les qualités physiques telles que l'âge, la taille, la couleur de la peau, le sexe et les préférences sexuelles, qui ne peuvent me définir de manière intrinsèque que si j'en décide ainsi, ce qui implique qu'elles peuvent ne pas faire partie de moi de manière inéluctable.

Il y a certes chez tous les êtres humains une forte tendance à s'identifier à ces identités objectives, au sens où il semble que ce soit là une manière de trouver une solution au problème que nous sommes pour nous-mêmes aussi longtemps que nous vivons. L'identification, à savoir la construction d'une identité devient ainsi très souvent la solution à notre problème d'identité, et cela peut même prendre des formes qui relèvent de la pathologie. Mais c'est aussi la preuve que nous devons en quelque sorte participer activement à notre propre être au lieu de le recevoir passivement comme s'il était déjà tout fait. Lorsque nous définissons l'être de l'homme comme un ego, ce qui est le cas dans la philosophie moderne depuis Descartes, nous impliquons tacitement par là que cet être est immédiatement donné, alors qu'en réalité il ne peut être atteint que de manière réflexive, à travers une flexion en arrière de la conscience sur elle-même. Nous devrions en effet plutôt parler de « soi » ou d'ipséité que d'ego ou de moi, et utiliser le pronom réfléchi pour désigner l'être de l'homme, comme le fait Heidegger[19]. Cela veut dire que le soi, en opposition à l'ego, n'est pas un donné, mais qu'il doit au contraire être conquis contre la dispersion temporelle de l'existence humaine et qu'il a besoin d'être maintenu dans le temps. L'être humain ne devient donc un soi que s'il prend son propre être sous sa responsabilité, et c'est précisément cette capacité à devenir responsable de soi qui est dramatiquement absente dans la psychose, la dépression profonde, la mélancolie et la manie et surtout dans la schizophrénie.

C'est une telle mise en question radicale de la notion de subjectivité que l'on trouve aussi dans le livre publié en 1990 par Paul

19 – Voir à ce sujet « Ipséité et pathologie mentale. Débat entre F. Dastur et J. Naudin », *PSN (Psychiatrie, sciences humaines, neurosciences)*, volume III, n° 12, mars-avril 2005, pp. 59-64.

Ricœur, *Soi-même comme un autre,* auquel Pierre Bovet se réfère dans « Identité et temporalité ». Ricœur distingue en effet deux sortes d'identité, qu'il définit à l'aide de deux mots latins, l'identité au sens d'*idem* et l'identité au sens d'*ipse*, en d'autres termes la mêmeté et l'ipséité. Cette opposition nous permet de comprendre que nous pouvons rester nous-mêmes sans rester les mêmes. Ricœur explique que l'ipséité, par opposition à la mêmeté, ne requiert pas que notre être possède un noyau dur demeurant inaltéré à travers le temps et qui consisterait en la permanence de nos traits physiques ou de notre caractère. L'ipséité requiert une autre sorte d'identité, une identité qui peut garantir la consistance de notre soi à travers les fluctuations de la vie et dont Ricœur trouve le paradigme dans la capacité humaine à tenir une promesse. Tenir sa parole, c'est, comme Ricœur y insiste, défier le temps et le changement et s'engager à demeurer fidèle à soi-même en dépit du fait que les désirs, les opinions et les convictions aient pu entre temps changer[20]. Contre Descartes, Ricœur montre que l'ego n'est donc pas immédiatement disponible, car la certitude du soi ne peut être atteinte qu'à travers une auto-attestation, terme qu'il emprunte à Heidegger, ce qui implique que l'être humain, afin d'être soi-même, doit en quelque sorte devenir son propre témoin.

L'importance donnée à la notion d'attestation conduit Ricœur à l'idée d'identité narrative, car être le témoin de soi-même implique la possibilité de devenir le narrateur de sa propre existence. Ce qui est par conséquent requis en tant que condition nécessaire de l'ipséité, c'est que tous les changements que nous subissons dans le cours de notre existence puissent être insérés dans le cadre d'une histoire sensée. Comme il l'expliquait dans son livre précédent, *Temps et récit*[21], nous ne pouvons devenir conscients du passé que si nous sommes capables d'intégrer des événements discordants dans l'unité d'une intrigue. Tout événement peut en effet être une source de discordance dans la mesure où il advient de manière soudaine et met ainsi en danger la stabilité du comportement humain. Mais il peut également être l'origine d'une nouvelle concordance avec soi-même dans la mesure où il peut donner un nouveau sens au cours d'une existence. La capacité d'unifier le cours des événements en les faisant entrer par voie de narration dans le cadre d'une unique

---

20 – P. Ricœur, *Soi-même comme un autre,* Paris, Seuil, 1990, p. 149.

21 – P. Ricœur, *Temps et récit,* tomes I, II et III, Paris, Seuil, 1983, 1984, 1986.

intrigue permet, comme le dit Ricœur, l'inversion de la contingence en nécessité[22]. Mais il y a deux manières différentes pour l'être humain de se rapporter au temps : d'une part, on trouve la permanence de cet ensemble d'habitudes qu'on nomme « caractère » et qui constitue le côté prévisible d'un individu déterminé, et d'autre part, il y a une autre sorte de permanence, celle éthique et existentielle du soi, qui implique l'assomption de l'imprévisible. Ricœur considère que l'identité humaine, dans la mesure où elle est narrative, fait constamment usage de ces deux sortes de permanence dans le temps. L'identité narrative est par conséquent ce qui assure la médiation entre l'identité en tant que mêmeté et l'identité en tant qu'ipséité.

Cette conception narrative de l'ipséité a cependant un autre but, car le projet de Ricœur dans *Soi-même comme un autre* consiste à mettre en relation l'ipséité et l'altérité. Or il y a également deux sortes d'altérité, l'une qui est propre au soi et qui concerne sa capacité de devenir autre et de changer, et une autre, qui lui est étrangère, et concerne la relation du soi à d'autres soi. Cette seconde sorte d'altérité implique que l'unité narrative d'une existence singulière est en fait toujours entrelacée à d'autres schèmes narratifs qui lui viennent des autres. Ricœur se réfère ici au livre du philosophe allemand Wilhelm Schapp, *Empêtrés dans des histoires,* paru en 1953[23], où l'auteur montre que nous sommes tous pris dans des histoires, de sorte que l'individu singulier n'a d'accès à un autre soi qu'à travers les histoires dans lesquelles ce soi est impliqué. Il semble par conséquent que le schème narratif qui s'applique à notre vie propre ne peut être que la continuation des histoires dans lesquelles nous sommes nous-mêmes pris, de sorte que l'unité narrative d'une existence, laquelle ouvre sur un champ narratif indéfini aussi bien du côté du passé que du côté de l'avenir, demeure hautement problématique, par opposition aux histoires littéraires qui ont, elles, un début et une fin bien définis[24].

Il nous faut dès lors admettre que le problème de l'identité humaine demeure finalement sans solution, non seulement parce que la relation de l'être humain à l'altérité du temps ne peut être

---

22 – *Soi-même comme un autre, op. cit.*, p. 169.

23 – W. Schapp, *In Geschichten verstrickt. Zum Sein von Ding und Mensch,* Hamburg, Meiner, 1953 ; *Empêtrés dans des histoires*, traduction de J. Greisch, Paris, Cerf, 1992.

24 – *Soi-même comme un autre, op. cit.*, p. 190-191.

maîtrisée de manière définitive, mais aussi parce que sa relation à l'altérité des autres soi ne lui permet pas de se considérer lui-même comme un soi complètement défini. A cet égard, ce qui doit être avant tout mis en évidence, c'est le caractère éminemment instable de l'identité humaine, qui n'est pas donnée, mais doit être conquise, comme Heidegger l'a bien montré. De la même manière, Ricœur reconnaît que l'identité narrative est toujours exposée au danger de dislocation. Tous deux ont mis l'accent sur l'incomplétude constitutive de la vie humaine, puisque pour l'être humain exister signifie constamment tenter de donner cohérence et sens à sa propre existence. Comme cela a déjà été souligné, on peut considérer que l'être humain souffre de manière constitutive d'une crise d'identité, laquelle prend une forme aigue chez le psychotique. La tâche que chaque être humain a à accomplir, c'est se maintenir lui-même à travers les événements contingents de sa vie, ce qui implique qu'il doit demeurer essentiellement ouvert à ce qui lui arrive au lieu de s'enfermer dans une égoïté close.

C'est précisément ce que Pierre Bovet met en évidence en soulignant que cette mise en intrigue par laquelle le sujet donne à sa propre histoire une cohérence, il ne « la fait pas pour lui tout seul », car elle est « tributaire des intrigues constituées par d'autres » et « constamment placée sous le regard d'autrui »[25]. Elle prend donc nécessairement place dans l'espace intersubjectif, de sorte, comme il le précise bien, « la construction de l'identité est indissociable de la présence d'un autrui et de la *relation* à cet autrui ; l'autrui comme un autre humain proche, mais aussi l'autrui "intrapersonnel" si je puis dire, cet étudiant qu'à la fois je ne suis plus et que je suis toujours, ce retraité qu'à la fois je suis déjà et que je ne suis pas encore »[26]. Il faut cependant que la construction de cette identité s'appuie sur un sol stable, celui du « sentiment de moi comme sujet de l'acte », de la « mienneté de l'expérience »[27] sentiment sur lequel repose la capacité pour un individu de se constituer comme un soi de manière durable et de s'ouvrir à un événement imprévisible, lequel ne peut être assumé que de manière narrative et par conséquent rétrospective. La position de ce que la philosophie moderne nomme « le sujet » n'est pas, dans sa relation à l'événement, le maî-

25 – P. Bovet, « Identité et temporalité », *op. cit.*, p. 3.

26 – *Ibid.*, p. 4.

27 – *Ibid.*, p. 5.

tre de la situation, il a au contraire à recevoir ce qui lui arrive et à tenter de l'assumer, ce qui implique que cette assomption ne peut avoir lieu qu'au passé et ne peut être énoncée que sous la forme « ceci ou cela m'est arrivé », où le sujet est le récepteur et non pas l'agent de ce qui a lieu. Comme Ricœur le souligne bien, c'est finalement l'identité de l'histoire qui constitue l'identité de celui qui la narre et non le contraire.

Or c'est précisément dans la schizophrénie que l'impossibilité d'exister de manière narrative atteint son point culminant, car l'absence de forme narrative coïncide ici avec l'impossibilité de se constituer comme un soi. Pierre Bovet affirme à cet égard que si la schizophrénie est bien une « maladie du cerveau » et repose « sur une base biologique », elle est aussi « une maladie de l'existence », de sorte que l'on ne peut pas aider les schizophrènes « sans s'adresser également à ces aspects existentiels » : c'est ce qui implique pour lui que « dans toute relation thérapeutique la question du sens de l'existence et de son ancrage intersubjectif soit abordée », car « le schizophrène se pose les mêmes questions que nous, mais peine à les mettre en intrigue, ce que le thérapeute doit faire pour lui en émettant des hypothèses et prendre en compte le contenu du délire »[28]. L'« identité crevassée » et « menacée » qui est celle de ces patients dont Pierre Bovet donne plusieurs exemples dans un article plus ancien[29] est la manifestation de ces troubles des fondements de l'identité que l'on peut également nommer des troubles de la présence au monde qui sont le lot de tous les humains, même si c'est dans la schizophrénie que l'impossibilité de se constituer comme un soi atteint son point culminant. C'est ce qui explique, comme le montre Pierre Bovet dans le discours qu'il tint au moment de prendre sa retraite, que le thérapeute lui-même puisse faire l'expérience d'une « intrication » entre sa propre histoire et celle de son patient, intrication qui seule peut lui permettre de comprendre que ces « énigmes fondamentales concernant leur histoire, leur place dans leur famille et le monde » que les schizophrènes ne parviennent pas à résoudre seuls, il ne peut leur donner de « réponses toutes faites ». Le « cadeau » inestimable que fait le patient à son thérapeute, et qu'a fait Jean D. à Pierre Bovet, c'est précisément de le rendre

28 – *Ibid.*, p. 3.

29 – P. Bovet, « Identité crevassée et identité menacée. A propos de troubles de l'intersubjectivité et de l'attachement en psychiatrie de l'adulte », *Médecine & Hygiène,* 2005/4, Vol. 25.

conscient qu'en tant que thérapeute, il ne peut que « déclencher » l'élaboration des réponses provisoires à cette lancinante question de l'identité, et seulement « placer l'étincelle au bon endroit et au bon moment ».

COHÉSION DE LA VIE, TEMPORALITÉ ET NARRATIVITÉ

La question de la « cohésion de la vie », c'est-à-dire, selon l'étymologie du mot cohésion, de ce qui lie ensemble les différentes parties d'un ensemble, est d'une grande importance, non seulement du point de vue de la psychothérapie, mais aussi du point de vue plus général de l'existence de l'homme moderne qui est plus que jamais menacé par la dispersion et en quête de cohérence. Dans les sociétés hautement technologiques dans lesquelles une grande portion de l'humanité vit aujourd'hui – les techniques de la communication (télévision, radio, téléphones portables, ordinateurs) ayant connu au cours des dernières décennies une considérable extension –, les êtres humains sont de plus en plus contraints de vivre sur plusieurs plans à la fois, virtuel et réel, et de s'adonner en même temps à une multiplicité de tâches, ce qui a pour conséquence de mettre en défaut ce que le neurologue Victor von Weizsäcker nommait le « principe de cohérence » *(Kohärenzprinzip)*, dans lequel il voyait la caractéristique fondamentale de l'être vivant. Dans son ouvrage le plus célèbre, *Le cycle de la structure (Der Gestaltkreis)*, ouvrage dont la première édition date de 1933 et qui fut traduit en français par Michel Foucault et Daniel Rocher en 1958[1], Weizsäcker réélaborait les thèses de la psychologie de la forme pour fonder une « anthropologie médicale » à la base de laquelle il y avait l'idée que les événements biologiques n'étaient pas des réponses fixes et ponctuelles à des stimuli du milieu, mais la création de *formes* de comportement toujours originales qui serviraient de *dispositions* ou de *conditions de possibilité* des formes à venir. Ce qu'il nomme « cohérence », c'est la relation qu'entretient un être vivant avec son milieu, ce qui implique que loin d'être séparés l'un de l'autre l'être vivant et le monde extérieur, le sujet et l'objet, sont au contraire dans cet état d'interdépendance que le biologiste Jakob von Uexküll avait déjà décrite dans un ouvrage

1 – V. von Weizsäcker, Le *Cycle de la structure*, traduction de M. Foucault et D. Rocher, préface de H. Ey, Paris, Desclée de Brouwer, 1958. Le titre complet de ce livre est Der *Gestaltkreis, Theorie der Einheit von Wahrnehmen und Bewegen* (Le cycle de la structure. Théorie de l'unité de la perception et du mouvement).

publié en 1934, *Mondes animaux et monde humain*[2], dans lequel il avait forgé le concept d'*Umwelt*, le monde environnant propre à chaque espèce vivante. Ce qui est particulièrement intéressant dans la conception que von Weizsäcker a de l'être vivant, c'est le fait qu'il le considère comme un être essentiellement en devenir, et donc constamment en crise, constamment mis en demeure de se transformer ou de s'anéantir, et pour lequel cet équilibre avec son milieu qu'il nomme cohérence n'est jamais à chaque instant qu'à conquérir et reconquérir.

On trouve de la même manière du côté des philosophes, en particulier de ceux qui appartiennent au puissant courant de la « philosophie de la vie », l'idée que ce qui caractérise ce vivant qu'est l'être humain, c'est qu'il ne peut nullement être « expliqué » à partir des composantes somatiques et psychiques de son être, mais qu'il doit au contraire être « compris » de manière globale. C'est à Wilhelm Dilthey que l'on doit cette révolution de pensée qui a consisté à montrer que le modèle épistémologique des sciences de la nature ne peut pas s'appliquer aux sciences de l'homme. Dans son *Introduction aux sciences de l'esprit,* parue en 1883, il a cherché à donner un fondement aux sciences humaines, dont la démarche épistémologique ne relève pas de l'expliquer *(Erklären)* propre aux sciences de la nature, qui procèdent par l'édification d'hypothèses permettant de déduire des faits individuels observés des lois générales, mais du comprendre *(Verstehen),* qui constitue la méthode des sciences de l'esprit dans la mesure où celles-ci ont affaire à des faits psychiques, à des vécus dont il s'agit de saisir le sens interne. « Nous expliquons la nature, nous comprenons la vie psychique »[3], déclare-t-il, car, au contraire de l'explication, qui consiste à mettre en relation des éléments isolés, la compréhension consiste à prendre en vue un ensemble de choses intimement liées entre elles. Ce qui caractérise en effet pour lui la vie, et tout particulièrement la vie psychique, c'est la « cohésion », le fait qu'elle est capable par elle-même de se donner une unité et de se mettre en adéquation avec son environnement. Pour le jeune Heidegger, qui parle encore de « vie » humaine et non pas d'existence ou de *Dasein*, termes qui n'apparaîtront qu'à partir de 1926, la pensée de Dilthey constitue

2 – Cf. J. von Uexküll, *Mondes animaux et monde humain* suivi de *Théorie de la signification*, traduction de Ph. Müller, Paris, Denoël, 1965.

3 – Cf. W. Dilthey, *Einleitung in die Geisteswissenschaften* (1883), traduction de S. Mesure, *Introduction aux sciences de l'esprit*, Paris, Cerf, 1992.

une référence majeure, qui va l'amener à concevoir l'être humain non plus comme une subjectivité essentiellement définie par son intériorité, mais au contraire comme un être dans le monde, lequel ne peut être compris qu'à partir des relations qu'il entretient avec celui-ci.

Il ne suffit pas néanmoins d'affirmer qu'il y a bien un *Lebenszusammenhang,* une cohésion de la vie, qui interdit qu'on la pense à partir d'éléments isolés. Car ce « cycle de la structure » que Weizsäcker découvre chez tout vivant ne signifie pas que tout s'unifie en lui de manière parfaite, mais au contraire qu'il s'agit d'un processus foncièrement inachevé, la cohérence dont il est question n'étant jamais que l'unité provisoire qu'un sujet forme avec son milieu. C'est ici que se pose la question de la temporalité de ce vivant qu'est l'être humain, dont l'existence s'étend entre ces limites que sont la date de sa naissance et celle de sa mort sans que l'on puisse cependant la considérer comme la simple somme d'une suite de vécus sans lien entre eux. C'est donc bien, avec la question de la cohérence, celle de l'unité dans le temps d'une existence singulière qui se pose. Est-il légitime en effet de considérer l'existence humaine comme la *série* des événements qui prennent place entre la naissance et la mort ? Et si l'on compare, comme le fait par exemple Sartre, l'existence à une mélodie, ne doit-on pas, avant tout, se demander si celle-ci ne consiste qu'en une simple *succession* de notes ? Avec du sériel et du successif, on ne parviendra jamais à faire *une* existence, mais tout au plus à rendre compte du mode d'être de la chose. Peut-on supposer en effet que l'existence humaine se compose de parties successives qui s'ajoutent extérieurement les unes aux autres ou bien ne doit-on pas plutôt reconnaître que le sujet entretient de manière continue une relation avec son passé et son avenir et qu'il constitue ainsi un « tout » dans lequel on ne peut jamais distinguer des « parties » ? On ne peut en effet parler de rapport entre des « parties » et un tout que dans le cas d'une totalité obtenue par composition et addition, alors qu'il est impossible de considérer le développement d'une totalité vivante sur le même modèle, puisque son devenir est celui d'un « soi » qui contient en lui-même tous les « moments » de son extension dans le temps. Il faudrait ici rappeler que la différence entre ces deux modes de la totalité était déjà connue des Grecs qui distinguaient *holon,* le tout au sens d'entier, de *pan,* le tout au sens de somme.

On ne peut donc pas en rester, en ce qui concerne le temps vécu, à la simple idée d'un temps compris comme la succession d'instants ponctuels sur la ligne du temps. C'est cette conception d'un temps linéaire et discontinu qui s'avère insuffisante. Il faudrait ici souligner que c'est Henri Bergson, le premier, qui a mis en évidence le fait que la conscience ne peut pas être considérée comme ponctuelle et limitée à un seul « maintenant ». Comme il le déclare, « conscience signifie d'abord mémoire », de sorte qu'une conscience instantanée se confondrait purement et simplement avec l'inconscience même : Voici en effet ce qu'il écrit : « Une conscience qui ne conserverait rien de son passé, qui s'oublierait sans cesse elle-même, périrait et renaîtrait à chaque instant : comment définir autrement l'inconscience ? Quand Leibniz disait de la matière que c'est un esprit instantané, ne la déclarait-il pas, bon gré, mal gré insensible ? Toute conscience est donc mémoire, – conservation et accumulation du passé dans le présent »[4]. On retrouve la même idée chez Husserl qui prend pour exemple la perception de cet objet temporel qu'est une mélodie[5]. On ne pourrait pas en effet percevoir la mélodie si la conscience se réduisait à ce qui est à chaque fois ponctuellement présent, par exemple à la note et au son isolé, car cela voudrait dire qu'il n'y a pas de perception au sens propre de la mélodie, dont l'unité devrait alors être reconstituée par l'entendement ou l'imagination. Husserl oppose à une telle conception l'idée d'une conscience qui par son intentionnalité échappe à l'enfermement dans le présent ponctuel et qui par conséquent est capable d'embrasser aussi le non actuellement présent, c'est-à-dire le passé et le futur proches. Cette conscience n'est donc pas purement impressionnelle, c'est-à-dire déterminée par l'impression sensorielle présente, mais aussi rétentionnelle et protentionnelle, au sens où les phases sensorielles ne se juxtaposent pas les unes aux autres mais sont liées ensemble selon une modification continue par laquelle elles sont à la fois retenues et anticipées durant toute l'extension de l'acte perceptif. Ce que Husserl nomme en effet rétention ou souvenir primaire doit être soigneusement distingué de la remémoration ou souvenir secondaire par lequel on rend présent un passé qui avait cessé de l'être. Cette rétention du tout juste passé dans le

4 –Cf. H. Bergson, « La conscience et la vie » (1911) in *L'Énergie spirituelle* (1919), *Œuvres,* Paris, P.U.F., 1963, p. 818.

5 – Cf. E. Husserl, *Leçons pour une phénoménologie de la conscience intime du temps,* traduction de H. Dussort, Paris, PUF, 1964.

présent n'est pas une représentation distincte de la perception, mais au contraire *une dimension immédiate et originaire* de la conscience perceptive elle-même sans laquelle celle-ci ne pourrait jamais être perception d'un objet. De même, à la conscience perceptive appartient de manière également originaire la protention, c'est-à-dire l'anticipation de l'à-venir proche, sans laquelle il n'y aurait pas davantage de conscience d'unité.

On ne peut pas davantage en rester à la conception selon laquelle l'être humain serait « dans le temps » comme le sont les choses. C'est en ce sens qu'on parle du temps comme flux ou écoulement, selon une métaphore aussi vieille que la philosophie elle-même, celle du fleuve du temps, dans lequel on sait, depuis Héraclite, qu'on ne se baigne jamais deux fois. Ce que Merleau-Ponty, qui prolonge les analyses de Husserl, montre clairement, c'est le caractère confus de cette célèbre métaphore qui prétend placer dans les événements objectifs eux-mêmes la successivité, l'avant et l'après, qu'une subjectivité se bornerait alors à enregistrer. Le temps n'est pas une chose ou une dimension des choses, mais il est au contraire une relation, « il naît de mon rapport avec les choses »[6]. Car l'avenir et le passé n'existent pas dans le monde objectif qui est « trop plein pour qu'il y ait du temps » puisqu'il lui manque le non-être de l'hier et du demain qui ne peut être déployé que par une subjectivité qui n'est pas seulement le « témoin » de l'écoulement, mais qui est aussi immergée en lui. Pour une telle subjectivité, le temps ne coule d'ailleurs pas, comme on l'imagine communément, du passé vers l'avenir, mais au contraire de l'avenir vers le passé, car c'est uniquement par le projet qu'il se donne que l'être humain parvient à configurer l'ensemble de sa durée, qui ne prend sens que de manière rétrospective, dans la narration qu'il s'en fera par après.

Husserl, le fondateur de la phénoménologie, a ainsi mis l'accent, tout comme Bergson, sur la continuité du temps vécu, et sur le sentiment de cohérence interne qu'elle procure ainsi au sujet. Il n'en demeure cependant pas moins que nous vivons la plupart du temps dans la discontinuité des tâches et des rôles qui constituent la trame de notre quotidienneté. C'est ce que souligne très fortement Heidegger, lorsqu'il met en évidence l'état de dispersion qui est au fondement de ce qu'il nomme l'« inauthenticité » de l'existence

6 – M. Merleau-Ponty, *Phénoménologie de la perception,* Paris, Gallimard, 1945, p. 471.

quotidienne, dans laquelle l'existant, le *Dasein*, est absorbé par les tâches qu'il a à accomplir et se perd donc pour ainsi dire de vue lui-même. L'existant se voit donc exposé de manière inéluctable à une perte de cohérence, et il y a ainsi toute une strate essentielle de son existence dans laquelle il devient en quelque sorte opaque à lui-même. Cette opacité atteint son point maximal dans ce trouble du comportement qu'est la manie, dans lequel l'existant, comme l'a bien montré Ludwig Binswanger[7], fait l'épreuve d'un relâchement de sa structure temporelle qui se caractérise, à l'inverse de celle qui a lieu dans la mélancolie, par la disparition de toute rétention et protention et par le fait qu'il vit seulement dans le « momentané ».

C'est donc cette opacité à soi constitutive qui est en question dans les « crises » que connaît nécessairement toute existence, qu'elle soit celle du sujet dit « normal » ou celle du sujet malade qui est en proie à des troubles fonctionnels du comportement. Car la présence à soi du sujet n'est jamais distincte de sa présence au monde, et c'est donc du côté de son ouverture à ce qui lui vient du monde et des autres que l'existant fait l'épreuve de sa vulnérabilité. Il est certes par essence, en tant qu'être qui a à « devenir ce qu'il est » selon cette formule de Pindare reprise par Nietzsche, ouvert à l'indétermination du futur. Mais que se passe-t-il lorsque ce qui lui arrive de l'extérieur, du monde et des autres, fait à ce point éclater l'horizon des possibles que la rencontre même de l'événement s'avère impraticable ? Qu'en est-il donc de ces moments de crise, de mort vécue, de traumatisme, où l'éventail des possibles, impuissant à intégrer l'événement discordant, s'effondre en totalité, comme c'est par exemple le cas dans la perte d'un être aimé, qui n'est pas celle d'un certain nombre de possibles, mais la perte radicale de cet ensemble de possibles qu'on nomme un monde. Ce dont nous faisons l'expérience dans ces périodes de crise, c'est de notre *incapacité à expérimenter au présent* l'événement « traumatisant » dont la surprise, aussi attendue qu'elle ait pu être, par exemple dans le cas de la mort d'un grand malade, demeure toujours entière et nous apparaît comme absolument inanticipable[8]. L'expérience qui est ici la nôtre est bien plus profondément bouleversante que celle de la

7 – Cf. L. Binswanger, *Mélancolie et Manie, Études phénoménologiques,* traduction de J.-M. Azorin et Y. Totoyan, PUF, Paris, 1987.

8 – Voir à ce sujet Françoise. Dastur, « Phénoménologie de l'événement : l'attente et la surprise (Husserl et Heidegger) », *La Phénoménologie en questions,* Paris, Vrin, 2004, p. 161-189.

déception dont nous faisons couramment l'expérience dans notre vie quotidienne, une déception qui a toujours été plus ou moins inscrite au programme de nos anticipations. Ce qui survient par surprise est en effet totalement « hors programme », et il s'agit là de l'inattendu au sens fort, c'est-à-dire de ce qui contrarie et ruine l'attente dans sa structure même. De telles expériences à vrai dire sont rares, puisque, comme Husserl le soulignait avec pertinence, l'expérience ordinaire suppose une foi originaire dans la stabilité du monde et la présomption constamment présente que l'expérience se déroulera perpétuellement selon le même « style ».

De ces moments de « crise existentielle », la psychose donne un saisissant paradigme : le schizophrène, par exemple, fait l'expérience de la perte du monde[9], c'est-à-dire de la rupture de l'enchaînement « ordinaire » de l'expérience, et c'est là ce qui le voue à l'impossibilité de la rencontre et au séjour dans le terrifiant. Ce qui est alors perdu, c'est précisément la capacité à s'ouvrir à l'événement et à expérimenter cette reconfiguration des possibles qu'il exige de nous. Car c'est l'événement lui-même qui exige, après coup, d'être intégré dans une nouvelle configuration de possibles et non pas nous qui décidons librement de changer de monde. De l'événement, nous ne pouvons en effet parler ni à la voix active, car nous n'en décidons pas, ni à la voix passive, car il ne peut nous transformer et même ne nous « arriver » que si nous y sommes déjà préalablement disposés – et c'est cette disposition qui catastrophiquement manque chez le psychotique –, mais seulement à la voix moyenne et selon le temps du passé, sur le mode du « il m'est arrivé… ». Des grands événements de notre vie, nous ne sommes jamais en effet contemporains, et d'abord de celui qui fut le tout premier, notre naissance, que nous n'avons pas voulu et qui atteste que nous ne sommes pas à l'origine de notre propre existence, puisque pour nous être veut dire être déterminé par un passé qui ne nous fut jamais présent et qui ne peut être approprié que dans l'après coup, par l'assomption de ces déterminations de nous-mêmes que nous n'avons pas choisies. Il y a ainsi une surprise en nous à l'égard de notre propre naissance qui est en quelque sorte constitutive de notre propre être, une surprise permanente de l'être-né qui témoigne du

9 – Cf. W. Blankenburg, *Der Verlust der natürlichen Selbstverständlichkeit*, Enke, Stuttgart, 1971 ; *La perte de l'évidence naturelle,* Paris, traduction de J.-M. Azorin et Y. Tatoyan, revue par A. Tatossian, préface de Y. Pélissier, Paris, PUF, 1991.

caractère absolument immaîtrisable de ce proto-événement[10]. On peut penser que dans chaque événement, au sens fort de ce terme, ce proto-événement qu'est la naissance pour ainsi dire se répète et lui donne son caractère de « première fois », de nouveauté radicale, de même que se répète également à son égard l'expérience ou plutôt l'épreuve de l'après coup, du retard originaire qu'en tant qu'être né j'aurais toujours sur moi-même et que dont je fais également l'expérience à l'égard de l'événement bouleversant qui m'arrive inopinément. Un tel événement ne peut pas en effet être vécu au présent, car la soudaineté de son surgissement le fait pour ainsi dire sortir de la trame du temps et le met en rupture aussi bien avec le passé qu'avec l'avenir.

Comment dès lors renouer les fils qui relient passé et avenir et développer la capacité de faire face au présent ? Qu'est-ce qui permet ici de satisfaire à cette loi de l'existence qu'est le principe de cohérence ? Ce qui est requis comme la condition nécessaire à la constitution de l'identité d'un sujet n'est-elle pas en effet la capacité d'insérer tous les événements advenant dans le cours d'une existence dans le cadre d'une même histoire ? C'est ici que nous rencontrons la notion d'identité narrative telle que Paul Ricœur l'a développée dans *Soi-même comme un autre*[11]. Tout événement peut être la source d'une discordance du fait qu'il arrive de manière soudaine et qu'il met ainsi en danger la stabilité du comportement humain. Mais il peut aussi être une source de concordance dans la mesure où il peut donner un nouveau sens au cours d'une existence. La capacité d'unifier le cours des événements dans une unique intrigue par l'acte de narration permet, comme Ricœur le souligne bien, la conversion de la contingence en nécessité.

Quelle peut donc être la fécondité de cette conception d'une identité narrative dans le domaine de la psychiatrie et de la psychopathologie ? Une telle conception ne peut en réalité se montrer féconde que si, au lieu de se contenter de ranger le cas de son patient dans le cadre d'une classification statique des symptômes pathologiques, le psychiatre prend en compte son histoire et son environnement socio-culturel, comme le fit Ludwig Binswanger, le fondateur de la psychiatrie phénoménologique, qui a su opposer à la biogra-

---

10 – Voir à ce sujet, Claude Romano, « Le sens événemential de la naissance », *L'événement et le monde,* Paris, PUF, 1998, p. 95-112.

11 – Cf. P. Ricœur, « Sixième étude. Le soi et l'identité narrative », *Soi-même comme un autre*, Paris, Seuil, 1990, p. 167-236.

phie réduite à la chronologie des événements extérieurs advenant à un homme ce qu'il a nommé « l'histoire intérieure de la vie », visant ainsi moins à trouver l'explication des troubles de son patient qu'à comprendre le monde qui est le sien[12]. Cela implique que pour le psychiatre le patient ne peut plus être considéré simplement comme un « cas clinique », mais comme une existence libre, qui doit être comprise dans sa spécificité et non pas comme constituant une déficience par rapport à une manière soi-disant « normale » d'exister. A cet égard, ce qui doit par excellence être mis en évidence, c'est le caractère éminemment instable de l'identité humaine, qui n'est pas donnée, mais a à être constamment conquise. Il y a en effet, comme Viktor von Weizsäcker l'avait déjà bien montré, une incomplétude constitutive de la vie humaine, du fait qu'exister signifie toujours, pour un humain, tenter de donner à sa propre vie un sens et une cohérence. L'être humain connaît ainsi une crise d'identité permanente, qui peut prendre une forme aigüe chez le psychotique. La tâche que tout humain a à remplir, c'est de se maintenir lui-même à travers le cours contingent des événements de sa vie, ce qui implique qu'il doit demeurer ouvert à ce qui lui arrive au lieu de s'enfermer dans le cadre rigide d'une identité close. Car le maintien de soi, la fidélité à soi-même n'est possible que si l'on se montre capable d'assumer sa propre vulnérabilité en demeurant ouvert aussi bien aux coups du sort qu'à l'advenue de circonstances favorables.

C'est en effet parce que ce qui arrive n'est pas prévisible qu'il est nécessaire de lui donner rétrospectivement une forme narrative. Comme Ricœur l'a montré, l'événement est à la fois la condition de possibilité et la condition d'impossibilité d'une narration. Il est impossible de donner une forme narrative à un événement si l'on demeure incapable de l'affronter, comme c'est le cas dans la névrose traumatique, précisément parce que la narration vise à permettre à une personne de se reconnaître elle-même dans ce qui lui arrive de manière contingente. Il n'est pas davantage possible de donner une configuration narrative à un événement contingent dans le cas de la mélancolie, précisément parce que celle-ci consiste à chercher refuge dans une identité de type substantiel devant la menace insupportable qu'est pour le patient mélancolique le caractère

12 – Cf. L. Binswanger, *Lebensfunktion und innere Lebensgeschichte (1928)*, « Fonction vitale et histoire intérieure de la vie », dans *Introduction à l'analyse existentielle,* traduction de. J. Verdeaux et R. Kuhn, Préface de R. Kuhn et H. Maldiney, Paris, E. de Minuit, 1971, p. 49-78.

imprévisible de l'avenir. Si dans la névrose traumatique, la contingence absolument inassimilable de l'événement peut seulement se répéter elle-même inlassablement, dans la plainte mélancolique, c'est cette contingence elle-même que l'on tente d'exorciser et que le patient mélancolique est parfois même amené à refuser de manière violente, par le suicide.

Dans les deux cas, ce qui apparaît impossible, c'est cette narrativité capable de rendre compte de l'événement et qui ne peut s'exprimer, comme nous l'avons déjà vu, que dans l'après coup et à la voix moyenne, sur le mode du « Il m'est arrivé ». Car la configuration narrative qui permet l'assimilation du contingent ne peut s'exprimer qu'au passé et exige un sujet au datif, manifestant par là la transformation d'une identité égoïque en une subjectivité comprise comme structure et capacité d'accueil. C'est à partir de cette transformation qui fait passer le sujet du nominatif au datif qu'il est possible de comprendre ce que Ricœur nomme « identité narrative », laquelle manifeste que c'est l'identité de l'histoire qu'il se raconte à lui-même qui fait en fin de compte celle de celui qui la vit.

Si cette identité du vivre et du raconter se voit empêchée ou déniée dans la névrose traumatique et dans la mélancolie, il semble pourtant que ce qui la rend possible, à savoir la transformation du sujet égoïque en structure d'accueil et réceptivité, soit plus fondamentalement encore mise en question dans ce que Binswanger nomme la *Verstiegenheit,* la présomption du schizophrène[13] et dans cette perte de l'évidence naturelle, de la *Selbstverständlichkeit,* du monde dont il fait l'expérience et que Wolfgang Blankenburg a si bien su décrire[14]. Blankenburg montre en effet que dans le cas du schizophrène, la relation entre passivité et activité est brisée, alors que la personne dite normale est capable d'assumer sa propre passivité à l'égard des événements qui lui arrivent en transformant immé-

13 – C'est ce que Ludwig Binswanger a montré dans *Henrik Ibsen et le problème de l'autoréalisation dans l'art*, traduction de M. Dupuis, postface de Henri Maldiney, Bruxelles, De Boeck Université, 1996. Voir à ce sujet Françoise Dastur, « Tâche vitale et réalisation de soi dans l'art : Binswanger et Ibsen », *Art et Pathologies au regard de la phénoménologie et de la psychanalyse,* Paris, Vrin, Le Cercle Herméneutique, 2005, pp. 45-55.

14 – Cf. W. Blankenburg, *La perte de l'évidence naturelle,* traduit par J.-M. Azorin et Y.Tatoyan, revue par A. Tatossian, présentation de Y. Pélicier, Paris, PUF, 1991.

diatement ceux-ci en tâches à accomplir. La capacité réceptive est en fait la même chez le schizophrène et la personne normale, mais pour cette dernière, elle n'est pas séparée de son union dialectique avec la spontanéité, condition de l'agir. Être « normal » ne signifie rien d'autre qu'être capable de faire en soi l'expérience de la réciprocité du pâtir et de l'agir, de la réceptivité et de la spontanéité.

Mais dans le cas de la schizophrénie, ce qui a été perdu, c'est le sol familier de l'existence quotidienne, qui constitue le fondement même de toute identité et de toute cohérence. C'est ce qui explique que le schizophrène vive de manière catastrophique sa propre incapacité à donner sens et cohérence à sa vie, sans jamais parvenir à trouver refuge, comme peut encore le faire le mélancolique, dans son rôle social auquel il s'identifie alors complètement. Incapable de faire fonds sur la temporalité répétitive de la quotidienneté, le schizophrène se voit exposé sans protection au choc de ce qui lui arrive et à la terreur que cela suscite en lui. Mais ce qui est en même temps remarquable est la capacité dont il fait souvent montre de décrire le processus d'autodissolution dont il fait l'expérience. L'objet de son discours est précisément sa propre incapacité à donner à sa vie une cohérence et une forme narrative. Il fait ainsi l'expérience de la perte de soi, ce qui veut dire qu'il n'en continue pas moins à se penser comme un soi, mais de manière négative, car il n'est pas possible de souffrir d'une incapacité à se constituer en soi sans demeurer jusqu'à un certain point un soi. Il faut en effet reconnaître que la dissociation du soi qui a donné son nom à la schizophrénie présuppose de manière paradoxale le maintien d'un soi, car même dans les moments de délire aigu, le patient n'en continue pas moins à maintenir un niveau d'identité minimale qui lui permet par exemple de dire « je ne sais pas qui *je* suis » ou « on *me* fait penser ceci ou cela », du fait qu'il est encore conscient que cela lui arrive bien à lui, et non pas à quelqu'un d'autre. Kimura a ainsi montré que la schizophrénie est souvent caractérisée par une réflexivité excessive qui consiste en une réflexion immédiate et non pas, comme c'est le cas normal, rétrospective, qui a pour effet d'augmenter le sentiment d'étrangeté et de dissociation que le schizophrène éprouve à l'égard de lui-même. C'est cette réflexivité qui advient de manière immédiate qui explique le caractère mimétique et artificiel du comportement du schizophrène tout comme son incapacité à avoir des relations avec les autres. Comme le montre bien Kimura, les troubles pathologiques peuvent être compris comme des formes différentes d'inhibition de ce mouvement de l'existence que Heidegger a nommé ek-stase, c'est-à-dire capacité de sortir de soi et d'entrer en relation avec l'autre que soi[15]. Cette pathologie spécifiquement humaine qu'est la schizophrénie provient du fait que, par le développement excessif de la sphère mentale de la réflexivité, le mouvement de l'existence ne se voit pas seulement altéré, comme c'est le cas dans la manie, la dépression et la mélancolie, mais inhibé de manière radicale. C'est en effet dans le cas de la schizophrénie que l'impossibilité d'exister sur le mode narratif atteint son point culminant du fait qu'ici l'absence de configuration narrative coïncide avec l'impossibilité de se donner à soi-même la forme d'un soi, ce qui peut conduire à l'arrêt de l'autoconstitution du sujet, dont sans doute la catatonie est le paradigme le plus saisissant. Car en elle se donne visiblement à voir l'effondrement du processus de narration autobiographique et la retombée du sujet en pure chose.

Il faut cependant souligner pour finir que cette conception de la narration comme constitution de soi ne signifie pourtant pas que le sujet se crée *ex nihilo*, puisqu'il n'a nullement une maîtrise totale sur sa propre histoire, laquelle demeure inéluctablement enchevêtrée avec celles des autres, comme Wilhelm Schapp l'a bien montré dans un livre paru en 1953 et traduit en 1992 sous le titre *Empêtrés dans des histoires*[16]. Il semble par conséquent que le modèle narratif appliqué à sa propre vie ne peut jamais être que la continuation d'une narrativité plus générale, celles de toutes les histoires dans lesquelles un individu singulier est toujours déjà impliqué, de sorte qu'aussi bien du côté du passé que du côté de l'avenir, l'unité narrative d'une existence, qui demeure ainsi ouverte à un champ de narrativité indéfini, devient hautement problématique, ce qui n'est précisément pas le cas des histoires telles qu'elles sont racontées dans la littérature, qui ont, elles, un début et une fin bien définies. On pourrait donc en venir à la conclusion que le problème de l'identité humaine et de la cohérence d'une existence demeurent finalement sans solution, non seulement parce le rapport à la temporalité ne peut être maitrisé de manière définitive, mais aussi parce que le rap-

15 – Cf. Bin Kimura, *Écrits de psychopathologie phénoménologique*, traduction de J.Bouderlique, postface de H. Maldiney, Paris, PUF, 1992.

16 – W. Schapp, *In Geschichten verstrickt* (1953), *Empêtrés dans des histoires. L'être de l'homme et l'être de la chose*, traduction de J. Greisch, Paris, Seuil, 1992.

port à l'altérité des autres soi ne permet pas à une existence singulière de jamais parvenir à la possession d'un soi et d'une cohérence parfaitement définis.

QUATRIÈME PARTIE

LES RAPPORTS À AUTRUI

L'EXPÉRIENCE DE LA RENCONTRE

Dans la vie quotidienne, nous avons constamment affaire aux autres, mais les relations que nous nouons avec eux ne vont pas toujours de soi. C'est en particulier le cas pour tous ceux qui traversent une crise identitaire, adolescents ou psychotiques, et qui éprouvent des difficultés particulières à entrer en contact avec les autres. La psychologie et la psychanalyse, ces disciples qui ont pour objet l'analyse du comportement et du vécu des individus, se donnent pour tâche d'expliquer et de résoudre le problème que pose la rencontre d'autrui. Mais avant d'en venir aux explications et aux solutions, il est important de comprendre le phénomène même de la rencontre. C'est ici qu'il faut faire appel aux analyses philosophiques. On trouve en effet chez certains philosophes français contemporains, chez Sartre, Levinas et Merleau-Ponty, une description et une conception à chaque fois différente de la rencontre avec autrui, qui peut être vécue sur le mode de la domination, de la soumission, ou de la coexistence pacifique. Il s'agira donc de montrer en quoi leurs analyses nous permettent de mieux comprendre les difficultés inhérentes à la rencontre d'autrui.

Prenons comme point de départ une observation simple que chacun peut faire : nous, les humains, sommes des animaux sociaux, comme le disait déjà Aristote, philosophe grec du IVe siècle av. J. C. Nous sommes en relation avec les autres et nous dépendons étroitement d'eux dès notre plus tendre enfance. Le petit d'homme en effet peut être considéré à sa naissance comme une sorte de prématuré car, contrairement à ce qui se passe pour la plupart des espèces animales, il est incapable de se mouvoir et de se nourrir par lui-même et cet état de dépendance par rapport à ses géniteurs dure pendant des années. C'est donc pendant cette période de l'enfance qu'il est amené à nouer avec les autres des rapports qui seront déterminants pour toute son évolution ultérieure. La psychologie et la psychanalyse, ces disciplines qui ont pour objet l'analyse du comportement et du vécu des êtres humains, nous fournissent aujourd'hui beaucoup d'informations sur les relations que noue l'enfant avec les autres.

Or ces relations ne peuvent se réduire à une simple assistance et à des soins matériels. La psychologie nous apprend qu'un enfant, correctement nourri et qu'on ne soumet à aucune violence ou manque de soins élémentaires, ne peut pourtant pas se développer normalement dans une atmosphère dénuée de tendresse et sans échange affectif avec les adultes qui l'entourent. Les psychologues ont en effet pu montrer que, dès son plus jeune âge, l'enfant comprend immédiatement les expressions faciales de ceux qui l'entourent. On peut se demander comment un nouveau-né, qui ne peut ni raisonner ni parler et qui n'a pas encore conscience de sa propre individualité, parvient à comprendre que le sourire de sa mère exprime la bienveillance. C'est qu'il existe une sorte de pré-communication qui a lieu sur un plan où l'enfant ne se distingue pas encore de sa mère et où il n'a pas encore conscience d'avoir une existence indépendante de celle de ses parents ou de ceux qui l'entourent. Cette incapacité de distinguer entre soi et autrui qu'un célèbre psychologue de l'enfant, Henri Wallon, a nommé « sociabilité syncrétique », c'est-à-dire indifférenciée, régit tous les rapports de l'enfant avec les autres jusqu'à la fameuse crise des trois ans, période dite de « négativisme », où l'enfant cesse de prêter son corps et sa pensée à autrui et de se confondre avec les situations et les rôles dans lesquels il est impliqué. C'est à cet âge seulement que l'enfant prend conscience qu'il est un être autonome, capable de prendre des décisions et qu'il commence à se désigner lui-même par le pronom « je »[1].

On voit à partir de là à quel point la conscience personnelle qu'un individu a de lui-même est conditionnée par les rapports qu'il a noués dans son enfance avec son entourage. Ces rapports ne sont pourtant pas toujours harmonieux et exempts de conflits, même dans le meilleur des cas, celui d'un enfant vivant dans une famille unie et entouré de la tendresse des siens. Ici c'est la psychanalyse qui nous a appris le plus de choses sur les conflits qui font nécessairement partie de l'enfance en montrant qu'il y a déjà une sexualité enfantine diffuse et que, au moment de la phase dite œdipienne, l'enfant prend conscience de son propre sexe en s'identifiant au parent du même sexe et en cherchant à obtenir l'amour exclusif du parent de sexe opposé. Il serait donc erroné de considérer l'enfance comme cette période de la vie où les relations avec autrui ne font pas problème. Mais il n'en demeure pas moins que l'expérience de la rencontre de l'autre correspond plus précisément à l'adolescence, c'est-à-dire à cet âge de la vie où l'individu ne se considère plus seulement comme un membre de la structure familiale, mais

1 – Cf. H. Wallon, *Les origines du caractère chez l'enfant, Le préludes du sentiment de personnalité* (1949), Paris, PUF, 1970.

où il prend conscience qu'il est un individu à part entière et qu'il peut nouer des relations avec d'autres individus semblables à lui de manière indépendante et en dehors de l'univers familial.

C'est à ce moment-là que les relations avec autrui acquièrent une nouvelle importance et qu'elles peuvent prendre aussi un tour plus dramatique, voire pathologique. Car il s'agit alors vraiment de *rencontrer* autrui, c'est-à-dire, comme ce mot l'indique bien – il contient en effet le mot « contre » – de faire face à l'autre, voire de s'opposer à lui en toute indépendance et en toute liberté, mais aussi, selon l'autre sens du mot « contre », de venir au contact de l'autre. C'est dire que dans ce face à face avec l'autre, ce qui est en jeu, c'est l'estime que l'on peut se porter à soi-même comme être autonome. L'adolescent en effet, s'il continue d'être du point de vue matériel et pratique complètement dépendant de ses parents, se détache pourtant du point de vue de son vécu interne et de la conscience qu'il a de lui-même de la structure familiale : il fait l'expérience de la solitude et de l'angoisse, expériences qui sont fondamentalement celles d'un être qui prend conscience de sa liberté. C'est pourquoi ce qui se joue dans les relations qu'il noue avec autrui ne peut pas être immédiatement soumis aux explications psychologiques ou psychanalytiques du comportement humain, car ces explications présupposent toujours un rattachement de l'individu à son entourage social. Or c'est précisément la genèse de ce rapport à l'autre qu'il s'agit de mettre en lumière. Parce que l'adolescent, à cause de la crise identitaire qu'il traverse, se pose des questions radicales et est épris d'absolu, seule la philosophie, qui se caractérise par la même radicalité et qui se donne pour tâche la description sans présupposés du comportement humain, peut éclairer son vécu et permettre de comprendre ce drame que peut être pour lui l'expérience de la rencontre.

On trouve en effet dans la philosophie moderne, la philosophie telle qu'elle s'est développée depuis la Renaissance, la conscience aiguë de ce que l'on peut nommer l'*énigme* d'autrui. Les philosophes de l'Antiquité ou du Moyen Âge ont vu en l'homme un être éminemment social plutôt qu'un individu solitaire. Mais tout change dans les temps modernes, où, à partir du moment où l'homme ne peut plus se considérer comme le centre de la création et où il apprend qu'il vit sur un petit astre errant dans un univers infini, il prend douloureusement conscience de sa petitesse et de sa solitude. C'est à ce moment-là que naît l'individualisme moderne et la centration de l'homme sur sa propre individualité. Au point que certains philosophes, et en particulier un philosophe irlandais du XVIIIe siècle, George Berkeley (1685-1753), ont pu aller jusqu'à soutenir que je ne puis être certain que de ma propre existence personnelle et que par conséquent je ne suis pas en mesure d'affirmer que d'autres êtres semblables à moi existent réellement. Il s'agit là bien évidemment d'une thèse extrême qu'on ne peut soutenir sérieusement, puisque l'expérience quotidienne l'infirme à chaque instant. Mais elle a le mérite de mettre en lumière la difficulté fondamentale que rencontre l'homme moderne à admettre que les autres sont des individus à part entière et des sujets semblables à lui-même. Car l'autre est lui aussi un « moi » pour lui-même, un sujet, tout comme moi : il apparaît ainsi comme la prolongation de mon propre moi, comme un autre moi. Pourtant il est un moi que je ne suis pas. Comme cela est-il possible ? Comment peut-il donc y avoir plusieurs « moi » ?

La solution que donne la philosophie classique au problème de l'existence de l'autre est l'hypothèse du raisonnement par analogie. Comment puis-je en percevant l'autre homme considérer qu'il possède lui aussi une intériorité semblable à la mienne ? Seulement en supposant que, parce que nous nous comportons tous deux de manière semblable dans les circonstances habituelles, nous possédons tous deux la même conscience de nous-mêmes. Cette solution est-elle valable ? On peut se demander en effet si j'ai véritablement besoin de *raisonner* pour trouver un accès à autrui. Nous avons vu que le nouveau-né perçoit immédiatement la signification bienveillante du sourire de sa mère. Nous n'avons donc pas besoin de comparer le comportement des autres à notre propre comportement pour nous persuader qu'ils sont des êtres semblables à nous-mêmes, car c'est de manière immédiate que nous percevons l'autre comme étant un sujet semblable à nous-mêmes. La philosophie moderne classique ne parvient pas à rendre compte de l'expérience de l'autre, parce qu'elle se donne pour point de départ un individu solitaire et coupé des autres.

Les philosophes du XXe siècle, eux, ont compris qu'il s'agissait là d'un point de départ abstrait et qui est démenti par l'expérience vécue. Ils se sont par conséquent donné pour tâche la simple description de l'expérience humaine en tant qu'elle est toujours expérience d'une coexistence avec les autres. Il s'agit en effet pour eux moins d'expliquer de l'extérieur et par des constructions abstraites la rencontre d'autrui que de la comprendre de l'intérieur. Ce sont en particulier les philosophes français qui se sont attachés à la description de l'expérience d'autrui. On peut en effet s'appuyer sur certains d'entre eux pour montrer comment l'expérience de la rencontre peut être vécue de manière différente selon la position que l'on adopte à son égard. A cet égard il faut privilégier les analyses de trois grands philosophes du XXe siècle, Jean-Paul Sartre, qui fut aussi un écrivain et un auteur dramatique célèbre, Maurice Merleau-Ponty qui fut, avant de se brouiller avec lui, son ami proche, et Emmanuel Levinas, qui est peut-être aujourd'hui le philosophe de langue française le plus célèbre dans le monde car il a placé le problème éthique de la relation à autrui au centre de sa philosophie. Ces trois philosophes sont presque des contemporains : Sartre est né en 1905, Levinas en 1906, et Merleau-Ponty en 1908. Si Sartre est incontestablement le plus célèbre des trois, c'est Levinas qui est le plus proche de nous car il a vécu le plus longtemps : il est mort en 1996, alors que Sartre nous a quittés en 1980 et que Merleau-Ponty a succombé à une crise cardiaque en 1961, à 53 ans.

Chacun de ces trois philosophes, de par sa sensibilité personnelle et les événements qui ont marqué sa vie, a été amené à mettre en lumière un aspect particulier de l'expérience de la rencontre d'autrui : pour Sartre, l'expérience de la rencontre est essentiellement comprise comme une confrontation, pour Levinas, cette expérience est celle d'une nécessaire soumission à l'autre, pour Merleau-Ponty enfin, l'expérience d'autrui est celle d'une réciprocité harmonieuse et d'une coexistence permettant l'épanouissement de chacun. En rappelant les points forts de leurs analyses respectives de l'expérience de la rencontre, il s'agit en fait moins de les opposer les uns aux autres que de montrer que ces différents aspects de notre rapport à autrui sont précisément ceux dont chacun de nous fait successivement et même parfois simultanément l'expérience.

***

Sartre a le mérite d'avoir été le premier à faire une grande place dans ses écrits philosophiques à la question des rapports avec autrui[2]. Contrairement aux philosophes classiques, pour lesquels cette question est secondaire, Sartre considère que l'homme ne

---

2 – Cf. J.-P. Sartre, « L'existence d'autrui », *L'être et le néant,* Paris, Gallimard, 1942, p 259-341.

peut développer la conscience qu'il a de lui-même comme individu singulier qu'à travers les rapports qu'il noue avec les autres. Il a ainsi placé l'expérience de la rencontre au centre même de ses réflexions. Mais que veut dire précisément « rencontrer » ? C'est être mis en présence de quelqu'un par hasard. L'autre surgit devant moi sans que j'y sois en quelque sorte préparé. Sartre entreprend donc de décrire ce qui passe alors. Il explique de manière, semble-t-il, extrêmement convaincante que l'apparition de l'autre dans mon champ visuel est vécue comme un bouleversement profond, car je ne suis plus alors réellement maître de la situation, je ne suis plus au centre des choses, puisque quelqu'un d'autre les voit sous un autre angle. Tout se passe donc comme si je n'étais plus le propriétaire du monde, comme si, comme le dit Sartre, l'autre m'avait « volé » le monde[3]. Avant l'apparition d'autrui, je pouvais m'imaginer que je possédais le monde, que je pouvais user librement de toutes choses. Mais lorsqu'un autre être humain entre en scène, il est pour moi un rival potentiel, il a le pouvoir de s'emparer des choses que je croyais posséder. C'est là une expérience que nous pouvons faire quotidiennement, lorsque par exemple il nous faut partager une pièce avec quelqu'un d'autre. C'est une expérience que font d'ailleurs les enfants dès leur plus jeune âge : ne manifestent-ils pas en effet très tôt des tendances égocentriques et ne veulent-ils pas toujours s'emparer des jouets des autres, non pas parce qu'ils sont en soi plus désirables mais parce qu'ils leur échappent, parce que l'autre a mis la main sur une partie du monde qui devrait leur appartenir. Dès que l'autre fait son apparition, j'ai l'impression que le monde m'échappe dans sa totalité. C'est, explique Sartre, comme si le monde était « percé d'un trou de vidange, au milieu de son être, et qu'il s'écoule perpétuellement par ce trou »[4].

Mais il y a pire encore : l'autre par son intrusion ne fait pas que me déposséder des choses, il me regarde, et sous son regard, je perds en quelque sorte ma capacité de sujet, je deviens moi-même semblable à un objet. L'expérience de la rencontre est ainsi pour Sartre une expérience traumatique, une expérience qui me transforme en objet et qui fait de moi un être regardé. Pour Sartre, l'être humain est ainsi condamné à vivre sous le regard de l'autre. Et pour cela, explique-t-il, point n'est besoin d'être regardé par quelqu'un de pré-

3 – *L'être et le néant, op. cit.*, p. 295.

4 – *Ibid.*

cis : il suffit d'un bruit de pas dans la rue, d'un léger mouvement du rideau d'une fenêtre, d'un froissement de branches pour que je me sente observé et que du même coup je me sente dépossédé du monde. L'autre a donc un grand pouvoir sur moi : dès qu'il apparaît, je subis une profonde transformation intérieure, je ne suis plus le même qu'auparavant. Ce que j'éprouve alors, explique Sartre, c'est la honte. On peut en effet éprouver de la honte en dehors de la présence d'autrui, lorsqu'on se surprend par exemple à dire ou à faire une chose vulgaire. Mais c'est que l'on se voit alors avec les yeux d'autrui, qu'on se sent jugé par les autres, même en leur absence. Il s'opère dans de telles situations une sorte de dédoublement intérieur : il y a d'un côté celui qui fait par exemple un geste vulgaire et de l'autre celui qui me juge, me regarde et qui peut, même si je suis seul, me faire rougir. La même chose se passe dans le cas de la fierté, qui est l'exact contraire de la honte. Mais dans ce dernier cas, le sentiment éprouvé est positif, alors que la honte est une expérience des plus pénibles puisque je me sens jugé et condamné par l'autre, alors que dans la fierté je me sens certes aussi jugé par l'autre, mais approuvé par lui. Dans les deux cas cependant, l'autre a barre sur moi et décide de ma valeur. Je n'ai plus aucune indépendance par rapport à l'autre et je n'existe que dans la mesure où il me regarde. L'expérience de la honte, c'est donc, comme le dit Sartre la « présence immédiate et brûlante du regard d'autrui »[5], d'un autrui omniprésent et que je ne parviens pas réellement à situer dans le monde. On comprend à partir de là pourquoi Sartre, dans une de ses pièces de théâtre les plus célèbres, *Huis-clos*, a pu faire dire à l'un de ses personnages que « l'Enfer, c'est les autres »[6]. L'autre est en effet pour Sartre celui qui me regarde et me juge sans cesse, celui qui me dépossède de ma liberté et devant lequel je ne suis plus invulnérable.

La description que fait Sartre de la rencontre d'autrui est, sur bien des points, convaincante, mais on peut cependant se demander si elle rend compte de tous les aspects de l'expérience de la rencontre, qui peut être une expérience heureuse. Est-il juste de dire que nous vivons constamment sous le regard d'autrui et que le sentiment que nous éprouvons à son égard ne peut être que de la honte ? Autrui est-il toujours ce juge impitoyable, ne peut-il pas au

5 – *Ibid.*, p. 309.

6 – J.-P. Sartre, *Huis-clos* (1944), Paris, Gallimard (Folio), 2000.

contraire être à notre égard parfois bienveillant et même aimant ? Il semble en effet que dans la perspective qui est celle de Sartre la rencontre ne puisse jamais déboucher sur une reconnaissance mutuelle et qu'elle ne puisse jamais avoir une tonalité heureuse. Et de fait, Sartre a une vision très pessimiste de l'homme et ne croit pas que l'amour réciproque entre deux individus soit réellement possible.

Mais toute cette analyse n'est-elle pas déterminée par l'expérience faite par l'homme Sartre de sa rencontre avec les autres ? Dans un très beau récit autobiographique, *Les mots*[7], Sartre raconte comment jeune enfant, il a découvert, dans le regard des autres, sa laideur (Sartre était petit, plutôt malingre, il louchait et n'avait effectivement pas un visage très attrayant) et comment le désir d'être aimé des autres et de leur plaire est à l'origine même de sa vocation d'écrivain. Il n'en demeure pas moins que la description qu'il nous livre de son rapport à l'autre peut valoir pour l'adolescent, qui est la plupart du temps embarrassé par un corps en plein changement dont il a très souvent honte, et pour le psychotique, qui, lui aussi, a tendance à exagérer les défauts physiques qui sont les siens et à vivre dans l'obsession du regard que les autres peuvent porter sur lui. Cela peut les porter l'un et l'autre à désespérer de leurs rapports avec les autres et les conduire à un enfermement en eux-mêmes qui peut se révéler extrêmement dangereux. Ce qui se manifeste en fait dans ce cas, c'est une véritable impossibilité à rencontrer vraiment l'autre sur un pied d'égalité. La rencontre ici n'a pas vraiment lieu : le rapport à autrui ne va que dans un seul sens, du moi à autrui, sans réciprocité.

***

On trouve chez Emmanuel Levinas un cas de figure semblable. Mais ici, l'autre n'est pas celui qui me juge, mais celui qui exige impérativement de moi aide et assistance. Levinas part en effet de l'idée que l'être humain fait dès son entrée dans le monde l'expérience de la solitude et de l'incommunicabilité. C'est en tout cas pour lui le sort de l'homme moderne par opposition aux hommes des sociétés primitives qui se sentent d'emblée en accord entre eux et avec l'univers tout entier. Et pour Levinas aussi, l'expérience amoureuse fait problème : si elle existe, elle ne peut nullement être de nature fusionnelle, car aimer l'autre ne peut pas vouloir dire se

7 – J.-P. Sartre, *Les mots,* Paris, Gallimard (Folio), 1964.

fondre en lui et ne former avec lui qu'une seule personne. L'autre n'a pour Levinas rien de commun avec moi et ce que je dois avant tout respecter en lui c'est sa différence, son altérité. Je méconnais donc foncièrement l'altérité de l'autre lorsque je m'inclus avec lui dans une expérience collective ou quand je prétends former avec lui une communauté. C'est au contraire uniquement dans « le face à face sans intermédiaire »[8] qu'a lieu la véritable expérience de la rencontre. Or cette expérience a, selon Levinas, le sens d'une renonciation à l'égoïsme qui est l'attitude naturelle de l'individu. Dans la rencontre, c'est l'autre qui a priorité sur moi, et cette priorité doit même être absolue, ce qui conduit Levinas à parler de l'absolument Autre et à mettre une majuscule au mot « autre ». Selon lui, je ne peux pas en effet me mettre à la place de l'autre, qui me demeure en lui-même inconnaissable. Il est un étranger, qui fait irruption chez moi et trouble la quiétude de ma demeure. Pour Levinas aussi, comme c'était le cas pour Sartre, l'autre est celui qui trouble l'unité que je forme avec moi-même, et il est également celui qui échappe à ma prise et sur lequel je n'ai pas de pouvoir. Je suis donc totalement séparé de l'autre, au point que l'on peut se demander si je peux véritablement nouer une relation avec lui. C'est Levinas lui-même qui parle à ce sujet du « choc de la rencontre »[9] que rien ne vient amortir, car le face à face avec l'autre est en quelque sorte inévitable. La rencontre est pour lui une expérience éthique, précisément parce qu'elle m'oblige à sortir de mon égoïsme et à me soucier exclusivement de l'autre, qui me domine de toute sa hauteur.

Parce que la relation avec l'autre est un face à face sans intermédiaire, Levinas est amené à mettre l'accent sur la manière dont l'autre se présente à moi à travers son visage[10]. En présence de l'autre, je suis en effet immédiatement en rapport avec ce que son visage exprime. Et comme Sartre, Levinas souligne l'importance du regard. Même si l'autre ne prononce pas une parole, il me parle par son regard, et ce langage des yeux est absolument indissimulable et ne peut mentir. Car le visage de l'autre qui se tourne vers moi dans la rencontre est ce qu'il y a de plus vulnérable en lui, c'est cette partie de son corps qui est toujours à découvert et dont il ne peut

8 – E. Levinas, *Le temps et l'autre*, Paris, PUF, coll. Quadrige, 1983, p. 89.

9 – E. Levinas, *Totalité et infini. Essai sur l'extériorité* (1961) Le Livre de Poche, 2003, p. 32.

10 – E. Levinas, « Le visage », *Ethique et infini. Dialogues avec Philippe Nemo*, Livre de Poche, 1982 p. 77-87.

pas, malgré tous ses efforts, entièrement maîtriser l'expression. Et ce qu'exprime toujours le visage de l'autre, selon Levinas, c'est une demande, une supplication, à laquelle je ne peux me dérober, de sorte que je me sens dans l'obligation de me mettre à son service.

Pourtant, parce que je suis sans pouvoir sur l'autre et parce que dans la rencontre je fais l'expérience d'une obligation à son égard, je peux vouloir par la violence mettre fin à cette situation. C'est ainsi que Levinas explique le meurtre, qui est selon lui une manière de mettre violemment fin à ce langage des yeux entre moi et l'autre qui m'oblige à lui donner une priorité absolue. Ce que dit donc en fin de compte le regard de l'autre, ce n'est rien autre que le commandement biblique : « tu ne tueras point »[11]. Rencontrer l'autre au sens propre, c'est donc prendre conscience à la fois de l'impossibilité du meurtre et de l'obligation de se mettre sans condition au service de l'autre, qui vient en premier à tous égards et dont je suis entièrement responsable. Levinas va même jusqu'à dire que dans la relation éthique qui lie le moi à l'autre, l'autre est celui dont je suis « l'otage »[12], au sens où je n'ai pas le choix de me dérober à la demande venant de l'autre ; du moins, si je le fais, je me rabaisse moi-même, selon Levinas, à un niveau qui n'est plus celui de l'humain.

La pensée de Levinas connaît depuis les années 1960 un grand retentissement, non seulement en France, mais dans le monde, et on s'accorde à le considérer comme le moraliste le plus important du XXe siècle. On peut cependant se demander si sa conception de la rencontre a une valeur universelle. Car Levinas considère que dans la rencontre je me sens interpellé par le visage de l'autre et sommé de le prendre en charge sans réciprocité ni contrepartie. Cette responsabilité vis-à-vis d'autrui, je ne puis la déléguer à aucun autre, personne ne saurait me remplacer. Par le seul fait de la rencontre, je me trouve déjà engagé envers l'autre, avant même d'en décider, et l'expérience d'autrui n'est rien d'autre que l'expérience de mon entière responsabilité à son égard. Cela provient du fait que, selon Levinas, l'autre se présente à moi dans sa plus grande faiblesse et nudité et qu'il est ainsi toujours sans protection et sans défense, à l'image de la veuve et l'orphelin. On peut ici poser la même question que celle qui avait déjà été posée à propos de l'analyse sar-

---

11 – *Ibid.*, p. 83.

12 – E. Levinas, *Autrement qu'être ou au-delà de l'essence,* Nijhoff, Kluver, 1974, p. 202 et *Humanisme de l'autre homme*, Paris, Fata Morgana, 1972, p. 91.

trienne de la honte : Levinas ne généralise-t-il pas ici une expérience particulière de l'autre pour en faire la condition de toute rencontre possible de l'autre ? L'attitude éthique qu'il décrit est-elle la seule attitude possible envers l'autre ? Levinas, juif d'origine lithuanienne venu s'établir en France vers l'âge de vingt ans, a été profondément marqué par ce qui est arrivé aux juifs durant la seconde guerre mondiale, par l'extermination, et on peut considérer que toute sa réflexion sur le visage de l'autre en découle. Mais peut-on tirer des conclusions générales d'un événement historique déterminé ? Et n'est-il pas nécessaire de considérer aussi l'autre d'un autre point de vue que celui qui voit uniquement en l'autre celui envers qui je suis obligé ? Ne faut-il pas reconnaître que j'ai aussi envers moi-même les mêmes devoirs que ceux que j'ai envers autrui, ce qui me place sur un pied d'égalité avec lui, alors que pour Levinas, il y a une différence hiérarchique entre moi et l'autre, qui est toujours « plus haut »[13] que moi, comme l'est Dieu par rapport à l'homme.

Il n'en reste pas moins que, comme dans le cas de Sartre, la conception qu'a Levinas de la rencontre de l'autre comme d'un « face à face sans intermédiaire » dans lequel je suis entièrement livré à la demande de l'autre peut nous permettre de comprendre les difficultés que rencontrent les adolescents et les psychotiques dans leurs rapports avec autrui. Se voir exposé à la demande et aux exigences d'un autre est une situation qui a en effet, sur un esprit en quête d'identité, un grand impact. Levinas a fort bien décrit ce choc qu'est la rencontre, le bouleversement qu'elle introduit dans l'âme d'un être centré sur lui-même comme l'est l'adolescent qui est en quelque sorte obsédé par sa propre singularité, ou le psychotique qui s'interroge sur les limites de son moi. Il y a là comme un appel à sortir de soi et à se laisser entièrement diriger par l'autre. C'est la noblesse de ce renoncement à l'égoïsme qui exerce une profonde attraction sur l'adolescent et sur le psychotique et qui peut permettre de comprendre le dévouement inconditionnel que certains d'entre eux vouent à ceux qu'ils admirent et qui ont su prendre sur eux de l'emprise. Se vouer aux autres est en effet une noble cause, mais elle recèle pourtant elle aussi un danger, celui de l'instauration d'une relation entre le moi et l'autre dénuée de réciprocité. On peut en effet, comme dans le cas de Sartre, se demander si pour Levinas la rencontre a bien lieu. Ne faut-il pas en effet être deux pour qu'il y

13 – *Totalité et infini. Essai sur l'extériorité, op. cit.*, p. 23 et 73.

ait rencontre ? Ne faut-il pas pour cela qu'il y ait entre les partenaires lien réciproque et partage des rôles ? Et n'est-ce pas cette capacité à se mettre à la place de l'autre qu'il s'agit précisément de développer pour sortir de cet enfermement en soi qu'est l'adolescence ou la psychose afin de devenir un être véritablement autonome ?

***

C'est cette conception de la rencontre comme rapport de réciprocité entre moi et l'autre que nous trouvons chez Maurice Merleau-Ponty, ce philosophe français mort prématurément en 1961, mais dont l'œuvre est depuis une vingtaine d'années redécouverte par toute une génération de jeunes philosophes non seulement en France, mais dans le monde entier. On trouve en effet chez lui une conception de l'homme et de ses rapports à autrui beaucoup plus concrète que chez ses prédécesseurs. Car Merleau-Ponty met d'emblée l'accent sur la situation réelle de l'être humain, qui est toujours déjà en rapport avec les autres et qui partage avec eux son univers. On ne peut donc, selon lui, considérer que l'être humain est exposé sans défense au « choc » de la rencontre, car le monde dans lequel il vit est un monde qu'il partage depuis sa naissance avec les autres et dans lequel les objets usuels témoignent de la présence d'autrui, puisqu'ils peuvent être utilisés indifféremment par lui-même ou par un autre. Un livre, une cuillère, une chaise, sont en effet des objets faits non pas pour être utilisés par un individu déterminé, mais bien par un nombre indéfini de personnes. Le monde ambiant me parle donc constamment des autres, si bien que la pluralité des sujets ne peut pas véritablement constituer pour moi un problème[14].

Car ce monde est un monde commun, et non pas un monde qui n'appartient qu'à moi seul et dont l'autre me déposséderait, comme c'est le cas pour Sartre, ou dont l'autre me ferait sortir, en m'obligeant à renoncer à mon égoïsme, comme c'est le cas pour Levinas. Et ce que Merleau-Ponty prend en considération, ce n'est pas, comme ces derniers, d'abord la vie intérieure du sujet, sa subjectivité, mais l'être humain dans son entièreté, tout à la fois corps et esprit. Je n'ai pas en effet avec mon propre corps une relation semblable à celle que j'ai avec les autres objets du monde : j'habite mon corps, qui fait partie intégrante de moi, j'ai avec lui une rela-

14 – Cf. M. Merleau-Ponty, « Autrui et le monde humain », *Phénoménologie de la perception*, Paris, Gallimard, 1945, p. 398-419.

tion intime et je le perçois pour ainsi dire de l'intérieur. Si l'adolescent et le psychotique ont de telles difficultés à affronter le regard d'autrui, c'est précisément parce qu'ils ne parviennent pas véritablement à habiter leurs corps et qu'ils le considèrent comme un objet étranger, avec lequel ils ont du mal à cohabiter. Ils ne parviennent donc pas à coïncider avec la manière dont les autres les perçoivent. Faire la paix avec son corps, parvenir à l'habiter, c'est là ce que doit apprendre l'adolescent, et une tâche qui parait souvent impossible au psychotique, et qui est sans doute rendue plus difficile dans les cultures où le corps est méprisé, considéré comme la partie vile de l'être humain, comme ce fut et est encore en partie le cas dans la civilisation judéo-chrétienne.

Il est vrai qu'aujourd'hui on voit se développer dans les sociétés modernes, à l'inverse, un culte du corps et de la beauté corporelle. Mais c'est verser dans un autre extrême : si je suis réduit à mon corps, je ne parviens pas davantage à l'habiter, car il est comme un bel objet avec lequel je ne peux pas non plus coïncider, et sur une telle base nulle rencontre véritable avec autrui n'est possible. Pour rencontrer autrui, il faut en quelque sorte que je fasse corps avec moi-même, que je puisse me reconnaître tout entier dans l'aspect extérieur que je lui présente. Car l'autre aussi se présente à moi à travers son apparence corporelle, et lui aussi doit pouvoir coïncider avec celle-ci s'il doit entrer en relation avec moi.

On voit donc que pour Merleau-Ponty, la rencontre a lieu comme rencontre de deux êtres à part entière, et qui sont à la fois corps et esprit. C'est d'ailleurs ce qui leur permet de se comprendre, car le premier dialogue qu'ils échangent est un dialogue corporel : ce que je perçois tout d'abord de l'autre, c'est un comportement, une gestuelle, une manière d'agir, et si j'en saisis instantanément le sens, comme c'est le cas la plupart du temps, c'est parce que ce comportement, cette gestuelle et cette manière d'agir auraient pu être les miens. Merleau-Ponty, qui a enseigné un temps la psychologie à côté de la philosophie[15], sait que pour l'enfant cette compréhension immédiate de l'autre ne fait pas problème et que c'est seulement au début de l'adolescence, vers l'âge de douze ans, que l'enfant découvre qu'il est un individu singulier et que sa propre pensée n'est qu'un point de vue sur le monde qui diffère de ce que le monde est

15 – Cf. M. Merleau-Ponty, « Les relation avec autrui chez l'enfant », *Merleau-Ponty à la Sorbonne, Résumé de cours, 1949-1952,* Paris, Cynara, 1988, p. 33-396.

en réalité. C'est alors que s'ouvre pour lui le gouffre qui le sépare d'autrui et qu'il prend conscience du fait qu'il peut certes percevoir le comportement extérieur de l'autre, mais non pas s'immiscer dans le for intérieur de l'autre et éprouver ses sentiments. Et il est vrai que l'autre demeure en fin de compte pour moi une énigme et que je ne peux jamais me mettre entièrement à sa place.

Mais cela ne signifie pourtant pas, comme le pensait Levinas, qu'il est un total étranger : je peux en effet comprendre au moins en partie la signification du comportement même de personnes qui n'appartiennent pas à ma culture, puisqu'eux et moi avons les mêmes corps et donc des gestuelles et des attitudes semblables. Nous vivons depuis notre enfance dans une société, au milieu d'autres êtres humains, et nous continuons à faire partie de ce monde social même lorsque nous prenons conscience de ce qui fait le caractère unique de notre personnalité et de notre existence. Merleau-Ponty n'est donc pas d'accord avec l'idée que nous avons trouvée chez Sartre et Levinas, selon laquelle le premier accès à l'autre passerait par le regard. Pour Merleau-Ponty, la situation qui est celle du face à face de deux individus n'est pas première, elle est précédée par l'expérience que nous faisons dès l'enfance d'une coexistence avec les autres, où ils ne se présentent pas de manière frontale, mais sont plutôt à côté de moi, comme des compagnons de travail ou de loisir, que je ne regarde pas en face, mais aux cotés desquels je vis et j'agis. C'est avec cette coexistence avec les autres que l'adolescent rompt brusquement lorsqu'il prend conscience de sa solitude et de sa singularité. Sortir de la crise d'adolescence ou de la psychose, cela implique alors retrouver cette familiarité perdue avec les autres.

Merleau-Ponty considère cependant que la véritable relation à autrui n'a pas lieu simplement au niveau de cette familiarité corporelle qui m'unit aux autres, mais qu'elle suppose la communication et le dialogue[16]. C'est lorsque je me tourne vers l'autre afin de communiquer avec lui que je fais l'expérience de son altérité. Cette expérience n'est pourtant pas nécessairement vécue comme un traumatisme : l'apparition de l'autre ne signifie pas toujours qu'il me vole le monde, comme le prétend Sartre, ou qu'il m'arrache à mon égoïsme, comme l'affirme Levinas, mais elle est plutôt pour Merleau-Ponty une expérience heureuse, celle de la reconnaissance

16 – Voir M. Merleau-Ponty, « La perception d'autrui et le dialogue », *La prose du monde,* Paris, Gallimard, 1969, p.199-200.

d'un autre qui est pourtant semblable à moi. La centration sur soi que connaît l'adolescence est en effet une expérience excessive, et elle peut même parfois prendre une forme pathologique et mener à ce que les psychiatres nomment « dépersonnalisation », cette expérience douloureuse que font les schizophrènes de ne plus pouvoir habiter leur corps et de n'avoir plus aucune possibilité de vivre dans le monde des autres et d'avoir des rapports avec eux. Mais la situation normale de l'être humain n'est pas celle de la centration sur soi, de l'égocentrisme, mais plutôt celle qui provient du fait que son propre rapport à soi n'est pas totalement transparent. Nous sommes pour nous-mêmes une énigme, puisque nous ne décidons pas de tout ce qui se passe en nous et que nous ne sommes pas maîtres de nos sentiments. Il y a donc une part de nous-mêmes qui nous échappe, et à cet égard nous sommes par rapport à nous-mêmes dans la même situation que par rapport à autrui, dont nous ne pouvons pas connaître avec certitude les états d'âme. Pour pouvoir entrer en dialogue avec autrui, il faut commencer par s'accepter soi-même tel que l'on est, c'est-à-dire accepter la part de nous-mêmes qui ne peut être ni totalement maîtrisée ni totalement expliquée, et être prêt à la reconnaître aussi chez l'autre.

Accepter de parler avec l'autre, cela suppose donc le dépassement de cette relation de rivalité dont l'être humain, selon Sartre, ne peut finalement pas sortir, mais cela suppose aussi de ne pas placer l'autre trop haut, comme le fait Levinas, car alors l'échange avec lui ne serait plus possible. C'est la raison pour laquelle le vrai dialogue est si difficile pour l'adolescent et le psychotique, qui ne sont pas prêts à reconnaître en l'autre un égal, un semblable. On rencontre ici le fameux problème de la communication avec les adolescents qui se sont inventés une langue qui leur est propre et qui les exclut du monde des adultes, ou encore celui de l'usage particulier de la langue que fait le psychotique. Nous appartenons pourtant tous, adultes, adolescents et psychotiques, à une même communauté de langage, ce qui veut dire que nous utilisons les uns et les autres les mêmes mots pour nous exprimer. Ces mots, les mots de la langue française par exemple, n'appartiennent à personne en particulier, ils sont des outils généraux de communication, ce qui veut dire que tous leur accordent une même signification. Il est vrai que chacun peut donner une signification particulière à tel ou tel mot ou expression, mais c'est sur la base de la signification habituelle que ce mot reçoit dans la langue, car si ce n'était pas le cas, il ne parviendrait pas à se faire comprendre.

Le véritable dialogue doit donc éviter deux écueils : il faut d'une part parler la même langue que l'autre pour entrer en rapport avec lui et donc donner la même signification aux mêmes mots ; mais on ne peut d'autre part se contenter de phrases toutes faites, de clichés, comme c'est le cas dans le bavardage, car alors nous ne communiquons pas vraiment, ou ne disons que des choses très générales qui ne s'adressent pas à l'être particulier qui est devant nous. Le bavardage, c'est ce que les Anglais appellent le « *small talk* », ces petits riens que l'on échange avec les inconnus, et qui ont simplement pour fonction d'établir le contact avec eux. Mais dans le dialogue véritable avec l'autre, il s'agit de s'adresser à lui personnellement et donc de dépasser le niveau des idées toutes faites. Il faut donc, de la part de chacun des interlocuteurs, faire un effort d'interprétation qui consiste à se mettre autant que possible à la place de l'autre afin de comprendre ce qu'il tente de nous dire. Nous ne sommes plus alors ni dans une situation de rivalité ni dans une situation où nous donnons à l'autre une priorité absolue, mais dans une situation où nous tentons d'atteindre un point de vue commun, d'établir une entente entre nous. Le dialogue n'est pas à l'image de ces duels entre points de vue différents dont les médias nous donnent de nombreux exemples : il ne s'agit pas en effet d'avoir raison contre l'autre, mais de parvenir avec lui à un accord. Il faut donc que chaque interlocuteur accepte d'écouter l'autre avant de prendre lui-même la parole et qu'il soit capable de prendre en considération la part de vérité que contient nécessairement le point de vue qu'il exprime. Cela implique que la vérité ne peut pas être la possession d'un seul, mais qu'elle est nécessairement une œuvre commune à laquelle on aboutit à travers la poursuite d'un dialogue.

Le dialogue est donc le niveau auquel la véritable expérience de la rencontre a lieu. Car dans la parole véritable, nous devenons nous-mêmes l'autre en épousant en partie son point de vue, et l'autre fait de son côté la même chose, de sorte que le gouffre qui nous séparait s'amenuise et que les frontières entre nous s'estompent. Le danger qui pourrait menacer ici serait celui d'une adhésion trop rapide à un point de vue commun, où chacun des interlocuteurs abandonnerait trop vite ses positions initiales. C'est pourquoi il faut dans le dialogue à la fois s'ouvrir au point de vue de l'autre et maintenir le sien propre, jusqu'à ce qu'un point de vue nouveau qui puisse rallier les suffrages de l'un et de l'autre commun apparaisse. Tout ne se déroule donc pas de manière harmonieuse et pacifique dans le dialogue : il y a des moments de grande tension, où la rupture est proche, et ce sont ces moments-là justement qui donne au dialogue tout son prix. On voit clairement ici que ce que réclame l'expérience de la rencontre en tant qu'elle est dialogue, c'est le courage et la persévérance. L'adolescent et le psychotique sont souvent tentés d'éluder les problèmes et de privilégier les conduites de fuite, précisément parce que la conscience qu'ils ont d'eux-mêmes est fragile et qu'ils s'efforcent de préserver contre toute atteinte extérieure leur propre intégrité personnelle. Être un être autonome signifie avoir le courage d'affronter les conflits et reconnaître qu'ils sont inévitables. Mais cela veut dire aussi avoir la volonté de ne pas les envenimer et de toujours travailler à les résoudre. Seule une telle attitude permet la rencontre au sens propre de l'autre, à la fois dans le respect de son altérité et dans le maintien de sa propre intégrité.

***

Ce qui semble particulièrement intéressant dans la conception qu'a Merleau-Ponty de la rencontre, c'est qu'elle ne peut pas se réduire à un simple face à face entre deux personnes. Je ne suis jamais en effet seul en face de l'autre et se représenter ainsi le rapport à autrui est une sorte de simplification de ce qui se passe en réalité. Autour des deux personnes qui se rencontrent comme autour des deux partenaires d'un dialogue, il y a une multiplicité d'autres êtres humains qui, présents ou absents, ont une influence sur le déroulement de la rencontre et du dialogue. Je rencontre toujours l'autre dans un contexte social qui rend possible la rencontre et lui donne par avance un sens. Et dans le dialogue je m'appuie sur des convictions et des idées qui me sont certes personnelles, mais que j'ai acquises antérieurement au contact d'autres personnes. C'est ici que Merleau-Ponty reconnaît le bien-fondé de ce que nous apprend la psychanalyse des rapports de l'enfant avec ses parents au cours de la phase œdipienne : dans la petite enfance en effet, même si l'enfant semble initialement plus attaché à sa mère, il passe très vite, au moment où il découvre qu'il est un être sexué, d'un rapport de dualité entre lui et sa mère à un rapport triangulaire entre lui, le parent du sexe opposé dont il recherche l'amour, et le parent du même sexe auquel il a tendance à s'identifier. Il est donc toujours en rapport avec au moins deux et non pas une seule personne.

On le voit, pour Merleau-Ponty, le choc de la rencontre se voit toujours amorti par le fait que l'être humain est depuis sa naissance en rapport avec une pluralité de personnes et qu'il a donc déjà en lui-même les ressources lui permettant d'affronter la rencontre d'une personne nouvelle, d'un étranger. On peut certes reprocher à Merleau-Ponty d'avoir une vision un peu trop optimiste des rapports à autrui et de ne pas faire suffisamment leur part aux difficultés inhérentes à la rencontre de l'autre et aux conflits que suscite nécessairement toute tentative de dialogue. Mais il a l'immense mérite de nous donner une image plus concrète de ce que peuvent être les rapports humains entre les hommes, lorsque ceux-ci ont été capables de dépasser aussi bien la confiance souvent trop naïve que l'enfant manifeste envers les autres que l'enfermement en soi qui caractérise l'adolescence ou la psychose. C'est en effet uniquement lorsqu'on se sent assez fort soi-même pour s'ouvrir sans réticence à autrui que peut vraiment avoir lieu la rencontre de l'autre, source d'enrichissement qui donne à la vie de l'individu une ampleur et une profondeur plus grandes. C'est pourquoi il est certes bon de multiplier dans la vie sociale les lieux et les occasions de rencontre, mais il est plus important encore de savoir se préparer soi-même à la rencontre, à l'accueil de l'autre. Vivre avec les autres peut certes être parfois un enfer, comme le prétendait Sartre, si chacun se sent constamment épié et jugé par l'autre, mais il n'est pas davantage de paradis pensable dans la solitude et l'enfermement en soi. Ni enfer ni paradis, la vie en commun n'est pas exempte de conflits, de crises et même de drames, et la rencontre de l'autre est toujours le commencement d'une aventure, qui, comme toutes les aventures, peut mal finir. Toutes les rencontres ne sont pas heureuses et affirmer le contraire serait entretenir l'adolescent et le psychotique dans une dangereuse illusion. Mais en prendre prétexte pour leur déconseiller de s'ouvrir aux autres serait pire encore, car ce serait la porte ouverte à ces conduites de fuite qui ont souvent une issue tragique. Il ne reste qu'à le préparer à ce qu'il faudrait nommer, d'un mot qu'affectionne Merleau-Ponty, l'ambiguïté inhérente à toute rencontre, qui peut, sans qu'on puisse le savoir d'avance, être un mal ou au contraire un bien. Car c'est à travers l'échec, et non pas en le fuyant par avance, qu'on peut s'affermir et devenir vraiment soi-même. Sachons donc montrer nous-mêmes, par notre ouverture d'esprit et notre sens de l'accueil, que la rencontre des autres est un beau risque à courir…

PHÉNOMÉNOLOGIE ET PATHOLOGIE DE LA HAINE

Le discours philosophique, s'il est prolixe en ce qui concerne l'amour, dont le nom apparaît dans le terme même de philosophie, l'est beaucoup moins en ce qui concerne son strict opposé, à savoir la haine.

Il faut pourtant rappeler que l'un des plus grands parmi ceux que l'on a nommé les "Présocratiques", Empédocle d'Agrigente, a fondé sa cosmologie sur l'opposition de deux puissances actives, l'une qui réunit les éléments quand ils sont séparés, l'amitié ou *philia,* l'autre qui les sépare quand ils sont réunis, la haine ou *neikos*, mot qui veut en grec veut dire dispute, querelle, altercation. Selon Empédocle, l'amitié et la haine acquièrent alternativement la prépondérance l'une sur l'autre, et le cours du monde oscille ainsi entre un état de dispersion maximale et un état de rassemblement maximal de ses différents éléments. C'est donc autant l'amour, force de rassemblement, que la haine, force de dispersion, qui explique le devenir de l'univers. Avant Empédocle lui-même, un autre Présocratique, Héraclite d'Ephèse, avait proclamé que la guerre, le *polemos,* est le père de toutes choses, et, selon ce que rapporte Aristote, blâmé Homère d'avoir voulu chasser la discorde, *eris,* du monde des hommes comme de celui des dieux[1]. Pour Héraclite en effet, c'est à travers l'opposition des contraires que toutes choses viennent à l'être. Souhaiter la paix universelle, c'est donc souhaiter la destruction même de l'univers. La lutte, la rivalité, l'opposition sont en effet ce qui garantit la vie même du tout.

Bien avant les Présocratiques, qui en gardent sans aucun doute mémoire (c'est en tout cas patent chez Héraclite, le penseur du feu), on a déjà vu apparaître, dans la Perse antique, l'idée que l'univers est le lieu du combat entre la lumière et les ténèbres, le bien et le mal. On ne trouve pourtant pas là un dualisme radical, comme ce sera le cas plus tard, au IIIe siècle après J.-C., avec la doctrine de Mani, ou manichéisme, selon lequel deux principes contraires et égaux s'opposent éternellement, mais simplement l'esquisse, dans le cadre d'un strict monothéisme, d'un dualisme *moral.* C'est donc dans l'antique religion mazdéenne que l'on trouve pour la première

1 – Cf. Marcel Conche, *Héraclite, Fragments,* Paris, PUF, 1986, p. 439.

fois l'idée d'un choix entre le bien et le mal, entre l'amour et la haine, la paix et la guerre. Un dieu unique (Ahura Mazda, le dieu sage) est en effet à l'origine de la création de deux esprits jumeaux, dont l'un choisit le bien et l'autre le mal, et le monde est le cadre de la lutte qui les opposera jusqu'à la fin des temps, laquelle sera marquée par le triomphe final de l'esprit du bien, à condition cependant que les hommes s'associent à son œuvre et préparent sa suprématie. Ahriman, l'esprit du mal, est ainsi la préfiguration du Satan biblique, dont le nom signifie en hébreu "adversaire", "opposant", et qui est cet ange déchu qui se retourne contre son créateur. C'est dans le Nouveau Testament que Satan prendra le nom grec de *diabolos*, celui qui désunit, qui inspire la haine, le calomniateur, celui qui brouille les gens les uns avec les autres (du verbe grec *diaballo,* qui signifie séparer, désunir) et dont il est dit qu'il est le "prince de ce monde".

Des cosmologies présocratiques aux théologies persane, judaïque et chrétienne, on voit ainsi régner le même souci de faire à la haine et au mal une place fondamentale. Ce sont en effet ces principes négatifs et destructeurs qui permettent de rendre compte de la vie de l'univers. Tout se passe donc comme si un monde uniquement régi par l'amour s'avérait impensable, et ne pouvait au mieux que servir de fiction régulatrice projetée dans l'au-delà du temps, sous la figure de ce paradis dont parlent déjà les textes mazdéens, le mot "paradis" étant lui-même d'origine persane et signifiant jardin, auquel s'oppose dans le judaïsme et le christianisme la Géhenne où brûlent les maudits, l'enfer de la damnation éternelle.

Le christianisme, qui se définit comme la religion de l'amour, est donc profondément marqué par le souci de mener la lutte contre le mal et la haine, mais c'est sans doute dans le protestantisme que ce souci prendra sa forme extrême. On trouve en effet chez Luther l'idée d'un "mal radical", au sens d'un mal profondément enraciné dans la nature humaine, expression qui réapparaît chez Emmanuel Kant, mais apparemment sans qu'il l'ait empruntée à Luther[2]. Kant affirme en effet, contre Rousseau et la philosophie optimiste des Lumières, que l'homme est méchant par nature, qu'il est corrompu ou pervers, sans cependant aller jusqu'à considérer la méchanceté de l'homme comme une malignité, comme une intention diabolique

2 – Cf. Jean-Louis Bruch, *La pensée religieuse de Kant,* Paris, Aubier, 1968, p. 70.

de se retourner sciemment contre le bien[3]. Il n'y a pas en effet chez Kant l'idée que l'homme pourrait faire le mal pour le mal, mais simplement l'idée que l'homme peut se tromper sur ses propres intentions ou encore mentir à autrui. Le mal, ce n'est donc selon lui que l'égoïsme ordinaire et non la volonté proprement diabolique de faire du mal et de la haine le principe même de son action. En cela, Kant demeure, plus que Luther, marqué par le rationalisme classique, lequel veut, de Platon à Leibniz, que l'homme ne fasse le mal que par ignorance et de manière involontaire.

Il faut en effet remarquer que tous les systèmes philosophiques ou théologiques examinés jusqu'ici, y compris le manichéisme, ont admis que le mal était d'une manière ou d'une autre inférieure au bien et que la haine ne pouvait ultimement triompher. Les systèmes les plus pessimistes, comme c'est le cas avec le manichéisme, la gnose, ou encore avec les Cathares et les Bogomiles[4], sont toujours optimistes du point de vue eschatologique : même si le bien est vaincu dans un premier temps, c'est lui en fin de compte qui est toujours vainqueur.

On ne trouve pas en effet de religion qui conçoive un être suprême unique qui soit un dieu du mal. Une telle possibilité-limite n'a guère été envisagée que par le marquis de Sade dans son roman intitulé *Juliette,* où l'on assiste à une inversion radicale de la pensée classique dans laquelle le bien est l'essence de l'être et de la pensée religieuse, et où Dieu est amour[5]. C'est un des personnages du roman, le premier ministre Saint-Fond, qui soutient une telle thèse, celle d'un Dieu créateur qui a créé le monde pour le mal et qui est heureux du mal qu'il fait, en vertu précisément de la connexion établie par Sade entre le mal et le plaisir. On a donc ici affaire à une véritable inversion de l'idée de Dieu telle qu'elle apparaît dans la tradition judéo-chrétienne.

Il est intéressant de souligner que c'est à peu près à la même époque que Hegel va être amené à donner une place fondamentale, dans le cadre de sa pensée dialectique au phénomène du négatif, et donc au mal, à la mort et à l'opposition en général. On trouve en effet dans son ouvrage paru en 1807, la *Phénoménologie de l'es-*

---

3 – E. Kant, *La religion dans les limites de la simple raison,* traduction de A. Tremesaygues, Paris, Alcan, 1913, p. 58.

4 – Cf. Hervé Rousseau, *Le dieu du mal*, Paris, PUF, 1963.

5 – *Ibid.*, p. 123 sq.

prit, dans le fameux chapitre consacré à la dialectique du maître et de l'esclave, l'idée que les hommes sont engagés dans une lutte à mort les uns avec les autres précisément afin de se faire reconnaître comme hommes, afin de s'élever par là au-dessus de la vie seulement animale. Ce n'est que dans le combat à mort avec l'autre que chacun peut s'affirmer en tant que conscience de soi[6]. L'individu qui n'a pas mis sa vie en jeu ne peut accéder à la conscience de sa propre autonomie. Toute conscience poursuit ainsi inéluctablement la mort de l'autre, non pas en vue de la destruction mutuelle, mais en vue au contraire de la reconnaissance mutuelle. Il faudrait rappeler ici que le jeune Hegel, marqué par le romantisme, donnait au contraire à l'amour une place prépondérante : il voyait alors dans l'amour cette puissance d'unification qui préserve cependant la singularité de chacun[7]. Mais à l'époque de la *Phénoménologie de l'esprit*, c'est la lutte et l'opposition qui vont constituer la voie de la véritable reconnaissance mutuelle des hommes entre eux, comme si l'amour n'était finalement pas véritablement susceptible de préserver la différence au sein de l'unité, comme s'il était une puissance trop immédiatement rassemblante, incapable d'assurer les droits de l'être singulier. C'est paradoxalement maintenant la haine de soi comme de l'autre, la volonté de séparation, qui assure la reconnaissance véritable. Ici c'est donc l'homme en tant que tel, en tant qu'il s'élève au dessus de la nature, qui est en rapport essentiel avec le négatif, avec le mal, la mort et la haine.

On retrouve la même idée chez Schelling, qui est sans doute celui des penseurs occidentaux qui a le plus profondément réfléchi sur le mal. Il explique dans son traité de 1809 sur l'essence de la liberté humaine que l'homme, parce que libre, a contrairement à l'animal une volonté propre, distincte de la volonté de la nature, qui lui donne accès à la possibilité de faire le mal, ce dont l'animal est par principe incapable[8]. Le mal apparaît ainsi être d'essence éminemment spirituelle. Le mal en tant que perversion de l'esprit humain est la domination de la volonté propre sur la volonté

6 – G.W.F. Hegel, *Phénoménologie de l'esprit,* traduction de J.-P. Lefebvre, Paris, Aubier, 1991, p. 153.

7 – Cf. J. Hyppolite, *Genèse et structure de la Phénoménologie de l'esprit de Hegel,* Paris, Aubier, 1946, p. 158.

8 – F.W.J. Schelling, « Recherches philosophiques sur l'essence de la liberté humaine » in *Œuvres métaphysiques (1805-1821),* traduction de J.-F. Courtine et E. Martineau, Paris, Gallimard, 1980, p. 157 sq.

universelle de la nature, c'est donc la possibilité qu'a l'homme de s'opposer sciemment à la nature. Le mal n'est donc pas un défaut, un moindre être, mais une véritable inversion, une rébellion contre l'être et la nature. On retrouve ici en filigrane la figure de Satan, de l'ange déchu, de l'esprit inverti. Schelling est ainsi celui, parmi les modernes, qui montre avec le plus de force que le phénomène humain n'est pensable que mis en rapport de manière fondamentale avec le mal et la haine.

***

Si l'on en vient maintenant à la philosophie contemporaine, et en particulier à la phénoménologie[9], on doit reconnaître que l'on trouve peu d'analyses consacrées à ces phénomènes psychiques négatifs que sont la haine, la jalousie ou l'envie. Certes les phénomènes affectifs sont conçus d'emblée par Franz Brentano, le maître de Husserl, comme des phénomènes d'amour et de haine[10], mais nulle analyse concrète de cette dernière n'est présentée, ni chez l'un ni chez l'autre. Husserl a bien vu dans la « communauté de l'amour » la réalisation de la véritable intersubjectivité[11], mais il ne s'attarde pas sur cette forme négative du rapport à l'autre qu'est la haine. Seul Sartre consacre dans *L'être et le néant* des pages fort intéressantes au sadisme et à la haine dans le chapitre traitant des relations concrètes avec autrui[12]. Toutes les relations concrètes avec autrui, les positives comme l'amour, ou les négatives, comme la haine, sont pour Sartre déterminées à la base par le fait qu'autrui est essentiellement celui qui me regarde et que le moi s'éprouve donc dès le départ comme « possédé » par autrui. L'apparition de l'autre est en effet pour le moi, explique-t-il, l'expérience de la décentration de son monde. Comme il le dit en une formule frappante : « Ainsi tout à coup un objet est apparu qui m'a volé le monde »[13]. Le moi

9 – Est laissée ici de côté toute une autre lignée de penseurs, de Spinoza à Freud en passant par Nietzsche, où apparaît avec force la thématique de la haine dans son rapport à la volonté et au désir.

10 – F. Brentano, *Psychologie du point de vue empirique*, traduction de M. de Gandillac, Paris, Aubier, 1943, p. 200.

11 – Cf. Françoise Dastur, *Husserl, des mathématiques à l'histoire*, Paris, PUF, 1995, p. 118.

12 – J.-P. Sartre, *L'être et le néant*, Paris, Gallimard, 1943, p. 401 sq. (Noté par la suite EN).

13 – EN, p. 295.

fait alors l'expérience de la perte de son univers, ce qui veut dire que l'expérience qu'il a maintenant de lui-même est l'expérience d'une passivité, d'un être vu par l'autre. La seule expérience qu'il peut faire d'autrui est l'expérience de son être pour autrui : c'est une expérience passive et non pas active, l'expérience consistant à devenir objet pour l'autre. Son rapport à l'autre est donc d'emblée compris comme une aliénation. Sartre nomme « honte » une telle expérience de la découverte du regard de l'autre sur le moi. La honte n'est pas donc pas tant pour lui une expérience particulière que ce qui constitue la structure même de tout rapport à l'autre, la « réaction originelle »[14] par laquelle le moi reconnaît autrui. On voit ainsi que l'autre constitue le moi dans son être même.

Sartre reprend ici à son compte une idée qu'il trouve chez Hegel selon laquelle seul l'autre peut garantir la vérité de ma propre conscience de moi-même. J'ai ainsi besoin de l'autre pour constituer mon propre moi, de sorte que, dans la perspective qui est celle de Hegel, la pluralité des consciences est le fait primitif, et non pas celle de l'insularité de l'ego. En d'autres termes, j'ai besoin de l'autre en tant que médiateur me permettant d'accéder à mon propre moi. Pour Sartre, ce qui constitue « l'intuition géniale de Hegel »[15], c'est justement le fait qu'il me fait dépendre de l'autre dans mon être même, au sens où je suis un être pour soi qui n'est pour soi qu'à travers l'autre.

Mais, pour Sartre, Hegel est coupable d'optimisme lorsqu'il déclare que la reconnaissance peut être réciproque et simultanée entre l'autre et moi. La lutte des consciences ne peut jamais pour Sartre donner naissance à une réelle reconnaissance de leur réciprocité : pour Sartre chaque conscience demeure dans sa séparation ontologique. Sartre est en fait un penseur de la séparation des consciences, de leur irréductible opposition, c'est la raison pour laquelle il ne peut pas se satisfaire de l'optimisme de Hegel par lequel ce dernier établit que la lutte des consciences est une voie menant à leur vérité. Il y a chez Sartre un refus de l'idée hégélienne de réconciliation. Il faut citer ici la dernière phrase *de L'être et le néant*, qui témoigne bien à cet égard du pessimisme foncier de Sartre : « L'homme est une passion inutile »[16].

---

14 – EN, p. 330.

15 – EN, p. 276.

16 – EN, p. 662.

Il n'y a donc pas pour Sartre de possibilité réelle de respect de la liberté d'autrui, pas même dans l'indifférence, car notre situation originelle est celle du face à face avec autrui, dont notre seule existence limite déjà la liberté sans qu'aucun de nos actes puisse changer quoi que ce soit à cette injustice première. Sartre, bien qu'athée déclaré, trouve ici un fondement philosophique à l'idée de culpabilité et de péché. Il déclare en effet : « Ainsi, le péché originel, c'est mon surgissement dans un monde où il y a l'autre, et quelles que soient mes relations ultérieures avec l'autre, elles ne seront que des variations sur le thème originel de ma culpabilité »[17]. Dans un texte bien connu, la conférence qu'il a prononcé en 1946 sous le titre « L'existentialisme est un humanisme »[18], Sartre affirme que l'homme est responsable de tous les hommes, car en choisissant telle ou telle possibilité d'existence, je crée une certaine image de l'homme que je choisis et en me choisissant, j'engage avec moi l'humanité tout entière.

C'est donc sur le fond d'une telle culpabilité fondamentale à l'égard d'autrui que l'on peut comprendre le phénomène de la haine qui consiste à vouloir purement et simplement la mort de l'autre. Haïr suppose donc qu'on renonce à instrumentaliser l'autre, comme c'est par exemple encore le cas dans le sadisme, et qu'on projette simplement de retrouver une liberté sans limite aucune.

En fait c'est au sadisme plus qu'à la haine proprement dite que Sartre consacre l'analyse la plus détaillée. Ce que veut le sadique en effet, c'est asservir l'autre, se l'approprier. Le désir, auquel Sartre consacre aussi une longue analyse, est également désir d'appropriation de l'autre. Mais comme le souligne très justement Sartre, l'expérience du désir est l'expérience d'un trouble : je suis complice de mon propre désir, il me compromet[19], car il est « chute dans la complicité avec le corps ». L'être qui désire, c'est donc la conscience en tant qu'elle se fait corps : dans le désir, explique Sartre, « je me fais chair en présence d'autrui pour m'approprier la chair d'autrui »[20]. Ce que veut le désir, c'est certes atteindre l'autre dans sa chair, mais pour cela il est nécessaire que je m'incarne moi-même, de sorte que « je ne désire qu'avec mon trouble, je ne dénude l'autre qu'en

17 – EN, p. 450.

18 – J.-P. Sartre, *L'existentialisme est un humanisme*, Paris, Nagel, 1946.

19 – EN, p. 428.

20 – EN, p. 429.

me dénudant moi-même »[21]. Le sadisme, qui manifeste l'échec du désir, est refus du trouble et de la compromission, et donc de l'incarnation : le moment du sadisme dans la sexualité, c'est, selon Sartre, celui où le sujet incarné « dépasse son incarnation pour s'approprier l'incarnation de l'autre »[22]. Le sadique refuse sa propre chair, il se veut pure conscience et pure liberté afin de pouvoir traiter l'autre comme pur objet et pur instrument. Ce qu'il veut en effet, souligne Sartre, « c'est la non réciprocité des rapports sexuels »[23], afin de jouir d'être une puissance d'appropriation face à un être captif de sa propre chair. Pourtant ce qu'il recherche, ce n'est pas la possession du seul corps de l'autre, mais de sa liberté même. C'est pourquoi il exige des preuves de l'asservissement de l'autre : « il visera à faire demander pardon, il obligera par la torture et la menace l'autre à s'humilier, à renier ce qu'il a de plus cher »[24]. Sartre marque ici la différence qui sépare la simple volonté de domination du sadisme : le sadisme en effet ne cherche pas à supprimer la liberté de celui qu'il torture, ce qu'il cherche, c'est à ce que l'autre renie lui-même sa propre liberté. C'est pourquoi, explique-t-il, « le moment du plaisir est pour le bourreau celui où la victime renie ou s'humilie », car le reniement ou le fait de s'humilier devant l'autre demeurent des actes libres, ils proviennent d'une *décision* de la victime, jugeant que la douleur est devenue insupportable. C'est la raison pour laquelle celui qui a cédé à la torture vivra son reniement par la suite dans le remords et la honte, sans pouvoir s'exonérer et en se sentant coupable de n'avoir pas su résister.

La force de l'analyse que Sartre nous propose du sadisme vient de ce qu'il le conçoit comme existant en germe dans le désir, car à partir du moment où celui-ci devient désir d'appropriation, la complicité charnelle avec l'autre se voit rompue et dès lors le sadisme devient possible. Il est donc, tout comme son opposé, le masochisme, ce qui menace de l'intérieur le désir sexuel : « Ainsi le sadisme et le masochisme sont-ils les deux écueils du désir, soit que je dépasse le trouble vers une appropriation de la chair de l'autre, soit que, enivré de mon propre trouble, je ne fasse plus attention qu'à ma

21 – EN, p. 436.

22 – EN, p. 439.

23 – EN, p. 440.

24 – EN, p. 443.

chair et que je ne demande plus rien à l'autre, sinon d'être le regard qui m'aide à réaliser ma chair »[25].

Mais le sadisme lui aussi échoue, car ce qu'il cherche à s'approprier, c'est la liberté de l'autre, laquelle demeure par principe hors d'atteinte. C'est d'ailleurs pourquoi il s'acharne sur sa victime, laquelle, même anéantie par la douleur, continue de témoigner de sa liberté inaliénable et parvient, jusque dans la mort, à échapper à sa prise. Pour Sartre en effet, autrui est par principe insaisissable[26], et c'est, d'une certaine manière, ce que comprend celui qui cède à la haine, laquelle, déclare Sartre, « équivaut à projeter de réaliser un monde où l'autre n'existe pas »[27]. Contrairement donc au sadisme, qui est jouissance de l'abjection de l'autre et de l'humiliation qui lui est faite, la haine n'abaisse pas l'objet haï. Il ne s'agit pas en effet de mettre l'accent sur telle ou telle particularité de l'autre, tel travers, tel trait physionomique, tel acte particulier, car ce qui est haï en l'autre, c'est son existence même. Ce qui est ainsi reconnu, c'est donc paradoxalement la liberté de l'autre, c'est-à-dire le pouvoir qu'il a sur moi. Sartre fait ici une subtile différence entre haïr et détester. On peut en effet détester chez quelqu'un tel trait de caractère, tel vice ou au contraire telle vertu. Mais ce que l'on hait, c'est, par-delà ses qualités et ses défauts, l'ensemble de l'individu. La haine n'est donc pas nécessairement la réponse à un mal infligé par l'autre, elle peut aussi naître à l'occasion d'un bienfait. Sartre note en effet avec perspicacité que la reconnaissance est proche de la haine. Reconnaître le bienfait de l'autre, c'est en effet, note-t-il, reconnaître que l'autre a librement agi, sans contrainte aucune, ni physique, ni morale, et qu'il est ainsi entièrement responsable de son acte, alors que celui qui l'a reçu n'en a finalement été que le prétexte. Inonder l'autre de ses bienfaits, c'est donc lui faire subir notre propre liberté et nous attirer soit son amour soit sa haine, puisque nulle indifférence ne peut alors être de mise.

La haine, on le voit, a ainsi une portée ontologique : c'est l'être même de l'autre qui en est l'objet. Elle ne porte donc pas seulement sur un autre en particulier, mais elle est, comme le souligne Sartre, « haine de tous les autres en un seul »[28], car « ce que je veux

25 – EN, p. 444.

26 – EN, p. 449.

27 – EN, p. 451.

28 – EN, p. 452.

atteindre symboliquement en poursuivant la mort de tel autre, c'est le principe général de l'existence d'autrui ». La haine est donc une guerre contre l'autre en général, elle a pour projet de libérer celui qui hait de tout asservissement à l'égard des autres. C'est la raison pour laquelle elle inquiète même ceux qui ne sont pas explicitement visés par elle. La haine que quelqu'un porte à un autre, note Sartre, je la désapprouve et je cherche à la supprimer, car j'ai conscience qu'elle me concerne, moi aussi, et qu'elle se réalise contre moi. C'est ainsi que « la haine réclame elle-même d'être haïe »[29], qu'elle fait donc tache d'huile, tout comme l'amour, car elle met à découvert la liberté de chacun de nier l'existence de tous les autres.

Mais pour Sartre, la haine, comme d'ailleurs toutes les conduites possibles à l'égard de l'autre, est un échec. Car son projet initial, qui est la suppression des autres consciences, n'est pas réalisable. Il est certes possible, on ne le sait que trop, que, par un « passage à l'acte », la haine débouche sur l'homicide. Mais l'abolition physique de l'autre, pour être vécue comme le triomphe de la haine, implique la reconnaissance que l'autre a existé au passé, et qu'il m'a donc au passé asservi. « Celui qui, une fois, a été pour autrui est contaminé dans son être pour le restant de ses jours »[30] affirme Sartre. La haine qui vise à la reconquête d'une liberté totale en éliminant cette limite à la liberté qu'est autrui est donc nécessairement vaine, puisque l'autre, une fois détruit, emporte dans la tombe la clé même de cette liberté. Ainsi, conclut Sartre, « le triomphe de la haine se transforme, dans son surgissement même, en échec »[31], car elle ne représente que l'ultime tentative, la tentative désespérée de sortir de l'aliénation originelle qui est la mienne et qui vient de ce que je tiens mon propre être d'autrui.

***

A quoi nous mènent donc les considérations qui précèdent ? Il est certain que le point de vue de Sartre sur autrui en général demeure unilatéral, étant donné qu'il fait plus de place aux expériences concrètes où nous nous découvrons en conflit avec autrui qu'à celles où nous sommes en communauté avec lui. Il n'en demeure pas moins que ses descriptions présentent un grand intérêt et nous

29 – EN, p. 452.

30 – EN, p. 452.

31 – EN, p. 453.

livrent une véritable analyse phénoménologique de la haine et du sadisme. Nous avons vu que ces conduites ne sont pas considérées comme « pathologiques » par Sartre, dans la mesure précisément où elles découlent les unes des autres et où elles constituent à ses yeux le « cercle » des rapports avec autrui dans lesquels nous sommes inéluctablement pris : ainsi le désir engendre le sadisme et le sadisme à son tour la haine qui, dans son échec, renvoie à nouveau au désir et ainsi de suite. C'est donc parce qu'il n'y a pas pour Sartre de « bonne » façon de vivre le rapport à autrui que toutes les conduites, même les plus négatives, sont, en fin de compte, équivalentes.

La haine représente certes à cet égard une "tentative ultime" de régler une fois pour toutes le problème du rapport à autrui, elle constitue, en tant que telle, une terrible simplification de ce problème, mais elle n'en est pas pour autant un phénomène pathologique, puisqu'il s'agit pour Sartre d'une conduite librement choisie. Dans la perspective qui est la sienne, et qui représente la perspective phénoménologique en général, laquelle présuppose la liberté de l'être humain, c'est-à-dire son indépendance à l'égard de toute détermination et son absence de nature, la haine n'est qu'une des possibilités extrêmes de la conduite humaine, laquelle n'est donc pas protégée du mal, mais au contraire mise essentiellement en rapport avec lui. On est donc loin ici de la manière dont la tradition religieuse a posé le problème du mal, en tentant de le localiser, à l'extérieur de l'homme, dans un principe diabolique.

Quelle est en effet, devons-nous nous demander, la fonction qu'occupe le diable dans l'ensemble de la tradition religieuse occidentale ? C'est, semble-t-il, de donner une place au mal, de le différencier radicalement par rapport au bien, d'un bien avec lequel il ne peut se mélanger et en lequel il ne peut pas non plus se convertir. Le diable en tant qu'entité distincte signifie que le mal n'est originellement ni en l'homme ni en dieu, qu'il est « autre » et qu'il peut donc être combattu et haï comme un autre. Ainsi, dans la personne du diable, nous donnons corps au mal qui fait pourtant partie de nous-mêmes. C'est là le ressort secret de tous les processus de diabolisation par lesquels nous nous donnons des ennemis à haïr, impliquant par là que la purification du mal est pour nous possible et que la contamination n'est donc pas inéluctable. Il y a là l'affirmation implicite que tout le mal est dans l'autre, et que si on élimine celui-ci, on élimine du même coup le mal. Ce qui menace alors ici, dans ce combat mené contre les forces du mal, contre « l'axe du mal », c'est en fait la pathologie, sous la forme de la paranoïa, une paranoïa qui repose sur une idéalisation excessive de soi destinée à conjurer l'angoisse qui accompagne la prise de conscience d'un mal qui est inhérent à nous-mêmes. On reconnaît sans peine ici le processus poussant à désigner des boucs émissaires, responsables de tous les maux d'un groupe. Mais c'est aussi ce qui forme la structure de nombre d'idéologies totalitaires ou intégristes, qui consistent à voir dans le mal quelque chose d'*étranger*[32]. C'est ce qu'il faudrait nommer, en un sens très général, xénophobie, en donnant à ce terme le sens fort de « haine » et non pas seulement de « peur » de l'étranger. Une de ses formes les plus courantes se rencontre dans le comportement de certains malades, qui rendent responsables de leurs maux tant physiques que psychiques non seulement les membres de leur famille, mais aussi leur entourage professionnel et jusqu'à leurs médecins eux-mêmes. Le rôle joué ici par cette localisation du mal en l'autre est sans nul doute le maintien de la cohésion même du moi, qui risque de se voir profondément altérée dans la maladie. Faut-il pour autant en conclure qu'un être qui ignorerait la haine ne parviendrait pas à se poser comme soi ? On retrouve ici l'idée, chère à Hegel, d'une nécessité de l'opposition et de la lutte à mort pour la constitution de soi. « Ecraser l'infâme », « Désigner l'immonde » : c'est par ce geste, nous l'avons vu récemment, que peut se constituer, au moins provisoirement, une communauté. La haine appelle donc la haine en retour, comme l'a bien vu Sartre, et elle est finalement, de manière paradoxale, un facteur de cohésion du groupe.

Cela peut nous amener à penser que ce n'est peut-être pas vers la haine qu'il faut se tourner si l'on cherche un phénomène et une conduite proprement pathologiques. Ce n'est d'ailleurs pas non plus vers le sadisme, lequel, comme nous l'avons vu, concerne dans l'autre ce que celui-ci a de profondément humain, à savoir sa liberté. Certes la haine peut devenir un habitus et être à l'origine d'un délire généralisé, tout comme le sadisme peut se transformer en mode général de conduite à l'égard d'autrui. Mais haine et sadisme s'adressent à ce qu'il y a d'humain dans l'homme : la haine n'abaisse pas celui auquel elle s'adresse, de telle sorte qu'une espèce d'égalité s'installe entre celui qui haït et celui qui est haï ; quant au sadique, il ne peut jouir de l'abaissement de sa victime que parce

32 – Cf. André Green, « Pourquoi le mal ? » in *Le mal*, J.-B. Pontalis éd., Paris, Gallimard, 1988, p. 436 sq.

qu'il parvient encore à s'identifier à elle. Il en va tout autrement de cette forme extrême du mal qui repose non sur la haine et la jouissance prise à la souffrance d'autrui, mais sur l'indifférence à l'égard de l'humain comme tel.

La véritable pulsion destructrice exige en effet comme sa condition la déshumanisation de l'autre. L'indifférence à l'autre, au regard de l'autre sur moi, a été décrite par Sartre comme une sorte de cécité volontaire à l'autre[33], par laquelle celui-ci se voit réduit à sa seule fonction ou considéré comme un simple obstacle à éviter. L'autre est donc ici susceptible d'être entièrement instrumentalisé pour servir l'ensemble de mes *intérêts,* et non pour me donner un *plaisir* immédiat, comme c'est le cas dans le sadisme. Il faut certes ici remarquer que l'instrumentalisation de l'autre est inévitable dans la vie en commun, où nous sommes contraints, pour agir, d'aborder les autres dans le cadre de leur fonction. Mais cela n'exige nullement de nous que nous les réduisions entièrement à celle-ci. Kant a fort bien su marquer cette différence dans une des formulations qu'il donne de son impératif catégorique : « Agis de telle sorte que tu traites l'humanité aussi bien dans ta personne que dans la personne de tout autre toujours *en même temps* comme une fin, et jamais *simplement* comme un moyen »[34].

En ce qui concerne Sartre, qui a le mérite de nous donner une analyse phénoménologique de l'indifférence, il voit dans cette attitude de négation de l'autre en tant qu'autre, comme dans toutes les conduites à l'égard d'autrui, une impasse. Cette cécité à l'autre qu'est l'indifférence ne délivre en effet qu'en apparence du regard de l'autre, puisque l'indifférent continue à être vu sans pouvoir l'éprouver et donc sans pouvoir s'en défendre. L'indifférence à autrui est donc nécessairement accompagnée d'inquiétude et de malaise. Et certes, on peut voir dans l'indifférence une sorte de défense visant à se protéger du regard d'autrui. On a affaire alors à une indifférence feinte, caractérisant la timidité ou la pudeur extrêmes. Car l'indifférence est une conduite diamétralement opposée à la haine : la haine veut détruire l'autre en tant qu'autre, alors que l'indifférence vise au contraire à ôter à l'autre son altérité. La première, nous l'avons vu, peut déboucher sur l'homicide, la destruction effective de l'autre.

---

33 – EN, p. 420.

34 – E. Kant, *Fondements de la métaphysique des mœurs*, traduction de V. Delbos, Paris, Delagrave, 1959, p. 150-151. (Je souligne).

L'indifférence, elle, consiste en une sorte de destruction spirituelle de l'autre, et c'est pourquoi, lorsqu'elle n'est plus une feinte, mais devient un habitus, elle peut être considérée comme une figure plus fondamentale du mal, qui est précisément toujours d'essence spirituelle, que la haine.

La xénophobie, au sens donné ici à ce mot, à savoir la haine de l'autre assimilé au mal, n'est peut-être donc pas la figure du mal absolu. Celui-ci est peut-être plutôt atteint là où ne règne nulle cruauté, mais où domine le souci de l'ordre et de la bonne gestion du matériel humain, que ce soit en vue de sa destruction, comme c'est le cas dans les diverses sortes d'extermination, ou que ce soit en vue de sa rentabilisation, comme c'est le cas dans toutes les formes de mise en esclavage. C'est en effet dans l'indifférence souveraine des exterminateurs et des esclavagistes que l'on peut voir la forme la plus achevée du mal, en même temps que l'expression de la plus grave des pathologies : l'incapacité à reconnaître le *phénomène humain*.

Il y aurait donc pire que la haine, pire que la colère, la discorde et la guerre, pire que tout ce qui oppose entre eux les hommes : l'indifférence, la réduction de l'homme à l'état de pur produit, de pure marchandise, de pure force de travail à utiliser ou de pur déchet à éliminer. Il va sans dire que lorsque, insidieusement, ce mode de comportement gagne de proche en proche et devient le principe général régissant les rapports entre hommes, c'est alors l'ensemble de la société qui sombre dans la plus grave des pathologies.

AIDA ET THÉRAPIE LA PSYCHOPATHOLOGIE PHÉNOMÉNOLOGIQUE DE KIMURA BIN

Kimura Bin (1931-2021) est un philosophe, un musicien et un psychiatre japonais[1]. C'est après avoir achevé ses études à l'université de Kyôto qu'il s'est tourné en 1955 vers la psychiatrie. Pour poursuivre ses recherches, il a séjourné deux fois en Allemagne, à l'université de Munich (1961-1963) et à l'université de Heidelberg (1969-1971), où il fut professeur associé. Il s'est ainsi inscrit dans le courant de pensée qu'on a nommé le groupe de Heidelberg, animé par les psychiatres et philosophes Hubertus Tellenbach (1914-1994) et Wolfgang Blankenburg (1928-2002), et aujourd'hui par Alfred Kraus (né en 1934) et Thomas Fuchs (né en 1958)[2]. Il faut à cet égard rappeler que la clinique psychiatrique de Heidelberg a été dirigée de 1891 à 1903 par Emil Kraepelin (1856-1926), le fondateur de la psychiatrie moderne, et que Karl Jaspers (1883-1969) y a travaillé en 1909 avant d'être nommé en 1916 professeur de psychologie à l'université de Heidelberg, laquelle deviendra ainsi un centre important de recherches psychiatriques, philosophiques et anthropologiques. Kimura a traduit en japonais plusieurs ouvrages de psychiatres allemands (Binswanger, Tellenbach, Blankenburg) et est l'auteur de nombreux articles en langues européennes. Ses œuvres en japonais ont été réunis en huit volumes en 2001. Ses *Essais de psychopathologie phénoménologiques* ont été traduits en français en 1992[3] et *L'entre. Une approche phénoménologique de la schizophrénie*, qui date de 1998, en 2000[4].

---

1 – Il faut souligner ici qu'en japonais le prénom (Bin) suit et non pas précède le nom (Kimura).

2 – Voir à ce sujet Philippe Cabestan et Françoise Dastur, *Daseinsanalyse*, Paris, Vrin, 2011, « Prolongements historiques », p. 136-143.

3 – Bin Kimura, *Écrits de psychopathologie phénoménologique*, traduction de Joël Bouderlique, revue par François-Charles Bideaux, présentation de l'édition française par Yves Pélicier, postface de Henri Maldiney, Paris, PUF, 1992.

4 – Bin Kimura, *L'Entre, une approche phénoménologique de la schizophrénie*, traduction de Claire Vincent, Grenoble, Millon, 2000. On trouvera dans ce volume une présentation de la vie, de l'œuvre et des idées maîtresses de Bin Kimura.

La psychopathologie phénoménologique de Kimura s'est développée en rapport étroit avec les analyses heideggériennes de l'existence et de la temporalité, mais elle fait aussi une place importante aux notions proprement japonaises d'*aida* (dimension interpersonnelle) et de *jikaku* (auto-aperception). Il faut en effet prendre en considération tout ce que la pensée et la pratique de Kimura doivent au mode de pensée spécifiquement japonais, ce qui implique de mettre en évidence les sources proprement japonaises de l'œuvre de Kimura, lesquelles sont, du point de vue philosophique, d'une part Nishida Kitarô, le fondateur de la célèbre école de Kyoto, et d'autre part Watsuji Tetsurô, qui en est un éminent représentant. C'est en effet sur la pensée de Nishida, et en particulier sur ce qu'il nomme *jikaku*, que s'appuie Kimura, la généalogie du concept de *aida* devant être cherchée du côté de Watsuji. Il faut en effet reconnaître d'emblée que la pensée de Kimura, bien que nourrie de nombreuses références à la pensée occidentale, demeure cependant dans son fond et dans son moyen d'expression profondément japonaise.

C'est à partir de là qu'il s'agit maintenant de s'intéresser à la pratique psychiatrique de Kimura, qui est, il faut le souligner, à la fois un penseur, un philosophe, et un psychiatre, un thérapeute. Mais avant de le faire, et avant, en particulier, de revenir sur l'intérêt tout particulier que Kimura a montré pour la schizophrénie dès le début de son activité de psychiatre – il a en effet traduit très tôt *Schizophrénie* de Ludwig Binswanger[5] en japonais – il faut, en s'appuyant à la fois sur le texte de *L'entre* et sur un certain nombre d'autres textes de Kimura, tenter de préciser de manière globale ce qui caractérise, en ce qu'elle a d'essentiel, sa conception de la psychopathologie. Il ne faut pas se laisser égarer à cet égard par le caractère syncrétique de sa pensée qui le conduit, en particulier dans *L'entre*, à convoquer, à côté de références proprement japonaises, et à juxtaposer les unes aux autres, de multiples références à des penseurs occidentaux (von Weizsäcker, Husserl, Heidegger, Derrida, Levinas, Lacan, etc.) dont les positions respectives nous paraissent parfois peu compatibles entre elles. C'est en effet à partir d'une position de fond, profondément japonaise, que toutes ces références contradictoires à des penseurs occidentaux sont possibles. Et c'est donc avant tout cette position de fond qu'il s'agit de

5 – L. Binswanger, *Schizophrenie*, Pfullingen, Neske, 1957 (livre non traduit en français).

déterminer, pour tenter de se frayer un chemin à travers les textes « touffus » de Kimura.

On peut donc à cet égard partir d'une remarque d'Augustin Berque, géographe et spécialiste du Japon, selon lequel « Les Japonais ont besoin d'identifier leur soi avec la nature et l'autre »[6]. Le point de départ n'est donc pas ici, comme c'est le cas pour la pensée occidentale moderne depuis Descartes, la scission opérée entre sujet et objet, laquelle a pour corollaire l'extramondanéité du sujet en même temps que la réduction de l'autre sujet, de l'alter ego, à un objet appartenant à la sphère mondaine. C'est cette grande scission entre moi et non-moi, laquelle constitue de Descartes à Fichte et Husserl la structure la plus fondamentale de la pensée occidentale moderne, qui se voit radicalement mise en question par la langue et le mode de pensée japonais. Pour le Japonais, comme d'ailleurs pour le Grec de l'époque présocratique, c'est une même spontanéité qui s'exprime dans la nature et dans l'homme, quoique de manière différente, cette différence renvoyant à la distinction entre *onozukara* et *mizukara,* mouvement spontané universel et impersonnel et mouvement venant d'un soi incarné et personnel. C'est donc cet écart – *aida*[7] – entre deux expressions du soi et non pas dans l'opposition entre moi et non-moi que se joue la destinée de cet être à la fois vivant et existant qu'est l'homme, vivant en tant qu'il appartient à la nature et existant en tant qu'il a à se constituer comme être propre distinct de celle-ci.

Pour les philosophes de la conscience, tout ce qui se présente ne le peut que sous la figure de l'ob-jet et dans la dimension de l'en-face. C'est la raison pour laquelle, dans une telle perspective, il est si difficile, comme on le voit avec Husserl, de parvenir à constituer aussi bien le soi propre que celui de l'autre. Comme le montre bien Nishida, l'orientation d'une philosophie de la conscience va du soi vers le monde et présuppose donc l'extramondanéité du moi, alors qu'il s'agit précisément plutôt d'aller du monde vers le soi, afin de voir ainsi le soi depuis le monde. Selon cette dernière perspective, il devient non seulement impossible de penser le soi sous la figure de la substance – ce que d'ailleurs déjà Fichte et Husserl, qui ont pensé respectivement le moi comme activité et comme pôle des

6 – Cf. Augustin Berque, *Le Sauvage et l'artifice, les Japonais devant la nature*, Paris, Gallimard, 1997 (1re éd. 1986).

7 – En Japonais, *aida* signifie *entre* dans le sens d'un intervalle spatial ou temporel entre deux ou plusicurs choses.

actes intentionnels ont, contre Descartes, bien montré –, mais il n'est même plus possible de voir simplement en lui une instance et un pouvoir de représentation, en un mot une « conscience ». Il faut le penser plus profondément comme le lieu où advient la représentation, selon une perspective qui n'est pas sans rappeler un thème de pensée propre au plus « oriental » des philosophes occidentaux, à savoir Schopenhauer, qui fait lui aussi une différence radicale entre le niveau de la représentation et celui de la vie et de la volonté. C'est en effet ici que l'on rencontre ce que l'on pourrait nommer la « théorie des trois soi » chez Nishida, dont visiblement Kimura s'est fortement inspiré. Ce qui a lieu dans ce que Nishida nomme *jikaku*, éveil à soi, c'est tout autre chose que l'auto-aperception du sujet, à savoir l'opération par laquelle la conscience devient conscience de soi. C'est au contraire l'éveil à soi du monde lui-même qui advient en ce lieu, *basho*, qu'est le soi. Nous sommes là au plus près, avec cette notion de soi topologique que l'on trouve chez Nishida de ce que Heidegger nomme *Dasein* et qu'il comprend lui aussi comme *Stätte des Seinsvertandnisses*, « lieu de la compréhension de l'être »[8].

Ce que montre en effet Nishida, c'est que ni le soi noétique, le soi en tant qu'instance de la représentation, ni le soi noématique, le soi en tant que représenté, n'épuise la notion de soi, puisqu'il faut bien penser le lieu où advient cette représentation de soi par soi, lequel est lui-même absolument autre *(zettai no ta),* en d'autres termes radicalement différent par rapport à la sphère de la représentation ou de la conscience. C'est, semble-t-il, l'ensemble de ce phénomène qu'est l'éveil à soi du monde *(jikaku)* que le dernier Nishida a voulu exprimer dans le concept d'intuition-action *(kôi-teki-chokkan).* Il s'agit en effet là de l'avènement même du monde qui est la venue à l'apparaître de la multiplicité des choses et des êtres. Comme le souligne bien Nishida, une telle intuition-action n'est pas l'œuvre du sujet, mais renvoie à ce processus d'auto-formation du réel lui-même qui trouve dans le soi son lieu d'apparition.

On comprend sans doute mieux à partir de là la position de Kimura à l'égard de la pensée husserlienne. Celle-ci ne peut pas en effet constituer pour lui un point de départ permettant la compréhension de cette pathologie du soi qu'est la schizophrénie. Avec

8 – Cf. M. Heidegger, *Sein und Zeit*, Tübingen, Niemeyer, 1963, apostille ajoutée par Heidegger sur son exemplaire personnel, p. 9.

sa théorie de l'ego transcendantal et de la conscience constituante, Husserl reste en effet pris dans la sphère de la représentation. C'est ce que, dans un article publié dans *L'art du comprendre* et intitulé « Conscience de soi et *jikaku* », Kimura souligne bien : « Une phénoménologie psychopathologique devrait ainsi d'emblée renoncer à être une phénoménologie de la conscience »[9]. C'est aussi dans ce même article qu'il explique que la thèse qu'il soutient, à savoir que la schizophrénie est une pathologie de l'ipséité qui n'a pu être formulée qu'à partir du moment où la phénoménologie a été introduite au Japon par la voie de Nishida et de Heidegger, alors qu'elle demeure impossible dans le cadre des précédentes conceptions du sujet, et en particulier de celle de Husserl qui ne conçoit qu'un sujet objectivé. On pourrait dire en effet que par la théorie de la constitution, Husserl est amené à n'envisager le sujet que dans ses rapports avec l'objet qu'il constitue. Il en reste donc à une vue unilatérale du soi en tant que pur corrélat noétique d'un contenu noématique. Il s'agit au contraire pour Kimura, qui suit ici Nishida, de penser l'acte noétique à partir du fond dont il provient et qui n'est autre que la vie. On pourrait sans doute ici, pour tenter de défendre quelque peu la position husserlienne, rappeler que le dernier Husserl a développé une phénoménologie de la passivité qui est aussi une phénoménologie de la vie, laquelle tente de rendre compte de cet autre « côté » du sujet. On trouve en particulier chez ce dernier Husserl l'idée d'une intentionnalité qui n'est plus pensée comme objectivante, c'est-à-dire comme intérieure à la sphère de la représentation et de l'apparaître, mais qui est au contraire, sous le nom de *Triebintentionalität,* intentionnalité pulsionnelle, pensée comme action et comme vie.

Mais ce n'est pas au Husserl des « synthèses passives » que se réfère Kimura, mais au physiologue Viktor von Wieizsäcker (1886-1957), dont il a traduit en 1975 en japonais l'ouvrage majeur, *Der Gestaltkreis, Le cycle de la structure*[10]. Ce qu'il trouve en effet chez von Weizsäcker, c'est l'idée que ce qui définit la subjectivité, ce n'est pas la conscience, mais le rapport à un fond inobjectivable – idée

9 – Bin Kimura, « Conscience de soi et jikaku. Poésie et vérité dans la vie de F. Hölderlin », traduction de Claire Vincent, *L'art du comprendre*, février 1999, numéro 8, p. 14.

10 – Cf. V. von Weizsäcker, *Le cycle de la structure*, première édition allemande 1933, traduction de M. Foucault et D. Rocher, préface de H. Ey, Paris, Desclée de Brouwer, 1958.

qui n'est d'ailleurs pas si étrangère à Husserl, qui a lui aussi défini le vivant, indépendamment de la conscience, comme un principe égoïque, et qui range à cet égard l'homme lui-même parmi les *animalia*. C'est l'idée d'une interaction entre l'organisme vivant et le milieu qui permet de comprendre ce « cycle » structurel dont parle von Weizsäcker, lequel ne permet plus de penser le rapport de l'organisme vivant et du monde comme un simple face à face. Or cette intrication de la perception et du mouvement, du voir et du faire est précisément ce que Nishida vise de son côté sous le terme de *kôi-teki-chokkan,* intuition-action. Le noétique se voit par là même compris autrement qu'il ne l'est chez Husserl, non pas simplement comme acte rationnel, mais comme jaillissement même de la vie, sans présupposition de quelque chose comme un moi, alors que le noématique au contraire provient de la transposition au plan de la conscience de cette activité vitale noétique. Il s'agit donc très précisément pour Kimura, comme il le souligne dans *L'Entre*[11], de « dégager » l'acte noétique des phénomènes de la conscience, ce qui permet de penser non plus la fameuse corrélation « noético-noématique » si chère à Husserl (cela même que critique d'ailleurs, mais en un tout autre sens, Levinas), mais au contraire l'action réciproque de la noèse et du noème l'un sur l'autre, la représentation noématique guidant en retour l'exécution noétique. Cela implique, et c'est là le point important, que le moment noématique de la représentation qui est aussi celui de la constitution du monde objectif et intersubjectif n'a nulle réelle autonomie, mais doit au contraire être conçu comme intérieur à l'ensemble du mouvement circulaire noétique de la vie. C'est en ce sens que Kimura peut parler de métanoésis ou de principe métanoétique : il s'agit là d'une retransformation du noématique-extérieur en noétique-intérieur.

C'est donc l'ensemble du monde de la représentation, l'ensemble donc du noématique, qui par essence renvoie à de l'intersubjectif, qu'il s'agit alors de penser à partir d'une différence ou d'un écart interne au mouvement même de la vie. Il y a ainsi, comme Nishida le souligne, une sorte de rétroaction de ce qui est fait (le noématique, le représenté) sur ce qui est en train de se faire (le noétique), de sorte qu'il nous semble avoir affaire à un paradoxe temporel selon lequel ce qui vient après : le postérieur, le résultat, le constitué, semble déterminer ce qui vient avant : l'antérieur, l'acte, le constituant.

11 – *L'Entre, op. cit.*, p. 48.

Cela n'est en réalité possible, comme l'explique bien Kimura, que si le constitué, le fait, le représenté ou encore le noématique, n'est pas séparé du noétique comme le serait le mort du vif. Le noème ne peut se transmuter en noèse que s'il est saisi dans son caractère vivant et non purement et simplement identifié à une pure matière morte. Pour le faire comprendre, Kimura, grand musicien, a recours à l'exemple de la musique. Celui qui écoute la musique jouée par d'autres ne voit pas en elle une pure suite de sons donnés, mais la saisit à partir des silences qu'elle contient, à partir de ce que le japonais nomme *ma,* intervalle, qui est en lui-même dirigé vers le futur et qui donne à la musique sa vivacité et sa présence. Il s'agit donc bien de saisir ce qui a lieu dans son caractère événementiel et non pas substantiel, de le voir comme *koto*, comme événement, et non pas comme *mono*, comme une chose existant de manière intemporelle.

Avec cette opposition entre l'événement *(koto)* et ce qui en est le résultat *(mono)*, nous sommes en présence de la différence entre le verbe et le nom. Or la pensée occidentale traditionnelle a toujours donné un privilège au nom sur le verbe, elle s'est montrée incapable de penser l'événement. Comme le souligne Kimura, avant d'être des hommes, c'est-à-dire des consciences capables de se représenter le monde, nous sommes des vivants qui entretiennent sans cesse un rapport avec l'ensemble de la nature, et ce n'est qu'en maintenant ce rapport que nous devenons capables de répondre aux incitations qui nous viennent du monde extérieur en modifiant notre monde intérieur. C'est cette opposition entre l'événement et ce qui en est le résultat, que Heidegger, dans son entreprise de « destruction » de l'ontologie grecque, nomme quant à lui la « différence ontico-ontologique » ou différence entre l'être et l'étant, ou encore entre le verbe et le nom. Voir ainsi le « faire » dans le « fait » c'est donc être capable en quelque sorte de renverser l'ordre temporel habituel en donnant ainsi au passé lui-même le sens d'un avenir. C'est comme cette « capacité », comme ce pouvoir-différencier que se constitue au sens propre le soi. Et c'est cette différence interne au soi que Kimura nomme *aida* intrasubjectif, *aida* étant traduit par « entre ». Exister comme un soi, c'est donc, comme le dit Nishida, avoir un rapport avec l'absolument autre, ou encore, comme le dit Heidegger, être comme transcendance ou être en tant que celui qui accomplit la différence ontologique. Comme le souligne Kimura, avant d'être des hommes, c'est-à-dire des consciences capables de se représenter le monde, nous sommes des vivants qui entretenons sans cesse un rapport avec le fond inobjectivable de la vie, et ce n'est qu'en maintenant ce rapport que nous devenons capables de répondre aux incitations qui nous viennent du monde extérieur en modifiant notre monde intérieur.

Il semble donc bien à partir de là que ce qui constitue originairement le sujet, ce soit cet *aida* intrasubjectif par lequel le sujet se saisit à la fois comme rapport au fond de la vie et comme rapport au monde de la représentation. Mais en réalité cet *aida* intrasubjectif n'est pas séparable de l'*aida* intersubjectif, car, comme le souligne Kimura, c'est uniquement la relation intersubjective avec l'autre qui met en jeu le rapport au fond comme moment structurel du soi. Rencontrer autrui n'est en effet possible qu'à travers la participation commune de l'un et de l'autre au fond de la vie, à cet absolument autre par rapport à la sphère de la représentation. Ce qui veut dire que la rencontre avec autrui n'est nullement de l'ordre de la fusion : l'existence communautaire doit être conçue comme celle d'une pluralité de soi capables de se rapporter les uns aux autres en tant qu'ils ont chacun un rapport au fond de la vie. L'*aida* « intérieur » s'accomplit donc comme *aida* « extérieur » ou intersubjectif et inversement l'*aida* intrasubjectif est vécu comme aida intersubjectif. C'est ce qui explique que Kimura puisse définir la schizophrénie à la fois comme une pathologie de l'ipséité et comme un trouble des relations avec autrui. Car c'est l'*aida* sous sa double forme interne et externe qui est fondamentalement mis en question dans la schizophrénie, et donc le caractère événementiel et relationnel de l'être humain, son dynamisme propre dirait-on en employant le langage de la philosophie occidentale, ou ce qui fait de lui un être de l'ordre de ce que le japonais nomme *koto*. Kimura souligne qu'il ne peut y avoir d'élan naturel, de *koto* donc, qu'à partir d'*aida*, qu'à partir de cette distance ou différence interne qui est le lieu de la constitution du soi. Dans *L'Entre,* il donne l'exemple du cas de l'une de ses patientes qui explique qu'elle ne parvient pas à prendre ses distances à l'égard de sa mère et des autres en général et qu'elle n'a plus le sentiment d'être elle-même, comme si les autres entraient en elle et agissaient à sa place[12]. Kimura explique que l'oppression ressentie par la patiente est l'indication thymique de la perte de l'élan naturel et de l'absence de la distance

12 – *Ibid.*, p. 129.

interne permettant au soi de se constituer. C'est alors qu'autrui peut usurper le soi et que l'ipséité s'emplit d'altérité. Tous les troubles relationnels qui s'expriment dans la sphère de la représentation, au niveau *mono* ou encore ontique, ne sont que des phénomènes dérivés d'une pathologie plus fondamentale qui se situe au niveau plus profondément ontologique, au niveau *koto*. Je cite ici Kimura : « Pathologie de la relation, pathologie d'*aida*, la schizophrénie doit avant tout être comprise comme étant due à l'insuffisance d'exercice de l'absolument autre qui est le lieu de la constitution du soi. Cet absolument autre, qui apparaît alors sous la forme d'un autre terrifiant en révélant son altérité absolue, est l'inconnu menaçant la subjectivité en son fondement »[13]. Il semble donc que dans le cas de la schizophrénie ait lieu quelque chose comme une extranéisation de ce fond inobjectivable à partir duquel le moi doit se constituer intérieurement. Au lieu de voir en lui-même ce fond inobjectivable et de nouer un rapport interne avec lui, le patient le voit prendre la forme extérieure d'une altérité menaçante. On a là le dispositif classique de l'aliénation, du devenir autre à soi-même, qui est essentiellement un processus d'extranéisation.

Ce qui caractérise donc la schizophrénie, et ce qui fait du même coup tout l'intérêt de cette « énigmatique maladie » aux yeux de Kimura, c'est le fait qu'elle mette au jour le processus même de la constitution du soi. Mais en Orient, rappelle Kimura, le soi n'est pas défini comme intériorité par rapport à l'extériorité de la nature. Il souligne d'ailleurs à cet égard que chez Goethe, l'intériorité est présentée comme « nature intérieure », conception qui lui paraît exceptionnelle en Occident[14]. On pourrait ici citer non seulement aussi Tellenbach, comme le fait Kimura[15], mais également Schopenhauer et surtout Schelling qui adopte la même perspective et voit dans la nature l'extériorisation du soi, pour souligner ainsi que cette mise en question de l'opposition dualiste entre moi et non moi, entre nature et soi, n'est pas absente de la philosophie allemande. C'est donc, comme nous l'avons déjà vu, la coappartenance fondamentale de la nature en tant que soi extériorisé *(onozukara)* et de l'homme comme soi intériorisé *(mizukara)* qui caractérise la pensée japonaise, tout à fait comme chez les Présocratiques, où la

13 – *Ibid.*, p. 130.

14 – *Ibid.*, p. 139, note 66.

15 – *Ibid.*

phusis est pensée comme englobant à la fois le monde naturel et le monde humain, lequel ne sera considéré comme s'opposant au premier (sous la triple forme du *logos*, de la *polis* et de la *tekhnè*) que dans le moment sophistique qui précède l'apparition de la philosophie. C'est donc l'appartenance à la spontanéité naturelle traversant tout qui est en question dans la schizophrénie. Je cite ici à nouveau Kimura : « Dans la mesure où nous existons dans le monde en tant que corps pourvu de vie, ce jaillissement, cette origine traverse notre corps à chaque instant et poursuit sans cesse un nouveau commencement. Se rapporter au fond de la vie par des actes noétiques veut donc dire puiser dans le soi *(mizukara)* le 'de soi-même' *(onozukara)* indéterminé et le déterminer comme soi »[16]. Il semble ainsi que le fait pour la vie, la spontanéité universelle, de s'incarner (*mi* dans *mizukara* a le sens de corps) dans une existence singulière exige, en ce qui concerne l'être humain, la capacité de « laisser être » ou de laisser se déployer ce mouvement naturel dans la sphère du monde qui est celle des relations entre les diverses singularités. Il s'agit là, précise Kimura, en citant Binswanger qui lui-même se réfère à Heidegger, d'une « activité au plus haut point positive » qui consiste pour l'être humain à ne pas contrecarrer en soi la spontanéité originelle, à « aider » en quelque sorte la nature à se déployer, ce qu'un autre penseur et poète allemand, Hölderlin, a lui aussi bien mis en évidence[17]. On pourrait à cet égard penser que toute pathologie équivaut à une sorte de pétrification ou d'inhibition de cette transcendance, de cette sortie hors de soi de la vie, de ce que Heidegger lui aussi a pensé comme « mouvement extatique ». Cette pathologie proprement humaine qu'est la schizophrénie provient donc de la nécessité dans laquelle l'être humain se voit placé d'apporter en quelque sorte en lui-même son aide au mouvement de la nature, lequel, du fait de l'importance donnée à la sphère conscientielle, à la sphère de la représentation, peut être radicalement empêché ou du moins fortement altéré. On sait en effet que la schizophrénie se caractérise par une réflexivité excessive, que Kimura a déjà bien mise en évidence dans ses *Essais de psychopatho-*

16 – *Ibid.*, p. 141.

17 – Hölderlin montre en effet dans que la nature ne peut se manifester par elle-même, et requiert pour cela quelque chose de plus faible qu'elle, à savoir l'art de l'homme. L'être humain aide ainsi la nature à apparaître en ce qu'elle a de propre, à sortir de sa dissimulation originelle. Voir à ce sujet, Françoise Dastur, *Hölderlin Le retournement natal*, Paris, Encre marine, Les Belles Lettres, 2013, p. 113-118.

logie phénoménologique, et qui consiste en une réflexion simultanée et non pas subséquente à l'action, laquelle renforce considérablement le sentiment d'étrangeté que le schizophrène ressent à l'égard de lui-même. C'est cette introspection simultanée qui explique le caractère mimétique et dépourvu de naturel du comportement du schizophrène en même temps que son impossibilité à nouer des rapports avec autrui.

On pourrait d'ailleurs ici se demander si cet excès de réflexivité propre au schizophrène ne va pas de pair avec une altération profonde de la sphère de la verbalisation. Kimura aborde le problème du langage dans les dernières pages de *L'entre*, en rappelant que *koto* signifiait originellement à la fois événement et parole, mais que, sous l'influence du bouddhisme, méfiant à l'égard de la parole, un dualisme s'est instauré entre le mot et l'événement, lequel, s'objectivant alors sous la forme d'un étant intemporel, est conçu comme *mono* et non plus comme *koto*, et devient alors une chose distincte de son appellation. C'est ainsi, explique-t-il, que se constitue des appellations fixes dans un milieu culturel donné, lequel correspond à un découpage déterminé des représentations conscientielles, c'est-à-dire noématiques. Le langage, la sphère de la verbalisation, peut donc contrecarrer le mouvement spontané de la vie, dont il ne peut d'ailleurs jamais exprimer qu'une partie – d'où le terme pour langage en japonais : *kotoba*, extrémité de koto. On peut regretter que sur la base d'une telle compréhension du rapport entre langage et événement, Kimura ne nous ait pas livré une analyse plus globale du rapport du schizophrène à la sphère verbale, lequel se manifeste par une impossibilité à « habiter » les mots et à mettre en rapport le non verbal avec le verbal. Kimura souligne cependant que « quand deux personnes ont entre elles un échange émotionnel, elles peuvent ressentir un certain embarras face au langage, face à la tromperie des mots. Ceci n'est pas sans rapport avec le phénomène de double contrainte *(double bind)* tel qu'il se présente dans la schizophrénie »[18]. Un peu plus loin dans le texte, Kimura fait allusion, de manière plutôt positive, à la célèbre théorie, énoncée dès les années cinquante par le psychiatre californien Gregory Bateson, du *double bind* ou double contrainte comme cause principale de la schizophrénie. Ce *double bind* se caractérise précisément par la contradiction mutuelle de deux messages adressés à l'individu, l'un verbal,

18 – *L'Entre, op. cit.*, p. 125.

l'autre non verbalisé (le message verbal est un ordre, le message non verbal intime l'interdiction de se conformer à l'ordre exprimé oralement). Kimura refuse cependant de voir dans ce décalage entre les deux messages la cause de la schizophrénie, car en réalité c'est l'intégration de ce décalage même dans la constitution du soi qui pose problème, le décalage entre sphère verbale et représentation et sphère noétique vitale, lequel existe toujours, étant précisément ce qui fait question pour le schizophrène. La double contrainte est donc plutôt à considérer comme l'effet que comme la cause de la schizophrénie.

On peut en conclure que la schizophrénie se caractérise donc selon Kimura par une difficulté d'individuation qui a son fondement dans l'impossibilité d'exprimer corporellement et verbalement le mouvement vital. Ce qui est ainsi perdu, c'est la spontanéité originaire du fond de la vie *(ji)* s'écoulant vers l'individualité du soi incarné *(mizukara)* de manière naturelle *(onozukara)*. Car ce qui fait question pour le schizophrène, c'est la conscience réflexive qu'il a de son rapport à la vie. Ce sont donc les fonctions symboliques, la possibilité d'une auto-réflexion et la sociabilité qui le distingue des animaux. Il lui faut donc à la fois maintenir son individualité face aux autres, tout en continuant à se rapporter, en tant qu'être vivant, à la spontanéité vitale. Le rapport qu'il entretient ainsi avec autrui en tant que *mizukara* (soi incarné) ne peut se constituer que si ce soi incarné parvient à maintenir son lien vivant à la source même de la vie, source commune à tous les vivants. On comprend ainsi, à partir de là, pourquoi la schizophrénie, en tant que pathologie du soi, ne peut trouver que dans la relation thérapeutique les moyens de sa guérison. Cette relation en effet, Kimura le souligne à plusieurs reprises dans ses textes, est mutuelle entre le patient et le thérapeute, et non pas unilatérale, au sens où le thérapeute n'aurait qu'à déchiffrer les symptômes particuliers du patient, envisagés comme autant de signes permettant l'élaboration d'un diagnostic. Ce qui se passe au contraire dans la relation thérapeutique, c'est l'accomplissement mutuel des *jikaku* de chacun des partenaires. C'est ce que Kimura souligne en particulier dans l'article déjà cité intitulé « Conscience de soi et *jikaku* » : « L'ouverture du soi du thérapeute à lui-même peut provoquer dans la relation thérapeutique celle du patient. Dans la schizophrénie, l'efficacité thérapeutique de la relation avec un schizophrène ne dépend que de la réalisation d'une ouverture mutuelle des subjectivités qui amène à une découverte effective chez le patient à travers l'actualisation du procès mutuel des *jikaku* »[19].

On retrouve en effet ici l'idée-force que Medard Boss a tiré de la définition que Heidegger donne de la « sollicitude » authentique, de la *Fürsorge* (un terme que François Vézin traduit d'ailleurs par « souci mutuel »[20]) non pas substitutive, mais devançante, qui consiste à permettre à l'autre de prendre en charge son propre souci, ce qui ne peut se faire qu'en lui montrant, dans le rapport entretenu avec lui, sa propre capacité à être pour soi-même un soi.

19 – *L'art du comprendre, op. cit.*, p. 14.

20 – Voir M. Heidegger, *Être et temps*, traduction de François Vezin, Paris, Gallimard, 1986, § 26, p. 163.

ORIGINE DES TEXTES

Les textes rassemblés dans cet ouvrage comprennent, dans une version réactualisée et augmentée, à la fois des textes inédits et des textes déjà publiés dans les revues ou dans les ouvrages collectifs dont les références suivent. Nous remercions les directeurs des publications concernées de nous avoir permis de les reproduire ici.

« **La phénoménologie en tant que méthode en psychopathologie** »
La Lettre du Psychiatre, Vol. 1, N° 4, septembre-octobre 2005, pp. 108-112.

« **L'importance de la notion de forme en psychopathologie** »
La psychothérapie comme esthétique, dir. par J.-M. Robine, Bordeaux, L'Exprimerie, 2006, p. 27-42.

« **Art médical et philosophie** »
L'homme à la folie. Philosophes et psychiatres, dir. par J.-Ph. Pierron, Bruxelles, E.M.E., coll. Transversales philosophiques, 2012, p. 19-31.

« **Analyse existentielle et psychanalyse. La question de l'inconscient** »
Conférence prononcée le 10 octobre 2009 dans le cadre du VII FORUM of the International Federation of Daseinsanalyse, Brussels – 9/10 octobre 2009.
Texte inédit

Les *Séminaires de Zollikon* : une cure heideggérienne ?
Conférence prononcée le 18 juin 2011 dans le cadre du DU de Phénoménologie Psychiatrique de Nice 18 mars 2011, puis au cours de la Journée consacrée aux *Séminaires de Zurich* par l'École Française de Daseinsanalyse.
Texte inédit

« L'ipséité : son importance en psychopathologie »
PSN (Psychiatrie, sciences humaines, neurosciences), volume III, n° 12, mars-avril 2005, pp. 88-95.

« Les énigmes de l'identité »
Le sens fondamental de soi et ses troubles, Plaidoyer pour une psychothérapie des psychoses, P. Bovet, M. Gennart et J. Thomas (dir.), Paris, Vrin, Le cercle herméneutique, coll. Phéno, 2018, p. 179-188.
Nouvelle version augmentée

« Cohésion de la vie, temporalité et narrativité »
Conférence prononcée en 2013 dans le cadre du colloque de phénoménologie et psychopathologie organisé à Nice par Dominique Pringuey.
Texte inédit

« L'expérience de la rencontre »
L'information psychiatrique, vol. 89, n° 6, juin-juillet 2013, p. 443-451.

« Phénoménologie et pathologie de la haine »
Violences, Confrontations psychiatriques, n° 47, Sonafi adventis, 2008, p. 8-19.

« *Aida* et thérapie. La psychopathologie phénoménologique de Kimura Bin »
Conférence donnée le 13 avril 2002 dans le cadre du Séminaire de Daseinsanalyse qui a été consacré en 2001 et 2002 à l'œuvre de Kimura Bin.
Texte inédit

BIBLIOGRAPHIE

Ouvrages

- John Austin, *Quand dire c'est faire*, traduction de G. Lane, Paris, Seuil, 1970.
- Jean Beaufret, *De l'existentialisme à Heidegger*, Paris, Vrin, 1986,
- Emile Benveniste, *Problèmes de linguistique générale,* Paris, Gallimard, 1966.
- Henri Bergson, *L'Énergie spirituelle* (1919), *Œuvres,* Paris, PUF, 1963.
- Rudolf Bernet, *Force-Pulsion-Désir. Une autre histoire de la psychanalyse*, Paris, Vrin, 2013.
- Augustin Berque, *Le Sauvage et l'artifice, les Japonais devant la nature*, Paris, Gallimard, 1997.
- Ludwig Binswanger, *Schizophrenie*, Pfullingen, Neske, 1957.
- Ludwig Binswanger, *Analyse existentielle, psychiatrie clinique et psychanalyse. Discours, Parcours et Freud,* traduction et avant-propos de R. Lewinter, Préface de P. Fédida, Paris, Gallimard, 1970.
- Ludwig Binswanger, *Introduction à l'analyse existentielle,* traduction de. J. Verdeaux et R. Kuhn, Préface de R. Kuhn et H. Maldiney, Paris, E. de Minuit, 1971.
- Ludwig Binswanger, *Introduction à l'analyse existentielle,* trad. par J. Verdeaux et R. Kuhn, Paris, E. de Minuit, 1971.
- Ludwig Binswanger, *Mélancolie et Manie, Études phénoménologiques,* traduction de J.-M. Azorin et Y. Totoyan, revue par A. Tatossian, PUF, Paris, 1987.
- Sigmund Freud-Ludwig Binswanger, *Correspondance 1908-1938*, traduction de R. Menahem et M. Strauss, Préface de J. Gillibert, Paris, Calmann-Lévy, 1995.

– Ludwig Binswanger, *Henrik Ibsen et le problème de l'auto-réalisation dans l'art*, traduction de M. Dupuis, postface de Henri Maldiney, Bruxelles, De Boeck Université, 1996.
– Henri Birault, *Heidegger et l'expérience de la pensée*, Paris, Gallimard, 1978.
– Wolfgang Blankenburg, *La perte de l'évidence naturelle. Une contribution à la psychopathologie des schizophrénies pauci-symptomatiques,* traduction de J.-M. Azorin et Y. Totoyan revue par A. Tatossian, Paris, PUF, 1991.
– Medard Boss, *Introduction à la médecine psychosomatique*, traduction de W. Georgi, PUF, Paris, 1959.
– Medard Boss, Medard Boss, *Grundriß der Medizin und der Psychologie,* Huber, Bern, 1971.
– Medard Boss, *"Il m'est venu en rêve…", Essais théoriques et pratiques sur l'activité onirique*, traduction de Ch. Berner et P. David, Présentation de l'édition française par Y. Pélissier, Paris, PUF, 1989.
– Medard Boss, *Psychanalyse et Analytique du Dasein*, traduction de Ph. Cabestan et F. Dastur, Paris, Vrin, 2008.
– Jacques Bouveresse, *Le Mythe de l'intériorité. Expérience, signification et langage privé chez Wittgenstein*, Paris, Ed. de Minuit, 1976.
– Franz. Brentano, *Psychologie du point de vue empirique,* traduction de M. de Gandillac, Paris, Aubier, 1943.
– Jean-Louis Bruch, *La pensée religieuse de Kant,* Paris, Aubier, 1968.
– Philippe Cabestan et Françoise Dastur, *Daseinsanalyse. Phénoménologie et psychiatrie* Paris, Vrin, 2011.
– Philippe Cabestan, *Tomber malade, devenir fou. Essai de phénoménologie existentielle*, Paris, Vrin, 2021.
– Gion Condrau, *Sigmund Freud und Martin Heidegger: Daseinsanalytische Neurosenlehre und Psychotherapie,* Freiburg, Universitätsverlag, Hans Huber, Bern, 1992.
– Marcel Conche, *Héraclite, Fragments,* Paris, PUF, 1986.
– Françoise Dastur, *Husserl, des mathématiques à l'histoire,* Paris, PUF, 1995.

– Françoise Dastur, *La phénoménologie en questions*, Paris, Vrin, 2004.
– Françoise Dastur, *Hölderlin. Le retournement natal*, Paris, Encre marine, Les Belles Lettres, 2013
– Wilhelm Dilthey, *Introduction aux sciences de l'esprit*, traduction de S. Mesure, Paris, Cerf, 1992.
– Sigmund Freud, *Introduction à la psychanalyse*, traduction de S. Jankélévitch, Paris, Payot, 1922.
– Sigmund Freud, *L'interprétation des rêves,* traduction de I. Meyerson, édition révisée, Paris, PUF, 1967.
– Sigmund Freud, *Métapsychologie,* traduction de J. Laplanche et J.-B. Pontalis, Paris, Gallimard, 1968.
– Sigmund Freud, *Essais de Psychanalyse*, traduction de S. Jankélévitch, revue par A. Hesnard, Paris, Payot, 1977.
– Sigmund Freud, *Psychopathologie de la vie quotidienne,* traduction de S. Jankélévitch, Paris, Payot, 1979.
– Sigmund Freud, *Essais de psychanalyse,* traduction sous la responsabilité d'A. Bourguignon, Paris, Payot, 1981.
– Sigmund Freud, *Nouvelles conférences d'introduction à la psychanalyse*, traduction de R.-M. Zeitlin, Paris, Gallimard, Folio, 1984.
– Hans-Georg Gadamer, *Vérité et méthode,* traduction revue et complétée par P. Fruchon, J. Grondin et G. Merlio, Paris, Seuil, 1996.
– Hans-Georg Gadamer, *Philosophie de la santé,* traduction de M. Dautrey, Paris, Grasset-Mollat, 1998.
– Kurt Goldstein, *La structure de l'organisme. Introduction à la biologie à partir de la pathologie humaine*, traduction de E. Burckhardt et J. Kuntz, préface de P. Fédida, Paris, Gallimard, 1983.
– G.W.F. Hegel, *Phénoménologie de l'esprit,* traduction de J.-P. Lefebvre, Paris, Aubier, 1991.
– M. Heidegger, *Essais et conférences*, traduction de A. Préau, Préface de J. Beaufret, Paris, Gallimard, 1958.
– Martin Heidegger, *Qu'appelle-t-on penser ?,* traduction de A. Becker et G. Granel, Paris, PUF, 1959.

– Martin Heidegger, *Chemins qui ne mènent nulle part,* traduction de W. Brokmeier, Paris, Gallimard, 1962.
– Martin Heidegger, *Sein und Zeit,* Tübingen, Niemeyer, 1963 (la pagination du texte allemand est indiquée en marge de la traduction française de F. Vezin, *Être et temps,* Paris, Gallimard, 1986).
– Martin Heidegger, *L'Être et le Temps,* traduction de R. Boehm et A. de Waelhens, Paris, Gallimard, 1964 (traduction de la seule première section).
– Martin Heidegger, *Lettre sur l'humanisme,* traduction de R. Munier, Paris, Aubier Montaigne, 1964.
– Martin Heidegger, « Ce qu'est et comment se détermine la *physis* » (1958), traduction F. Fédier, *Questions II,* Paris, Gallimard, 1968.
– Heidegger, « Identité et différence », traduction de A. Préau, *Questions I,* Paris, Gallimard, 1968.
– Martin Heidegger et Eugen Fink, *Héraclite. Séminaire du semestre d'hiver 1966-67*, traduction de J. Launay et P. Lévy, Paris, Gallimard, 1973.
– Martin Heidegger, *Logik. Die Frage nach der Wahrheit,* GA 21, Frankfurt am Main, Klostermann, 1976.
– Martin Heidegger, « Le séminaire de Zähringen », *Questions IV,* Paris, Gallimard, 1976.
– Martin Heidegger, *Les problèmes fondamentaux de la phénoménologie,* traduction de J.-F. Courtine, Paris, Gallimard, 1983.
– Martin Heidegger, *Heraklit*, GA 55, *Frankfurt am Main, Klostermann,* 1979.
– Martin Heidegger, *Zollikoner Seminare*, éd. Medard Boss, Klostermann, Frankfurt am Main, 1987, (La pagination du texte allemand est indiquée en marge de la traduction française de C. Gros parue sous le titre *Séminaires de Zurich*, Paris, Gallimard, 2010).
– Martin Heidegger, *Ontologie (Hermeneutik der Faktizität),* Heideggers Gesamtausgabe Band 63, Klostermann, Frankfurt am Main, 1988.

– Martin Heidegger, *Les concepts fondamentaux de la métaphysique. Monde-finitude-solitude,* traduction de D. Panis, Paris, Gallimard, 1992, § 57.
– Edmund Husserl, *Idées directrices pour une phénoménologie,* traduction de P. Ricœur, Paris, Gallimard, 1950.
– Edmund Husserl, *Leçons pour une phénoménologie de la conscience intime du temps,* traduction de H. Dussort, Paris, PUF, 1964.
– Edmund Husserl, *Méditations cartésiennes,* traduction de G. Peiffer et E. Levinas, Paris, Vrin, (1930), 1953.
– Edmund Husserl, *Recherches logiques,* traduction de H. Elie, L. Kelkel, et R. Schérer, Paris, PUF, 1969, tome II.
– Edmund Husserl, *Recherches phénoménologiques pour la constitution,* traduction de E. Escoubas, Paris, PUF, 1982.
– Edmund Husserl, *L'idée de la phénoménologie*, traduction de A. Lowit, Paris, PUF, 1985.
– Edmund Husserl, *La philosophie comme science rigoureuse*, traduction de M. Launay, Paris, PUF, 1989.
– Jean Hyppolite, *Genèse et structure de la Phénoménologie de l'esprit de Hegel,* Paris, Aubier, 1946.
– Emmanuel Kant, *La religion dans les limites de la simple raison,* traduction de A. Tremesaygues, Paris, Alcan, 1913.
– Emmanuel Kant, *Fondements de la métaphysique des mœurs*, traduction de V. Delbos, Paris, Delagrave, 1959.
– Bin Kimura, *L'Entre, une approche phénoménologique de la schizophrénie*, traduction de Claire Vincent, Grenoble, Millon, 2000.
– Bin Kimura, *Écrits de psychopathologie phénoménologique,* traduction de Joël Bouderlique, revue par François-Charles Bideaux, présentation de l'édition française par Yves Pélicier, postface de Henri Maldiney, Paris, PUF, 1992.
– Alfred Kraus, *Sozialverhalten und Psychose Manisch-Depressiver*, Enke, Stuttgart, 1977.
– Jean Laplanche et Jean-Bertrand Pontalis, *Vocabulaire de la psychanalyse,* Paris, PUF, 1967, rééd. Poche, Quadrige, 1997.

– Emmanuel Levinas, *Totalité et infini. Essai sur l'extériorité* (1961) Le Livre de Poche, 2003.
– Emmanuel Levinas, *Humanisme de l'autre homme*, Paris, Fata Morgana, 1972.
– Emmanuel Levinas, *Autrement qu'être ou au-delà de l'essence,* Nijhoff, Kluver, 1974.
– Emmanuel Levinas, *Ethique et infini. Dialogues avec Philippe Nemo,* Livre de Poche, 1982.
– Emmanuel Levinas, *Le temps et l'autre*, Paris, PUF, coll. Quadrige, 1983.
– Susanne Lüdemann, *Mythos und Selbstdarstellung. Zur Poetik der Psychoanalyse,* Freiburg im Breisgau, Rombach 1994.
– Henri Maldiney, *Penser l'homme et la folie*, Grenoble, Millon, 1991.
– Maurice Merleau-Ponty, *Phénoménologie de la perception*, Paris, Gallimard, 1945.
– Maurice Merleau-Ponty, *La structure du comportement,* Paris, Gallimard, 1960.
– Maurice Merleau-Ponty, *La prose du monde,* Paris, Gallimard, 1969.
– Maurice Merleau-Ponty, *Merleau-Ponty à la Sorbonne, Résumé de cours, 1949-1952,* Paris, Cynara, 1988.
– Eugène Minkowski, *Traité de Psychopathologie* (1966, Paris, PUF), Les Empêcheurs de Penser en Rond, 1998, p. 29.
– Eugène Minkowski, *La schizophrénie,* Paris, Payot, 1997.
– Helmuth Plessner, *Die Stufen des Organischen und der Mensch. Einleitung in die philosophische Anthropologie,* Berlin, de Gruyter, 1928.
– Paul Ricœur, *Temps et récit,* tome I, II, III, Paris, Seuil, 1983, 1984, 1986.
– Paul Ricœur, *Soi-même comme un autre,* Paris, Seuil, 1991.
– Rainer Maria Rilke, *Les élégies de Duino,* traduction de A. Guerne Paris, Seuil, 72.
– Claude Romano, *L'événement et le monde,* Paris, PUF, 1998.
– Hervé Rousseau, *Le dieu du mal*, Paris, PUF, 1963.

– Jean-Paul Sartre, *L'être et le néant*, Paris, Gallimard, 1943.
– Jean-Paul Sartre, *L'existentialisme est un humanisme*, Paris, Nagel, 1946.
– Jean-Paul Sartre, *Les mots,* Paris, Gallimard (Folio), 1964.
– Jean-Paul Sartre, *Huis-clos* (1944), Paris, Gallimard (Folio), 2000.
– Wilhelm Schapp, *Empêtrés dans des histoires*, traduction de J. Greisch, Paris, Cerf, 1992.
– Max Scheler, *La situation de l'homme dans le monde*, traduction de M. Dupuy, Paris, Aubier, 1979.
– F.W.J. Schelling, *Œuvres métaphysiques (1805-1821),* traduction de J.-F. Courtine et E. Martineau, Paris, Gallimard, 1980.
– Bruno Snell, *La découverte de l'esprit, La genèse de la pensée européenne chez les Grecs,* Paris, L'éclat, 1994.
– Arthur Tatossian, *La phénoménologie des psychoses,* Préface de J.-M. Azorin, J. Naudin et D. Pringuey. Postface de J. Tatossian et J.-Cl. Samuelian, Paris, Vrin, Le Cercle Herméneutique, 2002.
– Hubertus Tellenbach, *La mélancolie (*1961), traduction de L. Claude, D. Macher, A. de Saint-Sauveur, Ch. Rogowxki, présentation par Y. Pélicier, préface de V.-E. von Gebsattel PUF, Paris, 1979.
– Jean-Marie Vaysse, *L'inconscient des modernes,* Paris, Gallimard, 1999.
– Henri Wallon, *Les origines du caractère chez l'enfant, Le préludes du sentiment de personnalité* (1949), Paris, PUF, 1970.
– Viktor von Weizsäcker, *Le cycle de la structure*, traduction de M. Foucault et D. Rocher, préface de H. Ey, Paris, Desclée de Brouwer, 1958.
– Jakob von Uexküll, *Mondes animaux et monde humain* suivi de *Théorie de la signification*, traduction de Ph. Müller, Paris, Denoël, 1965.

Articles

– Wolfgang Blankenburg, « Phénoménologie différentielle dc la perception délirante », *L'Art du comprendre*, Paris, Le Cercle Herméneutique n° 3, Juin 1995.

– Pierre Bovet, « Interventions psychothérapeutiques auprès de schizophrènes en psychiatrie publique ambulatoire. Notes inspirées de la phénoménologie », *L'information psychiatrique*, n° 4, avril 2002.
– Pierre Bovet, « Identité crevassée et identité menacée. A propos de troubles de l'intersubjectivité et de l'attachement en psychiatrie de l'adulte », *Médecine & Hygiène,* 2005/4, Vol. 25.
– Pierre Bovet, « Identité et temporalité dans la rencontre thérapeutique avec les patients schizophrènes », Exposé à la IVe journée de l'ISPS-Suisse, Malévol, 4 juin 2010.
– Pierre Bovet, « Méditations d'étape », *Le sens fondamental de soi et ses troubles, Plaidoyer pour une psychothérapie des psychoses,* Pierre Bovet, Michèle Gennart et Jacques Thonney (dir.), Paris, Vrin, Le Cercle herméneutique, 2018.
– Medard Boss, „Zollikoner Seminaire", *Erinnerung an Martin Heidegger*, Neske, Pfullingen, 1977.
– Françoise Dastur, « Phénoménologie et thérapie : La question de l'autre dans les *Zollikoner Seminare* », paru dans *Figures de la subjectivité,* Études réunies par J.-F. Courtine, Paris, Editions du C.N.R.S., 1992, et repris dans Françoise Dastur, *La phénoménologie en questions*, Paris, Vrin, 2004.
– Françoise Dastur, « Pour une zoologie « privative » ou Comment ne pas parler de l'animal », *Alter,* Revue de Phénoménologie, n° 3, octobre 1995, pp. 281-318, repris dans Françoise Dastur, *Déconstruction et phénoménologie. Derrida en débat avec Husserl et Heidegger,* Paris, Hermann, 2016.
– Françoise Dastur, « Phénoménologie et Métapsychologie », *Phénoménologie et psychanalyse, Étranges relations,* éd. J.-C. Beaune, Champ Vallon, Seyssel, 1998.
– Françoise Dastur, « Phénoménologie de l'événement : l'attente et la surprise (Husserl et Heidegger) », *La Phénoménologie en questions,* Paris, Vrin, 2004.
– Françoise Dastur, « Tâche vitale et réalisation de soi dans l'art : Binswanger et Ibsen », *Art et Pathologies au regard de la phénoménologie et de la psychanalyse,* Paris, Vrin, Le Cercle Herméneutique, 2005.

- « Ipséité et pathologie mentale. Débat entre F. Dastur et J. Naudin », *PSN (Psychiatrie, sciences humaines, neurosciences),* volume III, n° 12, mars-avril 2005.
- Eliane Escoubas, « La “fatale différence”. Ontologie fondamentale et archéologie de la psychè : Heidegger et Freud », *Figures de la subjectivité,* Études réunies par J.-F. Courtine, Editions du CNRS, Paris, 1992.
- Eliane Escoubas, « Analytique du Dasein et psychanalyse », *La Notion d'analyse,* PUM, Toulouse, 1992.
- Sigmund Freud, *Pourquoi la guerre ?* (1933) en collaboration avec Albert Einstein, Rivages, 2005, en ligne [PDF] [archive].
- André Green, “Pourquoi le mal ?" in *Le mal,* J.-B. Pontalis éd., Paris, Gallimard, 1988.
- Bin Kimura, « Conscience de soi et *jikaku*. Poésie et vérité dans la vie de F. Hölderlin », traduction de Claire Vincent, *L'art du comprendre*, Paris, Le Cercle Herméneutique, février 1999, numéro 8.
- Alfred Kraus dans “La temporalité dans la constitution prémorbide des mélancoliques”, *Actualités psychiatriques* n° 5, mai 1986.
- Robert J. Richards, « Kant and Blumenbach on the *Bildungstrieb:* A Historical Misunderstanding », Stud. Hist. Phil. Biol. And Biomed, vol 31, n° 1, 2000, p. 11-32 (consultable en ligne).
- Marcia Sá Calvacante Schuback, « La perplexité de la présence – Notes sur la traduction de Dasein », *Les Études philosophiques*, juillet-septembre 2002.
- Artur Tatossian, « L'identité humaine selon Ricœur et le problème des psychoses », *L'art du comprendre*, Paris, Le Cercle Herméneutique, n° 1, 1994.

BIOGRAPHIE

Françoise DASTUR, professeure honoraire de philosophie, a enseigné dans les Universités de Paris-I (1969-1995), Paris-12 (1995-1999) et Nice-Sophia Antipolis (1999-2003) et en tant que professeure invitée aux universités de Mannheim (Allemagne), Rio de Janeiro (Brésil), Caracas (Venezuela), Québec (Canada), Warwick, Essex (Royaume-Uni), Louvain-la-Neuve (Belgique), De Paul (Chicago), Boston College, Northwestern (Evanston) (USA). En 2011, en tant que conférencière annuelle, elle a également donné des conférences dans dix universités différentes en Inde. Elle a été jusqu'en 2017 membre des Archives Husserl de Paris (ENS Ulm), un centre de recherches affilié au CNRS. Elle fut en 1993 l'un des membres fondateurs et la présidente jusqu'en 2003 de l'École Française de Daseinsanalyse dont elle est maintenant la présidente honoraire. Elle a publié de très nombreux articles en français, allemand et anglais et est l'auteur de plus d'une vingtaine de livres et de plusieurs traductions de l'allemand.

Principales publications

- *Heidegger et la question du temps*, P.U.F., Paris, collection "Philosophies", n° 26, 1990, troisième édition, 1999.
- *Dire le temps. Esquisse d'une chronologie phénoménologique,* Encre Marine, Fougères, 42220 La Versanne, 1994. Réédition en format livre de poche 2002.
- *La Mort, Essai sur la finitude,* Hatier, Paris, 1994.
- *Husserl, Des mathématiques à l'histoire,* P.U.F., Paris, collection "Philosophies", n° 60, 1995, deuxième édition, 1999.
- *Hölderlin, Le retournement natal,* Encre Marine, Fougères, 42220 La Versanne, 1997.
- *Comment vivre avec la mort ?* Éditions Pleins feux, 1998.
- *Chair et langage, Essais sur Merleau-Ponty,* Encre Marine, Fougères, 42220 La Versanne, 2001, deuxième édition 2016.
- *Heidegger et la question anthropologique,* Peeters, Louvain-Paris, Belgique, 2003.

– *La phénoménologie en questions. Langage, altérité, temporalité, finitude,* Vrin, Paris, 2004.
– *Philosophie et différence,* Chatou, Ed. de la Transparence, 2004.
– *À la naissance des choses. Art, Poésie et philosophie,* Encre Marine, Fougères, 42220 La Versanne, 2005.
– *Comment affronter la mort ?,* Paris, Bayard, 2005.
– *Heidegger. La question du logos.* Paris, Vrin, 2007.
– *La mort. Essai sur la finitude* (nouvelle version augmentée), Paris, PUF, 2007.
– *Pourquoi la mort ?* Dessins d'Anne Hemstege, Paris, Gallimard jeunesse/Giboulées, collection « Chouette penser ! », 2009.
– *Daseinsanalyse. Phénoménologie et psychiatrie,* en collaboration avec Philippe Cabestan, Paris, Vrin, 2011.
– *Heidegger et la pensée à venir,* Paris, Vrin, 2011.
– *Hölderlin, le retournement natal (nouvelle édition augmentée),* Paris, Les Belles Lettres, Encre Marine, 2013.
– *Penser ce qui advient. Dialogue avec Philippe Cabestan,* Paris, Les Petits Platons, 2015, 160 p.
– *Déconstruction et phénoménologie. Derrida en débat avec Husserl et Heidegger,* Paris, Hermann, coll. « Le Bel Aujourd'hui », 2016.
– *Chair et langage, Essais sur Merleau-Ponty* (réédition), Paris, Les Belles Lettres, Encre Marine, 2016, 235 p.
– *Leçons sur la Genèse de la pensée dialectique, Schelling, Hölderlin, Hegel,* coll. « Cours de Philosophie, Paris, Ellipses, 2016, 319 p.
– *Figures du néant et de la négation entre Orient et Occident,* Paris, Les Belles Lettres, Encre Marine, 2018.
– *Comment affronter la mort ?* (nouvelle version réactualisée), Toulouse, Entremises, 2021.

Au catalogue (extraits)

INTRODUCTION À LA DASEINSANALYSE
Un regard existential sur la souffrance psychique et sa thérapie
Par Alice Holzhey-Kunz – 23 €

L'ÉVÉNEMENT ET LA RAISON
Autour de Claude Romano
Ouvrage coordonné par Philippe Cabestan – 18,30 €

L'ÉPREUVE DU TEMPS
Fictions, reproductions, imaginations
Par Jean Lauxerois – 18,30 €

L'HERMÉNEUTIQUE COMME SAGESSE DE L'INCERTITUDE
Par Jean Greisch – 23 €

LA HONTE – *PHILOSOPHIE, ÉTHIQUE ET PSYCHANALYSE*
Par André Lacroix et Jean-Jacques Sarfati – 18,30 €

MÉLANCOLIE – *PHÉNOMÉNOLOGIE, PSYCHOPATHOLOGIE, PSYCHANALYSE*
Sous la direction de Philippe Cabestan, Jeanine Chamond et l'École Française de Daseinsanalyse – 18,30 €

RÉSISTANCE ET TANGIBILITÉ *ESSAI SUR L'ORIGINE PHÉNOMÉNOLOGIQUE DES CORPS*
Par Gunnar Declerck, préface de François-David Sebbah – 23 €

PATOČKA LECTEUR D'ARISTOTE PHÉNOMÉNOLOGIE, ONTOLOGIE, COSMOLOGIE
Sous la direction de Claude Vishnu Spaak et Ovidiu Stanciu – 18,30 €

À DESSEIN DE SOI *INTRODUCTION À LA PHILOSOPHIE D'HENRI MALDINEY*
Par Jean-François Rey – 12 €

PSYCHIATRIE ET CRÉATION *PARCOURS DE VIE, GÉNIE ET CRÉATION*
Sous la direction de Dominique Pringuey, Bernard Pachoud et Frédéric Jover – 12 €

LANGAGE ET AFFECTIVITÉ
Sous la direction de Samuel Le Quitte et Gabriel Mahéo – 18,30 €

LA *PSYCHOPATHOLOGIE GÉNÉRALE* DE KARL JASPERS – 1913-2013
Sous la direction de Philippe Cabestan et Jean-Claude Gens – 18,30 €

CHARLES TAYLOR INTERPRÉTATION, MODERNITÉ ET IDENTITÉ
Interpretation, modernity and identity
Sous la direction de Jean-Claude Gens et Csaba Olay – 12 €

L'ENGENDREMENT DU CORPS PROPRE
Le point source dans la pensée d'Henri Maldiney
Par Dominique Thouret, préface de E. Escoubas – 18,30 €

RENCONTRER L'IMPRÉVISIBLE
À la croisée des phénoménologies contemporaines
Par Flora Bastiani et Svetlana Sholokhova – 18,30 €

L'INACHÈVEMENT D'ÊTRE ET TEMPS
Et autres études d'histoire de la phénoménologie
Par Claude Romano – 18,30 €

CORPORÉITÉ ET PRÉSENCE
Par Michèle Gennart – 23 €

LA PHÉNOMÉNOLOGIE DES PSYCHOSES
Par Arthur Tatossian – 23 €

Édité par l'association Le Cercle Herméneutique
8 avenue G. Péri – 95100 Argenteuil
Président : Georges Charbonneau
Secrétaire général : Pierre-Étienne Schmit
Adjoint : G. Okitadjonga
Trésorier : Vincent Citot
www.hermeneutique.fr
geocharbon@aol.com – geocharbon@sfr.fr

Achevé d'imprimer en août 2024 par

ISI Print
139, rue Rateau
93120 La Courneuve

Imprimé en France

Mise en page : expressio
CONCEPTION ET RÉALISATION ÉDITORIALES
expressio.pao@gmail.com